高职高专"十三五"规划教材

U0463263

网络推广

（第二版）

主　编　程玲云　段　建
副主编　冯宪伟　郑久虎

南京大学出版社

前　言

　　高职高专教育是我国高等教育的重要组成部分,根据教育部《关于全面提高高等职业教育教学质量的若干意见》文件精神,高职高专院校培养的人才应当是应用型、操作型人才,是高级蓝领。新型的教育模式需要我们改变原有的教育模式和教育方式,改变相应的教材和重塑教师职业能力。为了有助于达到这样的目标,必须根据学生兴趣的差异,编写出形式活泼、体现工作过程、适应社会需求的教材。

　　本教材在设计上以工作过程为导向开发课程内容,主要根据网络营销师、网络营销推广员等岗位需要,采用典型工作任务项目化课程开发模式,打破原有的以理论为主的内容结构和课序,根据工作任务进行项目设计,重视实践教学,遵循科学的职业教育理念,让学生通过项目化的实践,在真实的学习情境中学习并掌握网络推广能力。

　　本书在电子商务专业"构建工作过程导向"的课程体系中占有重要地位,力图坚持科学性、实用性、先进性原则,以职业技能培养为主导、能力模块为经线、知识模块为纬线,注重网络工具使用和营销技能的培养,突出职业教育的特点,与教育改革同步。

　　本教材的创新点在于项目的设置上,和企业动态实时合作,将企业项目作为学习单元载体,真正体现了"做学教一体化"的现代高职教育理念,使学生在实践中成长。在编排形式上,全书每个单元都对能力目标和知识目标进行说明,方便教师和学生安排每个单元的实验任务。同时,每个任务都设置了任务引导、任务分析、任务实施以及支撑知识,让学生能进入真正的工作环境,明确工作流程以及有目标地寻找相关知识;同步训练模块进一步强化训练学生职业能力;综合评价通过客观评价使学生对承担的任务完成效果一目了然,最后还安排了任务拓展,使学生有自我提高的动力和方向。

　　本书是一本任务驱动型网络营销教材,通过对职业教育教学规律的深入研究,立足实际,具有如下特色。

　　1. 以职业能力培养为核心。本书严格按照网络营销专业人才岗位能力需求编写,请了具有网络营销实践经验的行业专家,提供的案例生动鲜活,具有时代性,以具体工作项目为载体设计和组织课程内容,形成以工作任务为中心、职业实践为基础、理论知识为背景的课程内容结构。

　　2. 以项目任务为载体。本书设定学习情境,进行工作任务分析,提高了学生学习的自主性、积极性,可以使学生在努力完成工作任务的过程变被动学习为主动的探索,从而促使学生获取社会所需的职业能力。

3. 教材体例设计新颖。本书一方面吸纳了国内外教材的优点,另一方面充分考虑到我国高职高专学生的文化背景和学习习惯,兼容并蓄,形成了本教材的体例。

本教材是院校和企业专家合作的成果,院校作者都是辛勤奋斗在教学第一线教师,参与了诸如"工学结合""做、学、教一体化""工作过程导向"等方面的课程改革,许多内容是作者在多年教学、科研实践中思考的结晶,企业主编是电子商务行业企业总经理,既有实战经验也有战略高度。

在编写过程中,我们参阅了国内外一些专家学者的研究成果和相关文献,得到企业营销专家的指导,以及南京大学出版社的大力支持。在此一并表示衷心的感谢!由于作者水平和时间有限,本书难免有不足之处,敬请广大读者指正!

编　者
2018 年 6 月

目　录

学习单元一　网络市场分析 ………………………………………………………… 1

　任务 1　案例剖析 ………………………………………………………………… 1

　　1.1.1　任务引导 ……………………………………………………………… 1

　　1.1.2　任务分析 ……………………………………………………………… 2

　　1.1.3　任务实施 ……………………………………………………………… 2

　　1.1.4　支撑知识 ……………………………………………………………… 3

　　1.1.5　同步训练 ……………………………………………………………… 7

　　1.1.6　综合评价 ……………………………………………………………… 9

　　1.1.7　拓展任务 ……………………………………………………………… 9

　任务 2　网络营销环境分析 ……………………………………………………… 9

　　1.2.1　任务引导 ……………………………………………………………… 9

　　1.2.2　任务分析 ……………………………………………………………… 9

　　1.2.3　任务实施 ……………………………………………………………… 10

　　1.2.4　支撑知识 ……………………………………………………………… 16

　　1.2.5　同步训练 ……………………………………………………………… 17

　　1.2.6　综合评价 ……………………………………………………………… 17

　　1.2.7　拓展任务 ……………………………………………………………… 18

　任务 3　网络市场定位 …………………………………………………………… 18

　　1.3.1　任务引导 ……………………………………………………………… 18

　　1.3.2　任务分析 ……………………………………………………………… 18

　　1.3.3　任务实施 ……………………………………………………………… 18

　　1.3.4　支撑知识 ……………………………………………………………… 20

　　1.3.5　同步训练 ……………………………………………………………… 21

　　1.3.6　综合评价 ……………………………………………………………… 22

　　1.3.7　拓展任务 ……………………………………………………………… 22

学习单元二　目标市场确定 ………………………………………………………… 23

　任务 1　消费者行为分析 ………………………………………………………… 23

　　2.1.1　任务引导 ……………………………………………………………… 23

　　2.1.2　任务分析 ……………………………………………………………… 24

2.1.3 任务实施 ·· 24
2.1.4 支撑知识 ·· 29
2.1.5 同步训练 ·· 32
2.1.6 综合评价 ·· 33
2.1.7 拓展任务 ·· 33

任务 2 目标客户群确定 ·· 33
2.2.1 任务引导 ·· 33
2.2.2 任务分析 ·· 33
2.2.3 任务实施 ·· 34
2.2.4 支撑知识 ·· 40
2.2.5 同步训练 ·· 43
2.2.6 综合评价 ·· 44
2.2.7 拓展任务 ·· 44

学习单元三 网络广告策划 ·· 45
任务 1 网络广告策划 ··· 45
3.1.1 任务引导 ·· 45
3.1.2 任务分析 ·· 46
3.1.3 任务实施 ·· 46
3.1.4 支撑知识 ·· 47
3.1.5 同步训练 ·· 52
3.1.6 综合评价 ·· 53
3.1.7 拓展任务 ·· 54

任务 2 网络广告实施 ··· 54
3.2.1 任务引导 ·· 54
3.2.2 任务分析 ·· 54
3.2.3 任务实施 ·· 54
3.2.4 支撑知识 ·· 61
3.2.5 同步训练 ·· 62
3.2.6 综合评价 ·· 63
3.2.7 拓展任务 ·· 63

学习单元四 营销型网站策划 ·· 64
任务 1 网站建设需求分析 ·· 64
4.1.1 任务引导 ·· 64
4.1.2 任务分析 ·· 64

4.1.3　任务实施 ·· 65

4.1.4　支撑知识 ·· 66

4.1.5　同步训练 ·· 67

4.1.6　综合评价 ·· 68

4.1.7　拓展任务 ·· 68

任务2　网站建设项目策划 ··· 68

4.2.1　任务引导 ·· 68

4.2.2　任务分析 ·· 69

4.2.3　任务实施 ·· 69

4.2.4　支撑知识 ·· 84

4.2.5　同步训练 ·· 88

4.2.6　综合评价 ·· 89

4.2.7　拓展任务 ·· 90

学习单元五　网站推广优化 ··· 91

任务1　网站推广 ··· 91

5.1.1　任务引导 ·· 91

5.1.2　任务分析 ·· 92

5.1.3　任务实施 ·· 92

5.1.4　支撑知识 ·· 102

5.1.5　同步训练 ·· 105

5.1.6　综合评价 ·· 106

5.1.7　拓展任务 ·· 106

任务2　网站诊断 ··· 106

5.2.1　任务引导 ·· 106

5.2.2　任务分析 ·· 107

5.2.3　任务实施 ·· 107

5.2.4　支撑知识 ·· 116

5.2.5　同步训练 ·· 117

5.2.6　综合评价 ·· 118

5.2.7　拓展任务 ·· 118

任务3　网站优化 ··· 119

5.3.1　任务引导 ·· 119

5.3.2　任务分析 ·· 119

5.3.3　任务实施 ·· 119

5.3.4 支撑知识 ………………………………………………… 122

5.3.5 同步训练 ………………………………………………… 123

5.3.6 综合评价 ………………………………………………… 124

5.3.7 拓展任务 ………………………………………………… 124

学习单元六 搜索引擎优化 …………………………………… 125

任务1 企业信息源构建 …………………………………………… 125

6.1.1 任务引导 ………………………………………………… 125

6.1.2 任务分析 ………………………………………………… 126

6.1.3 任务实施 ………………………………………………… 126

6.1.4 支撑知识 ………………………………………………… 131

6.1.5 同步训练 ………………………………………………… 132

6.1.6 综合评价 ………………………………………………… 133

6.1.7 拓展任务 ………………………………………………… 133

任务2 搜索引擎优化 ……………………………………………… 134

6.2.1 任务引导 ………………………………………………… 134

6.2.2 任务分析 ………………………………………………… 134

6.2.3 任务实施 ………………………………………………… 134

6.2.4 支撑知识 ………………………………………………… 167

6.2.5 同步训练 ………………………………………………… 172

6.2.6 综合评价 ………………………………………………… 173

6.2.7 拓展任务 ………………………………………………… 173

学习单元七 网络营销效果评价 ……………………………… 174

任务 西安欢畅国际旅行社网络营销效果评价 …………………… 174

7.1.1 任务引导 ………………………………………………… 174

7.1.2 任务分析 ………………………………………………… 175

7.1.3 任务实施 ………………………………………………… 175

7.1.4 支撑知识 ………………………………………………… 191

7.1.5 同步训练 ………………………………………………… 196

7.1.6 综合评价 ………………………………………………… 197

7.1.7 拓展任务 ………………………………………………… 198

学习单元八 网络推广方案策划 ……………………………… 199

任务1 网络推广方案制定 ………………………………………… 199

8.1.1 任务引导 ………………………………………………… 199

8.1.2 任务分析 ………………………………………………… 200

8.1.3　任务实施 ··· 200

8.1.4　支撑知识 ··· 204

8.1.5　同步训练 ··· 206

8.1.6　综合评价 ··· 207

8.1.7　拓展任务 ··· 208

任务 2　网络推广方案实施 ··· 208

8.2.1　任务引导 ··· 208

8.2.2　任务分析 ··· 208

8.2.3　任务实施 ··· 208

8.2.4　支撑知识 ··· 226

8.2.5　同步训练 ··· 228

8.2.6　综合评价 ··· 229

8.2.7　拓展任务 ··· 229

任务 3　费用预算和效果预估 ··· 229

8.3.1　任务引导 ··· 229

8.3.2　任务分析 ··· 229

8.3.3　任务实施 ··· 230

8.3.4　支撑知识 ··· 234

8.3.5　同步训练 ··· 235

8.3.6　综合评价 ··· 235

8.3.7　拓展任务 ··· 236

学习单元一　网络市场分析

能力目标

◇ 能分析网络营销典型案例,理解网络营销内涵
◇ 能根据营销环境要素进行网络信息收集
◇ 能区分网络营销和传统营销的差别,理解网络营销市场特点
◇ 能撰写不同行业网络市场分析报告

知识目标

◇ 网络营销概念
◇ 网络营销和传统营销的区别
◇ 网络营销环境三要素
◇ 网络信息收集主要方式
◇ 网络市场细分
◇ 网络市场报告格式

本项目包含了三个学习任务,具体为:
任务1:案例剖析;
任务2:网络营销环境分析;
任务3:网络市场定位。
在理解网络营销内涵基础上,研究与分析网络信息特点,完成企业网络市场调研;明确企业网络市场环境,撰写网络市场分析报告。

任务1　案例剖析

1.1.1　任务引导

扬州久合服装有限公司是以生产全棉休闲服装为主的一个出口加工型民营小企业,因原材料价格及人工成本的快速上涨,以前靠着低价走量注定是不可持续的,必须摒弃原先服装企业薄利多销"倾销"式的营销、服务模式。面对新的经营环境,公司领导黄经理考虑适当调整经营方向和经营模式。一位经理提出了通过电商渠道做服装生意,借助于网络平台销售公司产品,使得公司销量有所突破。其他的经理们也觉得这是一个很好的建

议,同意对此做进一步的研究。

但是公司以前并没有采用这种经营模式,网络市场需求量如何? 目标市场如何定位? 网上经营如何操作? 这些问题都急需解决。经过和股东协商,黄经理决定委派市场策划部负责人小王和培训部协作,首先对公司中层管理人员进行网络营销培训,使员工对网络经营环境、网络服装市场有比较清晰的了解。

1.1.2　任务分析

☑　了解公司所处的网络营销环境
☑　网上经营如何和本公司特点结合

1.1.3　任务实施

步骤一:网络营销认知

小王着手筹划公司内部的网络营销培训,首先要深刻了解网络营销这种营销方式,以及网络营销和传统营销之间有哪些传承关系。

步骤二:确定公司所处的网络营销环境

1. 服装业网络营销大环境:随着我国电子商务基础环境的日益成熟,服装业网络营销的商业模式已经由最初的构想转化成具有明确的盈利模式的商业形态。并且,在服装网络营销领域已出现了多家成功运营的典范企业。不管你是否感受得到,不管你是否承认,互联网正在影响或改变所有的商业模式,这种趋势谁也无法阻挡。相对于部分欧美国家服装零售领域超过 20% 的市场份额属于网络营销的现状,我国服装业网络营销市场发展空间非常庞大。网络营销已经成为企业追捧的新型营销方式,公司应该抓住机会,利用网络营销为企业开辟新的生存空间。

2. 但是必须明白的是,传统营销和网络营销的有机结合,并不是颠覆或者取代原有的营销模式,而是作为一种强大的工具起着互补的作用。传统营销和网络营销优劣互补,构成公司的整体营销战略。

3. 网络营销不仅是一种理念,仅仅在思想观念上更新是不够的,还要在具体实践中推陈出新,拿出新的措施。对于外销转内销的服装小企业来说,最难迈过去的坎,恐怕是营销网络渠道的建设。由于过去专做外单,对内销市场既不是很了解,又没有成熟的商业关系和营销网络渠道,一切都要从头开始,这不仅需要大量的财力、物力投入,更需要较长的时间来经营和积累新的商业关系。

步骤三:网上经营如何和本公司特点相结合

1. 从公司的资金实力看,一开始与其像一些大企业那样花大钱到收视率高的电视台打广告、请代言人,不如多花点精力在互联网营销上寻求突围。由于市场定位决定了消费者大多是经验丰富的网民,而且面对日益严重扰乱市场秩序的网络低价销售,尽早实行网络营销是大势所趋,但由于互联网没有时间和地域的限制,要很好地控制并不容易,所以更需要充分发挥其优势的一面,就是"精准"和"互动"这两个功能。

首先,要做到精准营销,必须明白目标消费者在哪里,他们通常会用什么互联网功能?基于此,先试水一些小投入的网络推广方式,在人气较高的直销论坛、直销门户还有部分白领的生活频道作了链接广告,链接的对象都是互动营销的活动主页,以此吸引更多眼球。

移动商务作为一种新型的电子商务方式,是对传统电子商务的有益补充和扩展,也是非常适合中小企业的"轻营销"。利用移动互联网相关技术,实现对原有电子商务经营方式的改进,进行转型升级,提高产品的高附加值,可以利用企业微信公众号、微信群和朋友圈等方式先做一些尝试。

2. 鼓励经销商以上级别的客户在淘宝等网站开网店,并且通过官方宣布专卖店和网店实行统一价格销售。当启动线上平台后,不可避免地会存在与线下实体店的价格、服务冲突等问题。那么企业就应该制定一套完整的产品定价、奖惩、服务制度来规范渠道。很多时候企业没法去掌控代理的销售价格,企业这时候应该投入相当的人力、物力去维护自己的销售网络,比如定期店铺巡视、设立客户举报等方式。揭露低价销售者经公司核实之后给予不同形式的奖励,而违规操作低价销售的业务员、经销商公司将被处以重罚,甚至取消销售资格,这样网店和经销商们比拼的不再是价格,而是服务速度和质量。

3. 互联网由于其传播速度快、范围广、应用技术复杂多变,所以公司需要有大量的人员去培训、指导,实时跟踪和及时反应,否则一旦形成舆论危机则很难控制。因为任何公司都不可能做到没有产品质量问题和服务投诉,而遇到这种问题的时候,快速、正确的引导是非常关键的。

4. 增加执行力度。在长期进行网络营销的工作中,要根据计划每天完成任务,不能拖。许多公司做网络营销制定了完美的方案,但是在执行上不够果断,执行的力度不够。对于网络营销来说,严格执行,最快见到效果和收益。

5. 完善的激励制度。要想网络营销取得更好的效果,必须激励士气。如果网络推广的效果明显,获得的收益大,就要给网络推广人员进行奖励。建立完善的激励制度,分层次按效果奖励相关人员。

1.1.4　支撑知识

1. 网络营销和传统营销优劣互补

网络营销是一种新的营销技术,更是一种意识,对传统营销产生巨大的冲击。这种基于互联网的新型营销方式已经引起广泛关注,对企业的经营管理产生越来越大的影响。相比传统营销,网络营销优势体现在以下几方面。

(1) 大面积、无地域限制的全方位推广。网络营销相对线下推广来说,不受地域限制,可以大面积宣传公司。尤其对于中小企业,由于经营资源的限制,发布新闻、投放广告、开展大规模促销活动等宣传机会比较少,因此通过互联网手段进行营销推广的意义显得更为重要。

(2) 降低成本,企业获得竞争优势。通过网络发布信息,将产品直接面向消费者,缩短分销环节,使企业实现了产品直销,减少了库存,降低了综合成本,无形中帮助企业减小了生存压力。前来访问的大多是对此类产品感兴趣的顾客,受众准确,避免了许多无用的信息传递,也可省节费用。

(3)沟通方便快捷,提供更优质客户服务。可以通过在线方式收集顾客意见,让顾客参与产品的设计、开发和生产,真正做到以顾客为中心,满足顾客各方面需求,避免不必要的浪费。销售过程中,让顾客既有极强的自主选择余地又能方便地获得回应,从而获得方便轻松的购物体验。

(4)形式新颖别致,具备吸引力。由于传送媒介是多媒体设备,使得内容全面、生动形象、互动性强、反馈及时等,大大提高了企业信息的传播效率,增强了企业形象和实力。网络媒体的真正价值,在于它不仅提供了一个全新的市场营销渠道,而且这个渠道细分后,又可以形成更多不同的营销途径,让今天已经难以突破的传统市场营销格局有了崭新的组合方式。

(5)营销手段多样化。网络营销具有沟通效率高、覆盖范围广、互动性强、成本低等优势。凭借这些优势,发展出丰富多样的网络营销手段,正散发出勃勃生机。这些手段既包括门户广告、搜索引擎营销、电子商务网站推广、网络联盟(联署营销)等,也包括电子邮件推广、社区推广、视频推广,甚至包括在网上写文章、跟帖宣传公司和产品。

网络营销作为新的营销理念和策略,凭借互联网特性对传统经营方式产生了巨大的冲击,但这并不等于说网络营销将完全取代传统营销,网络营销与传统营销是一个整合的过程。这是因为,首先,互联网作为新兴的虚拟市场,它覆盖的群体只是整个市场中某一部分群体。许多群体由于各种原因还不能或者不愿意使用互联网,如老人和落后国家地区,因此传统的营销策略和手段则可以覆盖这部分群体。其次,互联网作为一种有效的渠道有着自己的特点和优势,但对于许多消费者来说,由于个人生活方式不愿意接收或者使用新的沟通方式和营销渠道,如许多消费者不愿意在网上购物,而习惯在商场上一边购物一边休闲。第三,互联网作为一种有效沟通方式,可以方便企业与用户之间直接双向沟通,但消费者有着自己个人偏好和习惯,愿意选择传统方式进行沟通,如报纸有网上电子版本后,原来的纸张印刷出版业务依然存在,两者起到相互促进的作用。最后,互联网只是一种工具,营销面对的是有灵性的人,因此一些传统的以人为主的营销策略所具有独特的亲和力是网络营销没有办法替代的。随着技术的发展,互联网将逐步克服上述不足,在很长一段时间内网络营销与传统营销是相互影响和相互促进的局面,最后实现融洽的内在统一,在将来没有必要再谈论网络营销了,因为营销的基础之一就是网络。

2. 行业应用网络营销概述

网络营销因其灵活性、性价比高而备受青睐。一些敏感而富有冒险精神的商家立刻发现了其中所隐藏的无限的商机。利益的驱动使得几乎每个行业都想通过网络来寻找自己新的位置。网络营销与行业特性关系密切,不同行业企业进行网络营销的积极性有很大差异。信息传输、计算机服务和软件业,由于其比较高的技术水平,因此也有较高的网络营销应用比例。总的来说,有一些行业特别适合应用网络营销这个利器,为企业开辟新的生存道路。

(1)零售业。亚马逊在线图书销售的成功吸引了越来越多的零售商,如唱片、体育用品公司等加入这一行列。就连著名的比萨饼连锁店（Pizza Hut）也不惜重金赎回用自己的店名注册的域名，利用 Internet 开展比萨饼订购业务。化妆品、首饰也包括高档服装这种相对依赖于品牌效应的奢侈品行业，相比于传统商业模式，在用户浏览网站的过程当中，更有可能连续浏览同一品牌的商品。对于一些强调品牌的商业形式而言，充分利用 B2C 站点的品牌优势特性，将非常有利于消费者快速产生关于"品牌"的印象以及做出相应的行为。

（2）信息产品行业。经营计算机产品的公司，或者直接与 Internet 发生关系，或者直接参与 Internet 建设，或者为 Internet 的连接提供软硬件设备和联网方案，它们是第一批 Internet 贸易的直接受益者。在这些公司的销售活动中，在线交易所占的份额越来越大。这些公司包括微软、国际商业机器（IBM）等传统的计算机产业的超级大公司，也包括惠普等在计算机某领域有专长的公司，还包括戴尔、联想等因 Internet 而诞生的新生的计算机公司和各种销售计算机有关产品的公司。

IBM 几乎是一家最"古老"的经营计算机产品的公司，它经历了从计算机诞生开始的计算机发展全过程。IBM 一直在解决大型商场自动化方面居于领先地位，IBM 公司果断抓住电子商务兴起的契机，提出了全面的电子商务解决方案，其子公司 Lotus 的 Domino. Merchant 成为搭建电子商业系统的主力软件。

戴尔公司相对于 IBM 是一家新兴的计算机公司。该公司在 Internet 刚刚为大众所认识的时候，独具慧眼，发现了这块待开垦的处女地。戴尔公司所生产的系列台式计算机和系列工作站，通过互联网迅速传播，占领了个人计算机市场的较大份额，成为世界著名的个人计算机生产厂家。

（3）耐用消费品生产行业。无论是在国内还是在国外，男性公民都是网络漫游的主要人员。耐用消费品和不动产，如汽车、摩托车、房地产等，都是男性公民注意的对象。汽车、摩托车生产厂家，如美国福特公司、日本铃木公司等在网络上都有自己的销售网点。房地产公司如美国的 Ira & Carol Serkes 公司在网络上也有良好的表现。

（4）专注国内市场（向国内客户销售商品或服务）的企业的网络营销比例较低，而专注国外市场的企业为了开拓市场更倾向于使用网络营销手段。而内外贸皆有的企业开展网络营销的比例较高。这是因为，规模较大的企业开展网络营销的比例相应要高，而既有国内贸易又有国外贸易的企业规模相对较大。

（5）传统制造型企业也把目光转向网络市场，开发新的网上营销模式。随着传统市场的竞争加剧，制造生产型企业遇到前所未有的生存与发展压力，企业也呈现出了前所未有的热情，积极开展电子商务网络营销，抓住新的发展机遇。制造型企业网络营销方式一直比较单一，而企业网站整合了多种营销方式，形成了更高效的网络营销体系。越来越多的中小制造企业开始批量注册通用网址，投入到网络营销的大潮中。

3. 中小企业网络营销应用

互联网为中小企业创造的竞争优势带来了新的机遇，给了新兴中小企业极大的发展空间和竞争平台。通过研究电子商务类网站的用户行为信息，发现网络营销改变了以往的成功公司已经确立的传统商务模式。与传统的柜台、专营店、超市等销售方式相比，网站非常适合在短时间内让用户浏览到相对巨大量的信息，并且多媒体形式展现一种或者多种商品,让用户对比起来更轻松。同时利用搜索引擎等网络工具,进行在现实购物中难以进行的快速搜索、对比、关联、过滤等判别行为。以上种种特性给中国中小企业带来了新的机会和旺盛的生命力。中小企业中数量最多的批发与零售企业的网络营销比例并不高,这是由于还有大量的传统批发零售渠道的存在,他们受地域影响很大,互联网对于他们拓展市场的作用目前还不是很明显。而中小企业中占比第二的制造业企业中,却有大量企业开始利用网络营销,这是因为受金融危机影响,大量制造企业面临客源有限的问题,因此积极探索利用互联网渠道接触更多潜在客源。

（1）中小企业使用的网络营销方式。中小企业最为迫切的需求就是拓展市场、推广产品,因此成本较低、效果优异的网络营销正逐渐得到中小企业的认可。根据调查数据显示,目前中小企业中网络营销相关的互联网应用渗透率综合起来达到了 42.1%。不过,仍然还有 57.9%的受访中小企业没有使用互联网进行过任何营销及销售相关活动。中小企业使用的网络营销方式比例如图 1 - 1。

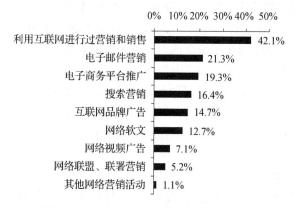

图 1 - 1 中小企业网络营销方式使用比例

其中,电子邮件营销方式是企业最普遍采用的互联网营销方式,21.3%的企业曾经采用过电子邮件营销。电子邮件营销具有成本低、到达率高等优点,但具有容易引起受众反感等缺点。不过,将电子邮件营销与 CRM 系统结合,进行更加精准的促销信息推送仍然是很有效的网络营销方式。因此,电子邮件营销未来还将是最为普及的网络营销方式之一。

此外,电子商务平台和搜索营销(包括搜索关键字广告、搜索引擎优化等)是另两类比较重要的互联网营销方式,也是企业互联网营销中投入较多的两个领域。

互联网品牌广告,是指在门户网站等站点中购买相应的广告资源(图片链、文字链、弹出框等),是互联网广告中最为传统的方式。目前,依然在企业的网络营销中占有一席之地。网络软文也是利用较广的一种互联网营销方式,包括企业自己的员工利用论坛等手段宣传和营销自己的品牌和产品,以及雇佣专门的"网络水军"进行大规模、有组织的互联网舆论战。这种互联网营销方式正在不断得到广告主的青睐,但未来可能面临更加严格的管制以及社会负面舆论的影响。

（2）中小企业使用传统营销方式和网络营销方式对比。对比中小企业使用传统营销方式的情况,可以看出目前传统营销方式在企业中的渗透率还是要高于网络营销方式,其中,报纸、杂志的营销方式的渗透率最高,如图1-2。这也说明网络营销方式还有很大的发展空间,中小企业经营管理中网络营销理念和投入有待进一步提高。

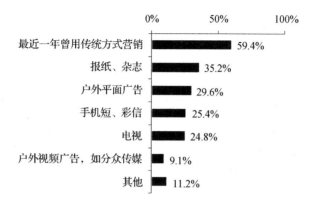

图1-2　中小企业网络营销与传统营销方式使用比例

（3）中国中小企业网络营销地域特征。中小企业网络营销具有明显的地域差异,在地区上显现发展不平衡性,如图1-3。毫无疑问,东部地区中小企业开展网络营销的比例远高于西部和中部地区。东部经济带的中小企业无论在数量上还是在互联网利用水平上都远超中部和西部,是中国中小企业中最重要的区域。

从具体的省市来看,浙江、北京、广东的比例是最高的。其中,浙江依托长三角地区发达的经济带,中小企业发展相对成熟。此外其还受到阿里巴巴等电子商务企业的大力推动,因此在中小企业网络营销中处于领先地位。而北京和广东也是电子商务服务平台企业相对集中的地区,使得中小企业更易于接触和开展网络营销服务。

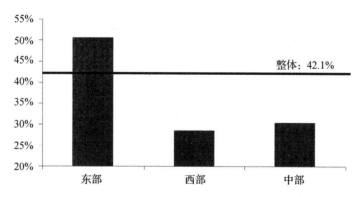

图1-3　中小企业开展网络营销地域比例

1.1.5　同步训练

充分利用网络环境,浏览网页,体验不同平台、不同行业、不同方式的网络营销,加深对网络营销的感性认识。

表 1-1 不同企业网络营销应用现状

网络营销体验				
企业名称	概要		截图一	截图二
	网址			
	经营方向			
	主要特色			
	应用网络营销方式			
	网址			
	经营方向			
	主要特色			
	应用网络营销方式			
	网址			
	经营方向			
	主要特色			
	应用网络营销方式			
	网址			
	经营方向			
	主要特色			
	应用网络营销方式			
总结网络营销发展趋势				

1.1.6　综合评价

表 1-2　综合评价表

任务编号	020101	任务名称		案例剖析	
任务完成方式	□小组协作完成 □个人独立完成				
评价点				分值	
对网络营销的认知是否清晰				20	
是否了解网络营销和传统营销之间的关系				20	
是否了解具体行业对网络营销应用现状				20	
信息获取方式的应用				20	
小组或个人收获				10	
是否体现团队协作或个人努力				10	
本主题学习单元成绩：					
自我评价	（20%）	小组评价（20%）	教师评价	（60%）	
存在的主要问题					

1.1.7　拓展任务

以小组为单位,寻找身边的一些企业,详细了解企业的经营管理状况,对企业在网络营销建设方面提出一些建议。

任务 2　网络营销环境分析

1.2.1　任务引导

为了进一步具体了解目前网络市场休闲服装类产品格局、畅销品种、价格水平、消费群体等具体信息,小王计划首先做一个企业网络营销环境分析,主要利用互联网搜集信息,明确行业现状、主要的竞争对手、发现潜在的目标客户。

1.2.2　任务分析

☑　服装行业网络现状分析

☑ 本公司产品特性分析
☑ 主要竞争对手分析

1.2.3　任务实施

步骤一:项目小组成员任务分工

根据任务分析,确定网络营销环境分析的主要内容主要为服装行业网络现状分析、公司产品特性、公司主要竞争对手。项目小组进行任务分工,组内成员分别负责以上三个主要内容,并制定各自的工作计划。

步骤二:网络信息搜集

1. 搜索行业动态和政策信息,了解外贸服饰市场现状。

久合服装有限公司以生产针织服装、休闲的全棉、涤棉、绒衫类服装为主,主要产品有各种针织 T-恤、运动套装、童装、睡衣系列等。其产品属于"服装服饰"大类下的"外贸服饰"类目。对于这类信息的搜索,可以通过相关搜索引擎的"资讯"或"新闻"搜索功能来进行,下面以百度为例,介绍信息搜索的具体步骤。

(1)以"外贸服饰"为关键词搜索有关新闻,如图 1-4 所示。

图 1-4　在百度搜索与"外贸服饰"相关的"新闻"

　　从图1-1中可以看出,搜索结果返回的信息量很大,总量达到20多万条。其中有一部分信息是和我们想获取的外贸行业信息比较密切,"论坛服饰系列报告"。但有很多信息相关度并不太高,有的连接到相关网站,有的是社会新闻。

　　(2)为了提高搜索结果的价值度,进一步调整关键词,寻找时效性更高的信息,尝试进行百度"高级搜索",如图1-5所示。

图1-5　百度的高级搜索界面

　　从图1-5可以看出,利用高级搜索,搜索在文章标题中必须含"外贸服饰",可以包含"全棉""电子商务"等关键词,时间为最近一年的全部新闻,搜索结果如图1-6所示。

图1-6　百度高级搜索返回的部分相关信息

　　(3)摘录和整理外贸服饰市场的有关资讯。以此类推,还可以利用其他搜索引擎等工具搜索相关信息。

2. 访问服饰行业网站,分析公司产品特性。

通过行业网站的访问,不仅可以了解行业的最新动态和政策信息,还可以了解外贸服饰类商品品类及贸易信息,以及最新的焦点问题、用户偏好等敏感信息。当然,也是发布企业信息、实施企业网络营销战略的重要阵地。

(1)通过百度高级搜索功能,在"网页"选项搜索服饰行业专业网站,如图1-7所示,搜索结果如图1-8所示。另外通过图1-6所示的搜索结果也可以找到相关网站,比如"中国服装网"。

图1-7　百度高级搜索行业网站

图1-8　百度高级搜索行业网站结果

（2）访问主要的行业站点（以中国服饰加工网为例），如图1-9所示。

图1-9　中国服饰加工网

通过图1-9可以看到，通过该网站能查阅到海量精选有关服饰加工网的行业动态、价格行情、展会信息、供求信息、加工订单、服饰代理等。通过对这些信息的查阅对比，从而分析本公司原料品质优劣、产品的定价是否合理、款式是否陈旧等，对公司产品进行明确的市场定位。

（3）摘录和整理行业商务信息。以此类推，还可以利用其他相关行业网站搜索相关信息，最后汇总。

3．知己知彼，搜集主要竞争对手的详细资料。

久合服装有限公司位于江苏扬州，属于江浙一带，因此同类型的服装企业比较多。公司过去主要进行外贸服装加工经营，工序复杂，首先承接出口订单，然后根据订单需求进行面料采购，再组织裁剪加工。转向国内市场后，面对的消费者和市场需求也发生了变化，批次增多，单批次定量降低，营销推广显得更为重要。此阶段，对于公司来说以强大而高明的竞争对手为榜样，向竞争对手学习显得尤为重要。因此，需要找到竞争对手，掌握主要竞争对手的详细信息，了解其规模、实力、生产经营品种、价格水平等信息。

（1）通过百度高级搜索功能，在"网页"选项搜索竞争对手公司网站，可以先筛选扬州地区的竞争对手，如图1-10所示，搜索结果如图1-11所示。

搜索结果	包含以下全部的关键词	服饰 公司	百度一下
	包含以下的完整关键词		
	包含以下任意一个关键词	扬州	
	不包括以下关键词		

搜索结果显示条数	选择搜索结果显示的条数	每页显示10条 ☑
时间	限定要搜索的网页的时间是	全部时间 ☑
语言	搜索网页语言是	◉ 全部语言 ○ 仅在简体中文中 ○ 仅在繁体中文中
文档格式	搜索网页格式是	所有网页和文件 ☑
关键词位置	查询关键词位于	○ 网页的任何地方 ◉ 仅网页的标题中 ○ 仅在网页的URL中
站内搜索	限定要搜索指定的网站是		例如：baidu.com

©2014 Baidu

图 1-10 百度高级搜索竞争对手网站

Baidu百度   title: (服饰 公司 (扬州))   百度一下   百度

网页   新闻   贴吧   知道   音乐   图片   视频   地图   文库   更多»

百度为您找到相关结果约15,500个

服装- 扬州市润扬服饰有限公司
服装辅料公司工作服、制服公司时尚饰品公司西服公司服装加工设备公司整熨洗涤设备公司女
士手袋公司鞋及鞋材公司T恤公司女装公司皮夹腰包公司其他服饰公司帽子公司特制...
533123657864.atobo.com... 2013-10-02 ▾ - 百度快照 - 评价

扬州英迈杰服饰有限公司欢迎您!
扬州英迈杰服饰有限公司位于扬州市瓜洲开发区。京沪高速公路、宁通高速公路、沿江高等级
公路、沪宁铁路、宁启铁路、润扬长江公路大桥、长江扬州港为企业编织了一张"水...
www.yzymj.com/ 2014-10-03 ▾ V₁ - 百度快照 - 评价

扬州英迈杰服饰有限公司 – 首页

扬州英迈杰服饰有限公司(http://jsyzymj.cn.china.cn)主营产品包括帽
子等.扬州英迈杰服饰有限公司负责人鞠小姐电话:86-514-87503111,
扬州英迈杰服饰有限公司您最佳...
jsyzymj.cn.china.cn/ 2014-09-26 ▾ - 百度快照

扬州昊天服饰有限公司
外贸产品销往韩国、日本、澳大利亚、加拿大、...【更多详细】 扬州
昊天服饰有限公司座落在扬州东郊李典镇,距风景秀丽的扬州市区15K
M,交通十分方便。公司前身是扬州市...
www.yzhaotian.com/ 2012-06-09 ▾ - 百度快照 - 评价

图 1-11 百度高级搜索竞争对手结果

（2）根据搜索结果，访问竞争对手网站，搜集整理具体信息，如图 1–12 所示。

图 1–12　竞争对手网站

（3）也可以通过行业网站找到许多竞争对手。比如在"网上轻纺城"可以找到许多竞争对手网站，如图 1–13 所示。

图 1–13　网上轻纺城"服装加工厂"栏目指向的企业

（4）通过对主要竞争对手的站点进行详细调研，将相关数据分类整理。

步骤三：小组汇总，系统分析企业网络营销环境

小组成员将各自负责的部分进行汇总，共同分析企业的网络营销环境。

1.2.4 支撑知识

1. 网络商务信息及特点

网络商务信息是指存储于网络并在网络上传播的与商务活动有关的各种信息的集合，是各种网上 商务活动之间相互联系、相互作用的描述和反映，是对用户有用的网络信息，网络是其依附载体在商务活动中，信息通常指的是商业消息、情报、数据、密码、知识等。

（1）时效性强。传统的商务信息，由于传递速度慢、传递渠道不畅，因而经常导致"信息获得了但也失效了"的局面。网络商务信息则可有效地避免这种情况。由于网络信息更新及时，传递速度快，只要信息收集者及时发现信息，就可以保证信息的时效性。

（2）准确性高。网络信息的收集，绝大部分是通过搜索引擎找到信息发布源获得的。在这个过程中，减少了信息传递的中间环节，从而减少了信息的误传和更改，有效地保证了信息的准确性。

（3）便于存储。现代经济生活的信息量非常大，如果仍然使用传统的信息载体，存储起来难度相当大，而且不易查找。网络商务信息可以方便地从因特网下载到自己的计算机上，通过计算机进行信息的管理。而且，在原有的各个网站上，也有相应的信息存储系统。自己的信息资料遗失后，还可以到原有的信息源中再次查找。

（4）检索难度大。虽然网络系统提供了许多检索方法，但全球范围的各行各业的海量信息，常常把企业营销人员淹没在信息海洋或者说信息垃圾之中。在浩瀚的网络信息资源中，迅速地找到自己所需要的信息，经过加工、筛选和整理，把反映商务活动本质的、有用的、适合本企业情况的信息提炼出来。

2. 网络商务信息类别

不同的网络商务信息对不同用户的使用价值（效用）不同，从网络商务信息本身所具有的总体价格水平来看，可以将它粗略地分为四类。

（1）免费商务信息。这些信息主要是社会公益性的信息。对社会和人们具有普遍服务意义的信息，大约只占信息库数据量的 5% 左右。这类信息主要是一些信息服务商为了扩大本身的影响，从产生的社会效益上得到回报，推出的一些方便用户的信息，如在线免费软件、实时股市信息等。

（2）低收费信息。这些信息是属于一般性的普通类信息。由于这类信息的采集、加工、整理、更新比较容易，花费也较少，是较为大众化的信息。这类信息约占信息库数据量的 10%—20%，只收取基本的服务费用，不追求利润，如一般性文章的全文检索信息。信息服务商推出这类信息一方面是体现社会普遍服务意义，另一方面是为了提高市场的竞争力和占有率。

（3）收取标准信息费的信息。这些信息是属于知识、经济类的信息，收费采用成本加利润的资费标准。这类信息的采集、加工、整理、更新等比较复杂，要花费一定的费用。同时信息的使用价值较高，提供的服务层次较深。这类信息约占信息库数据量的 60% 左右，是信息服务商的主要服务范围。网络商务信息大部分属于这一范畴。

（4）优质优价的信息。这类信息是有极高使用价值的专用信息，如重要的市场走向分析、网络畅销商品的情况调查、新产品新技术信息、专利技术以及其他独特的专门性的信息等，是信息库中成本费用最高的一类信息，可为用户提供更深层次的服务。一条高价值的信息一旦被用户采用，将会给企业带来较高的利润，给用户带来较大的收益。

3. 网络营销环境要素

网络营销环境是指网络营销活动所面临的各种内外部条件的总称。企业的网络营销环境主要分为宏观环境和微观环境。

（1）网络营销宏观环境要素。主要包括政治环境、法律环境、经济环境、科技环境、社会文化环境和自然环境等六个方面

（2）网络营销微观环境要素。主要包括行业性质环境、竞争者状况环境、供应商环境、营销中介环境、顾客环境和社会公众环境等诸多方面。

1.2.5　同步训练

在进行网络营销环境信息搜集的过程中，比较不同途径搜集到的网络商务信息有什么差别、不同途径各有什么特色，完成表1-3。

表1-3　不同途径搜索网络商务信息对比

搜索途径	搜索结果（信息量、形式、有效性、精确度等）
搜索引擎	
行业专业网站	
企业站点	
总结	

1.2.6　综合评价

表1-4　综合评价表

任务编号	020101	任务名称	网络营销环境分析
任务完成方式	□小组协作完成 □个人独立完成		
评测点			分值
对服装行业网络现状能否准确分析			20
对企业产品特性能否准确分析			20
能否搜集整理竞争对手相关资料			20
能否系统分析企业网络环境			20

续表

评测点	分值
小组或个人收获	10
是否体现团队协作或个人努力	10
本主题学习单元成绩：	

自我评价	（20％）	小组评价	（20％）	教师评价	（60％）
存在的主要问题					

1.2.7 拓展任务

以小组为单位，选择一家企业作为本课程各单元学习的研究对象，从分析企业的网络市场环境入手，开始各小组的项目任务。

任务3 网络市场定位

1.3.1 任务引导

企业生产经营的核心目标是能够获取利润。今天同类产品太多了，消费者如何选择？消费者购买的理由是什么？必须靠企业的有效定位来解决。因此久合服装有限公司必须思考通过何种营销方式、提供何种产品和服务，在目标市场与竞争者以示区别，从而树立企业的形象，取得有利的竞争地位。

1.3.2 任务分析

☑ 市场细分
☑ 产品定位
☑ 企业定位

1.3.3 任务实施

步骤一：项目小组成员查阅资料，梳理子任务

小组成员寻找借鉴网络市场定位案例，了解如何进行网络市场定位，熟悉任务操作流程，并明确各自工作任务。

步骤二：市场细分

一般来说，比较常见的服饰分类主要会按性别、年龄分类。按年龄分为有婴儿服、儿童服、成人服,或少年服、青年服、中年服、老年服。按性别分为男装、女装。

久合服装有限公司作为一个小型民营企业不可能满足所有的服装市场需求,因而必须在细分市场中做出取舍。在一个细分市场中占据较大的市场份额,往往比在整体市场中获取较小的市场份额更为有利。企业集中人力、物力和财力准确地投放到所选定的目标市场上去,才能取得稳固的市场地位。太原橡胶厂经历或许可以给我们一些启示,该厂是一个有1 800多名职工、以生产汽车、拖拉机轮胎为主的中型企业。一度因产品难于销售而处于困境。后来,他们进行市场细分后,根据企业优势,选择了省内十大运输公司作为目标市场,生产适合晋煤外运的高吨位汽车载重轮胎,打开了销路,摆脱了困境。

据相关数据显示,2016年,我国服装网购交易额达到9.343亿元,同比增长25.29%,通过任务2中对服装行业动态和政策信息了解,服装网购市场规模保持比较大比例的平稳增长,为网购市场的大品类。毫无疑问,这是一个比较大的蛋糕,企业如何占有有一定的市场份额呢?

中国城市目前拥有该年龄段的儿童约三亿,按此保守估计,中国儿童服饰每年的显在、潜在市场需求不低于八千亿元,如果加上部分发达的家村市场,这个数字将超过一万亿元!同时,由于中国的独生子女政策,所有的衣装消费因为没有弟弟妹妹的"接班",皆属"一次性消费"。婴儿服并不像儿童服装那么受流行时尚的影响那么深远,不会有那些积压货,也没有儿童服装的竞争那么激烈。对中国市场来说,无论是产品定位还是市场定位都是一个空白,然而,却又不像大童服装那样有一个季节或者节日的淡旺季,一年四季,都有新生儿出生,然而这些又都是他们必需的产品。

久合服装有限公司以生产针织服装、休闲的全棉、涤棉、绒衫类服装为主,主要产品有各种针织T-恤、运动套装、童装、睡衣系列等,因此将主要精力集中在全棉类婴儿和儿童服装细分市场。

步骤三:产品定位

外贸服装最早叫出口转内销货,是我国改革开放初期的产物,是指国内服装生产厂家根据国外来料、来样或国外来样、国内选料进行加工,在完成订单后剩余的那部分产品。外贸服装的优势关键还是在面料上。关于面料,现在的外贸品里面,大多以纯棉为主,棉的面料很少有外国来的,一般都是我们国内自己的面料。裤子、裙子等一些款式复杂的高级品,面料是外国来的。或者像磨旧牛仔、镀沙、镶钻石、特殊水洗颜色、千鸟格、呢子裙,这些也基本都是外国来料。纯棉和一部分牛仔,都是国内的面料。

久合服装有限公司是以生产外贸全棉休闲服装为主的一个出口加工型民营小企业。对于久合来说,多年外贸出口的经验,积累了一批优质面料供应商,加工工艺也比较高,对一些流行款式加工工序也比较熟悉。婴儿服和童装面料和款式要求比成人更严格:面料和辅料越来越强调天然、环保,针对儿童皮肤和身体特点,多采用纯棉、天然彩棉、毛、皮毛一体等无害面料。婴儿服款式上追求简单方便;童装款式上则追求时尚,亮片、刺绣、喇叭型裤腿、荷叶边等流行元素在童装设计上均有所体现。

因此在产品定位上注重面料品质,同时追求简单和时尚并存。在产品价格和知名品牌童装拉开距离,采取薄利多销,走物美价廉中低端产品路线。

步骤四:企业定位

企业定位是企业对自己在行业中的角色进行定位,决定企业在行业中是作为领先者、挑战者还是追随者,不同的企业定位决定了企业在竞争中采取不同的策略。婴幼儿和童装细分市场,产品差异化和形象差异化机会不多,服务相似,价格敏感,市场占有率稳定。通过前面任务中对行业和竞争对手的了解,对自身的分析,久合公司选择做行业的追随者策略,具体策略上,有些方面紧随领导者,有些方面则具独创性,避免直接竞争。后期发展中,将根据企业定位进行所有战术营销活动。

步骤五:撰写网络市场分析报告

各组根据所有学习任务搜集和整理出的信息,并根据这些信息进行分析,撰写网络市场分析报告,作为本单元的主要学习成果。

1.3.4 支撑知识

1. 市场细分

市场细分是指营销者通过市场调研,依据消费者的需要和欲望、购买行为和购买习惯等方面的差异,把某一产品的市场整体划分为若干消费者群的市场分类过程。每一个消费者群就是一个细分市场,每一个细分市场都是具有类似需求倾向的消费者构成的群体。

2. 市场细分的作用

市场细分能够帮助企业认识市场、研究消费者和竞争对手,为企业选择合适的目标市场、制定正确的营销策略提供依据。在任何市场上,细分市场总是起着相当重要的作用,主要表现在以下几个方面。

(1) 有利于企业获得消费者的忠诚。企业在了解不同细分市场需求特征及市场已有商品的基础上细分市场,开发出新产品,使得消费者能找到与他们的需求紧密相关的产品。消费者可能会感到,一个特定的供应商更理解他们,或更直接地与他们交流,因此消费者就会做出更多反应,最终更加忠实于那个供应商。

(2) 有利于企业集中使用力量。一个企业不可能满足所有的市场需求,因而必须在细分市场中做出取舍。在一个细分市场中占据较大的市场份额,往往比在整体市场中获取较小的市场份额更为有利。企业应该将其人力、物力和财力准确地投放到所选定的目标市场上去,才能取得稳固的市场地位。

(3) 有利于企业发挥竞争优势。由于资源有限,每个企业的生产能力对于整体市场来说都是微小的。尤其是对于中小型企业,通过市场细分,把企业的优势力量集中在企业选定的细分市场上,让整体市场上的相对劣势转化为局部市场上的绝对优势,从而提高企业竞争能力。

(4) 有利于企业根据市场变化,调整营销策略。消费者的需求是企业制定正确营销策略的出发点。由于各细分市场具有明显的需求特征,企业易于把握,并依此做出反应,准确地调节营销策略的各个方面,使细分市场中的消费者需求得到充分的满足,企业也因此获得更高的盈利。

3. 网络市场定位方法

（1）产品定位。企业在定位时会考虑根据产品的价格、质量、用途和特色等因素,从而形成不同的市场定位。价格是产品给网络消费者的第一印象,因此很多都会根据产品或服务价格来进行市场定位。

企业的产品定位可以分为价格定位、特色定位、功效定位、质量定位和利益定位等。

（2）消费者定位。消费者定位是企业进行市场定位的常用方法。企业可以根据目标消费者在年龄、性别、收入、职业、受教育程度、个性、价值观、宗教信仰、种族等方面的差异,塑造出不同的形象。

（3）竞争定位。竞争定位是企业根据竞争者的特色与市场位置,结合企业自身发展需要来进行市场定位的方法。竞争定位分为三种形式:避强定位、迎头定位和重新定位。

① 避强定位。避强定位是指企业把产品定位于目标市场的空白处,这样可以避开市场的激烈竞争,为企业争取一个相对宽松的发展机会。在进行避强定位之前,一定要进行市场细分,发现市场空隙,研究市场空隙的潜在消费者数量,同时从技术上和经济上分析实施避强定位的可行性和合理性。

② 迎头定位。迎头定位是指企业与在市场上占据支配地位的,也就是最强的竞争对手采取正面冲突的定位方式。采取此种方式会有较大的风险,因为有可能会使双方两败俱伤。但是如果和对方势均力敌或者较对方略占上风,有不少企业愿意采取这种方式,因为企业主认为这是一种更能激励自己奋发向上的可行策略。实行迎头定位策略,必须知己知彼,尤其是需要对双方实力进行准确评估,否则很有可能以卵击石,给企业带来颠覆性的灾难。

③ 重新定位。重新定位是指随着企业竞争环境的变化,企业重新调整自己的定位策略,以适应新的竞争态势的需要。当消费者的偏好发生变化或者是竞争对手的竞争战略发生变化导致本企业市场占有率严重下滑时,一定要进行重新定位。

事实上,现实中企业市场定位都不是使用唯一一种方法,而是同时结合多种方法进行综合使用,从而更完善地体现企业及产品形象。

1.3.5 同步训练

不同的企业会选择不同的竞争定位策略,小组共同完成表1-5。

表1-5 企业定位比较

选择类型	采取的措施
市场领导者策略	（1） （2） （3）
市场挑战者策略	（1） （2） （3）

续表

选择类型	采取的措施
市场追随者策略	(1) (2) (3)
市场拾遗补阙者策略	(1) (2) (3)

1.3.6 综合评价

表1-6 综合评价表

任务编号	020101		任务名称	网络市场定位
任务完成方式	□小组协作完成 □个人独立完成			
评测点				分值
企业细分市场是否明确、合理				15
产品定位是否明确、合理				15
企业定位是否明确、合理				15
网络市场分析报告是否规范、完整				30
小组或个人收获				10
是否体现团队协作或个人努力				10
本主题学习单元成绩：				
自我评价	（20%）	小组评价	（20%）	教师评价	（60%）
存在的主要问题				

1.3.7 拓展任务

在市场定位过程中有一个前提条件是确定目标市场,具体如何确定目标市场,请大家课后了解相关知识,为下个单元任务学习做准备。

学习单元二 目标市场确定

能力目标

◇ 能够分析网络消费者及其购买行为,用图、文和表等形式表现出来
◇ 能够开展网络市场调查,确定目标顾客
◇ 能够撰写网络营销商情报告
◇ 能够确定网络目标市场

知识内容

◇ 把握网络消费者的含义
◇ 了解网络消费者行为和心理
◇ 掌握网络市场调查方法
◇ 明确 SWOT 分析法
◇ 把握网络商情报告撰写方法

本项目包含了两个学习任务,具体为:

任务1:消费者行为分析;

任务2:目标客户群确定。

本章旨在让学生通过对本章案例的学习和理解,能够进行网络目标市场的调查与分析。学习本章后可以独立分析网络市场行为并撰写网络商情报告。

任务 1 消费者行为分析

2.1.1 任务引导

小吴是某高校电子商务专业应届毕业生,在各类校园招聘会拼搏了几个月后,如愿以偿地找到了自己满意的工作,进入惠农网营销部门。小吴在校期间就对市场营销、电子商务有着极大的兴趣,因此在来到公司后,力求在电子商务方面有着更深入的发展。

惠农网是 2013 年 9 月上线,由湖南惠农科技有限公司推出的 B2B 网站。该平台主要以 B2B 的方式为农村用户服务,为农产品提供供销渠道。该网站包含果蔬种植、养殖水产、园林园艺、副食特产、农资供应六大类目,涵盖了全国各品类农产品。而且可以免费地

图 2-1 惠农网 logo

建立商铺,另外为农产品求购信息提供发布平台,为农产品交易提供一个安全可靠的环境。及时发布农业部提供的全国农产品的市场行情、最新的农业政策和新闻,还有几十位农业专家会为广大农户解决农业生产技术方面的问题。

惠农网网罗了种植果蔬、养殖水产、园林园艺、副食特产、农资供应、中药材六大类目,以及农产品的常见种类。惠农网搭建了一个信息全、影响广的农产品交易网。通过它,用户可以了解到实时的市场动态,缩短农产品交易的中间环节、配置优势资源、提高流通效率,服务地域产业带,打造地标性农产品,构建现代农业百佳案例。惠农网开发的移动端应用软件"手机惠农"将致力于农产品交易服务,促进买卖双方高效、安全对接,实现农产品买卖无忧。惠农网的 LOGO 以绿色为主调,突出打造绿色、健康城市生态圈的理念,如图 2-1 所示。

这次,为了进一步拓宽公司市场份额和占有率,公司领导决定,由小吴所在部门负责调研网络市场环境,并通过调研和分析,确定网络目标群体。

2.1.2 任务分析

为实现本任务,需要实施以下步骤:
☑ 网络市场规模分析
☑ 网络消费者分析

2.1.3 任务实施

步骤一 网络消费者分析

随着互联网的发展日益深入,我国网民的人数持续增加。据中国互联网络信息中心2018 年初发布数据显示,截至 2017 年 12 月,中国网民规模达 7.72 亿,互联网普及率为55.8%。其中,网民中使用手机上网的人群占比由 2016 年年底的 95.1% 提升至 97.5%,手机网民规模继续增长。因此对于企业发展而言,能够抓住市场环境,更好地细分市场,采用新的营销手段和方法,满足消费者需求具有重要的意义。惠农网作为一家对接农产品与安全农产品资源整合为主的新型电子商务公司,其在发展的过程中,与时俱进,不断地尝试新的营销手段和方法。在结合 2017 年公司整体营销思路的发展下,决定在原有网站平台之外,拓展新的营销渠道。旨在不断地丰富各种平台对于产品的市场需求和增加产品在市场上的占有率,提升品牌知名度,更希望通过此举不断地帮助更多的农户销售各地名优特产。对此,领导安排电子商务部进行网络市场的调研和分析,通过对细分市场的深入了解,更进一步地确定目标人群。

面对新形势下的互联网环境,小吴确定了主要以围绕阿里旗下淘宝平台为主的网络市场环境和消费者行为进行深刻的分析和了解。之所以选择淘宝平台作为首选的网络平台,是因为淘宝作为国内最大的电商平台之一,其具有良好的平台体验及资源优势,加之不断的努力,淘宝网拥有近五亿的注册用户数,每天有超过 6 000 万的固定访客,同时每天的在线商品数已经超过八亿件。无论从在线用户基数还是平台资源优势等方面淘宝无疑具有重要借鉴意义,小吴选择淘宝网历年来运营数据作为首要分析对象。

首先就企业经营类别的了解,小吴发现公司所属类别对应于淘宝细分市场,更多的是以食品为主。对此,小吴开始针对淘宝内食品行业进行市场规模和消费者行为展示分析。

(1)市场规模分析。自 2010 年,淘宝网开始启动"特色中国"项目,以地域特色农产品和旅游产品为主打,积极与各省市政府紧密合作,精选全国各地的名优土特产以及名优企业,联手搭建以省级为单位的特色中国地方馆,共同推进各地农副产品的网上零售市场。

图 2-2 淘宝特色中国首页

据《阿里农产品白皮书 2015》数据显示,至 2015 年,阿里平台上,经营农产品的卖家数量超过 90 万个,其中零售平台占比 97.73%,如图 2-3 所示.

农产品电商发展情况:卖家数量

超过90万

至2015年,阿里平台上,经营农产品的卖家数量超过90万个,其中零售平台占比97.73%,1688平台占比约为2.27%。

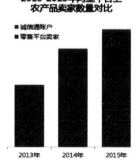

图 2-3 淘宝农产品卖家数量
资料来源(阿里研究院)

2015 年完成农产品销售 695.5 亿元,其中零售平台占比 95.31%,如图 2-4 所示。2016 阿里研究院发布权威数据报告年阿里农产品电子商务交易额超千亿元、增速超40%。农产品电商 50 强县榜单首度发布,其中有 14 个来自中西部和东北。

农产品电商发展情况:整体销售

695.50亿

2015阿里平台上完成农产品销售695.50亿元,
其中阿里零售平台占比95.31%,1688占比4.69%。

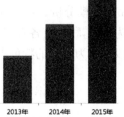

图 2-4　淘宝农产品销售额

资料来源(阿里研究院)

2015 年,淘宝网生鲜类目的成交占比排序来看,零食、坚果、特产;水产、肉类、果蔬、茶叶干饮;鲜活鱼肉蛋、米、面粉占比较重,如图 2-5 所示。时令水果销售中,也让众多电商卖家尝到了甜头。淘宝网数据显示整个夏季以黄桃为例,销售额最多的商家一个月就卖出 7.5 吨,这在平时的超市和商城,简直是不可估计的数量。

农产品电商发展情况:类目分布

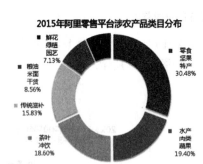

图 2-5　淘宝涉农产品类目分布和增长率

资料来源(阿里研究院)

2016 年阿里零售平台销售额最高的十类农产品是:坚果、茶叶、滋补品、果干、水果、肉类熟食、饮用植物、绿植、水产和奶制品,其中坚果销售额超过 100 亿元,蔬菜则是增长最快的农产品,2016 年同比增速达到 151%。农产品区域公用品牌 50 强榜单显示:茶叶类品牌占得半壁江山;企业品牌 50 强中,休闲零食类品牌占据 60%;在"中国农产品企业品牌网络声誉 50 强"上榜品牌中,休闲零食类品牌占到了 30 个,可见,在互联网环境下,休闲零食类品牌的传播更为有效,品牌网络声誉普遍较好。同去年相比,27个品牌为新上榜品牌,如图2-6所示。

排序	品牌名	排序	品牌名	排序	品牌名	排序	品牌名	排序	品牌名
1	哈密瓜	11	崂山茶	21	六安瓜片	31	涪陵榨菜	41	湄潭翠芽
2	普洱茶	12	章丘大葱	22	蒙顶山茶	32	慈溪杨梅	42	宣威火腿
3	西湖龙井	13	迁西板栗	23	仙居杨梅	33	通江银耳	43	金华火腿
4	福鼎白茶	14	祁门红茶	24	长白山人参	34	金坛雀舌	44	平遥牛肉
5	中宁枸杞	15	赣南脐橙	25	恩施玉露	35	古田银耳	45	开化龙顶
6	新会陈皮	16	烟台大樱桃	26	安化黑茶	36	大佛龙井	46	阳山水蜜桃
7	奉化水蜜桃	17	奉节脐橙	27	都匀毛尖	37	庐山云雾茶	47	那曲冬虫夏草
8	安吉白茶	18	库尔勒香梨	28	砀山酥梨	38	日照绿茶	48	雅安藏茶
9	信阳毛尖	19	文昌鸡	29	福州茉莉花茶	39	安溪铁观音	49	南汇水蜜桃
10	坦洋工夫	20	阳澄湖大闸蟹	30	五常大米	40	广昌白莲	50	兰州百合

图2-6 农产品品牌50强
资料来源(阿里研究院)

同时,人们对于食品安全的重视让绿色生态食品更加广泛地进入了人们的视野。那些遵循可持续发展原则,按照特定生产方式生产,经专门机构认定,许可使用绿色食品标志,无污染的安全、优质、营养农产品,也都将成为农产品网上平台的主要热销产品。

按照地域来看,整个农产品电商销售可以分为五个梯队,东部双子星优势明显,江苏和浙江两省农产品销售规模都超过百亿,而云南省则是西部的领头羊,农产品电商销售额达29亿元,普洱茶、三七、水果等特色农产品受消费者欢迎,如图2-7所示。

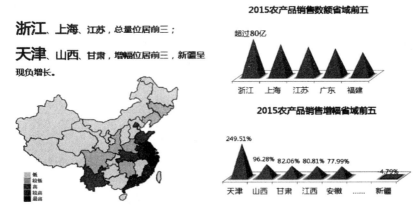

图2-7 农产品销售区域分布
资料来源(阿里研究院)

借助淘宝等方面的数据,我们可以清楚地看到互联网时代潮流涌动。淘宝食品生鲜类目市场潜力巨大,而且一直保持着较高的发展态势。通过大量的数据证明,小吴所处公司在巩固平台优势之外,进行的网络市场开拓战略是正确的,也更进一步地使其深入地了解公司主营业务的市场情况。

（2）消费者行为习惯分析

对于小吴团队来说，了解了食品特产行业的市场规模之后并不止于此，还应该进一步了解行业内消费者的行为习惯，具体包括买家购买行为、买家偏好及买家地域发布等。通过对网络消费者行为习惯的分析，使得小吴团队更好把握消费者的心理，从而更加精准地把握产品的核心卖点。

对于淘宝平台的消费者行为习惯研究，一般借助于数据魔方软件的深度洞悉来挖掘消费者的行为习惯，因此，小吴团队通过购买此软件之后，看到食品特产类目买家 30 天市场数据如表 2-1 所示。

表 2-1 过去 30 天食品特产买家市场数据分析

过去 30 天食品特产买方市场数据		
考察维度	当前买方市场状态	
买方市场规模	直接潜在买家	≈9.1 万人/月
	间接潜在买家	≈102 万人/月
	过去 30 天交易额	≈36325000 元/月
买家购买行为	登录浏览商品频率	≈3.43 次/月
	搜索商品访客占比	≈44.6%
	收藏商品访客占比	≈4.41%
	收藏商品访客人均收藏商量	≈1.51 个
	购买频率	≈1 次/月
买家偏好	品牌偏好	三只松鼠、百草味等
	功效偏好	绿色、纯天然等
	价位偏好	50 元以下占 45%； 51—100 元占 35%； 101—300 元占 15%； 301 元以上占 5%
买方访问习惯	一天周期	高峰来访时段第一位：10：00—11：00 来访人数：1662462 高峰来访时段第二位：15：00—16：00 来访人数：1542401 高峰来访时段第三位：21：00—22：00 来访人数：1509107 高峰来访时段第四位：14：00—15：00 来访人数：1470325 高峰来访时段第五位：16：00—17：00 来访人数：1436221
	一周周期	周六为最低，周日次低

续表

考察维度	当前买方市场状态	
买方地域发布	按购买人数分布前三名	上海、北京、广州
	按购买金额分布前三名	上海、北京、广州
	按客单价分布前三名	北京、河南、浙江

通过上图，我们可以清晰地看到，食品特产类淘宝消费者购买参与度高且周期性强，无论就买家购买行为习惯还是访问深度来说，都足以说明食品特产类深受消费者的喜好，而且就周期内的点击次数我们可以看到，周内的消费点击次数远远大于周末。因此对于企业来说，选择淘宝平台进驻网络市场的拓展，是势在必行的营销布局。

2.1.4　支撑知识

1. 网络消费者含义

网络消费者是指通过互联网在电子商务市场中进行消费和购物等活动的消费者人群。

2. 网络消费者行为和心理

（1）人们对某种商品感兴趣，一部分来自商品在促销时能引导消费者可接受的情绪环境，如，互联网上提供的网上购买异地送货服务，网上购物所体验到的一种快乐感与个人的满足感，就会让消费者选择网上购物。

（2）网络消费者一般都对电脑比较了解，受教育的程度较高，网上购物时会多轮反复比较各个在线商场的商品，详细了解所要购买商品的性能、功效、价格等多种因素，最后综合比较才决定是否购买。

（3）网络消费者一般会选择公众影响力较好、信任度和声誉较好的网站和商家的商品。网络消费者根据理智经验和感情，对认定好的网站和网上商场产生特殊的信任与偏好后，会经常光顾，忠诚消费，还会在网上对自己的交际圈进行宣传和影响，会扩大网站的宣传力度，对网站的推广有很大的作用。

（4）网络消费者在购物时，网站界面的个性化漂亮的设计，网站优秀的声誉、较高的网站知名度、简单便利的交易方式，将更能吸引消费者的目光，从而刺激消费者产生某种需求并产生相应的购买动机。

（5）商品特性及质量对消费者购买决策的影响。网上消费者有着自身的特点，这就决定了其购买行为和不是所有的商品都适合在网上销售和网上营销活动。据有关资料显示：消费者认为网上交易最大问题是：产品质量、售后服务及厂商信用得不到保障（占42.1%）、安全性得不到保障（占28.1%）、价格不够诱人（占7.5%）、付款不方便（占7.4%）、网上信息不可靠（占6.7%）等。从这资料上可知，网上商品的特性和网络消费的安全性与服务对消费者进行购买决策时有重大的影响。

（6）商品价格的影响。互联网上信息丰富性和开放性，消费者更容易比较商品的价格。对于同一种商品，消费者更倾向于价格便宜的。由于网上销售没有传统营销的成本高，所以具有一定的价格优势。亚马逊的大额折扣和免费送货、低廉的商品价格是吸引了广大的消费者的重要因素之一，这也证明了低价对消费者具有很强的吸引力。例如针对消费者的这种心理的"特价热卖"栏目。消费者只要进入专栏，就可以轻松获得各个热销产品的信息以及价格，进而通过链接快速进入消费者认为适合的网站，完成购物活动。这种网上购物满足了消费者追求物美价廉的心理。

3. 网络消费者购买动机

（1）动机的概念。所谓的动机，是指推动人进行活动的内部原动力（内在驱动力），即激励人行动的原因。人只要处于清醒的状态之中，就要从事这样或那样的活动。无论这些活动对主体具有多大的意义和影响，对主体需要的满足具有怎样的吸引力，也无论这些活动是长久的还是短暂的，他们都是由一定的动机所引起的。

网络消费者的购买动机是指在网络购买活动中，能使用网络消费者生产购买行为的某些内在的驱动力。

动机是一种内在的心理状态，不容易被直接测量出来，但它可根据人们长期的行为表现或自我陈说加以了解和归纳。对于企业营销部门来说，通过了解消费者的动机，就能有依据地说明和预测消费者的行为，采取相应的营销手段。而对于网络营销来说，动机研究更为重要。因为网络营销是一种不见面的销售，网络消费者复杂的、多层次的和多变的购买行为，不能直接观察到，只能够通过文字或语言的交流加以想象和体会。

（2）网络消费者购买动机分类。网络消费者的购买动机基本上可以分为两大类：需求动机和心理动机。前者是指人们由于各种需求，包括低级的和高级的需求而引起的购买动机，而后者则是由于人们的认识、感情、意志等心理过程而引起的购买动机。

4. 网络消费者的需求动机

研究人们的网络购买行为，首先要研究人们的网络购买需求。

（1）传统需求层次理论在网络需求分析中的应用。在传统的营销过程中，需求层次论被广泛应用。需求层次理论是研究人的需求结构理论，它是由美国心理学家马斯洛在1943年出版的《人类动机的理论》一书中提出来的。马斯洛把人的需求划分为五个层次：生理的需求、安全的需求、社交的需求、尊重的需求和自我实现需求。在五个层次中，前三个属于低层次的，后两个属于高层次的。这一理论的核心是：人总是追求满足最重要的需求，当人满足了低层次需求后，就必然转向追求高一层次的需求，这就是人的需求动机理论。

（2）现代虚拟社会中的消费者的新需求。马斯洛的需求层次理论可以解释虚拟市场中消费者的许多购买行为，但是，虚拟社会与现实社会毕竟有很大的差别，马斯洛的需求层次理论也面临着不断补充的要求。而虚拟社会中人们联系的基础实质，是人们希望满足虚拟环境下三种基本的需要：兴趣、聚集和交流。

① 兴趣。分析畅游在虚拟社会的网民，我们可以发现，每个网民之所以热衷于网络

漫游,是因为对网络活动抱有极大的兴趣。这种兴趣的产生,主要出自两种内在驱动:一是探索的内在驱动力。

② 聚集。虚拟社会提供了具有相似经历的人们聚集的机会,这种聚集不受时间和空间的限制,并形成富有意义的个人关系。通过网络而聚集起来的群体是一个极为民主性的群体。在这样一个群体中,所有成员都是平等的,每个成员都有独立发表自己意见的权利,使得在现实社会中经常处于紧张状态的人们能在虚拟社会中寻求到解脱。

③ 交流。聚集起来的网民,自然产生一种交流的需求随着这种信息交流的频率的增加,交流的范围也在不断地扩大,从而产生示范效应,带动对某些种类的产品和服务有相同兴趣的成员聚集在一起,形成商品信息交易的网络,即网络商品交易市场。这不仅是一个虚拟社会,而且是高一级的虚拟社会。在这个虚拟社会中,参加者大都是有目的的,所谈论的问题集中在商品质量的好坏、价格高低、库存量的多少、新产品的种类等。

5. 消费者的心理动机

网络消费者购买行为的心理动机主要体现在三个方面。

(1) 理智动机。这时购买动机是建立在人们对于在线商城推销商品的客观认识基础上的。众多网络购物者大多是中青年,具有较高的分析判断能力。他们的购买动机是在反复比较各个在线商城的商品之后才做出的,对所要购买商品的特点、性能和使用方法,早已心中有数。理智购买动机具有客观性、周密性和可控制性的特点。在理智购买动机驱使下的网络消费购买动机,首先注意的是商品的先进性、科学性和质量高低,其次才注意商品的经济性。这种购买动机的形成基本上受控于理智,而较少受到外界因素的影响。

(2) 感情动机。感情动机是由于人的情绪和感情所引起的购买动机。这种购买动机还可以分为两种形态:一种是低级形态的感情购买动机,它是由于喜欢、满意、快乐、好奇而引起的。这种购买动机一般具有冲动性、不稳定性的特点。还有一种是高级形态的感情购买动机,它是由于人们的道德感、美感、群体感所引起的,具有较大的稳定性、深刻性的特点。

(3) 惠顾动机。这是基于理智经验和感情之上的,对特定的网站、图标广告、商品产生特殊的信任与偏好,而重复地、习惯性地前往访问并购买的一种动机。惠顾动机的形成,经历了人的意志过程。从它的产生原因来看,或者是由于搜索引擎的便利、图标广告的醒目、站点内容的吸引,或者是由于某一驰名商标具有相当的地位和权威性,或者是因为产品质量在网络消费者心目树立了购买目标,并在各次购买活动中克服和排除其他的同类水平产品的吸引和干扰,按照计划实现购买行动。具有惠顾动机的网络消费者,往往是某一站点的忠实浏览者。他们不仅自己经常光顾这一站点,而且对众多网民也具有较大的宣传和影响功能,甚至在企业的商品或服务出现某种过失的时候,也能予以谅解。

6. 网络消费需求的特征

由于互联网商务的出现,消费观念、消费方式和消费者的地位正在发生着重要的变化,使当代消费者心理与以往相比呈现出新的特点和趋势。

(1) 个性消费的回归。在过去相当长的一个历史时期内,工商业都是将消费者作为单独个体进行服务的。在这一时期内,个性消费是主流。只是到了近代,工业化和标准化的生产方式才使消费者的个性被淹没于大量低成本、单一化的产品洪流之中。然而,没有一个消费者的心理完全一样的,每一个消费者都是一个细分市场。心理上的认同感,已成为消费者做出购买品牌和产品决策的先决条件,个性化消费者正在也必将再度成为消费的主流。

(2)消费需求的差异性。不仅仅是消费者的个性化消费使网络消费需求呈现出差异性。对于不同的网络消费者因所处时代、环境不同产生不同的需求,不同的网络消费者在同一需求层次上的需求也会有所不同。所以,从事网络营销的厂商要想取得成功,必须在整个生产过程中,从产品的构思、设计、构造到产品的包装、运输、销售,认真思考这种差异性,并针对不同消费者的特点,采取有针对性的方法和措施。

(3)消费的主动性增强。消费主动性的增强来源于现代社会不确定性的增加和人类追求心理稳定和平衡的欲望。

(4)对购买方便性的需求与购物乐趣的追求并存。

(5)价格仍然是影响消费心理的重要因素。

(6)网络消费仍然具有层次性。网络消费本身是一种高级的消费形式,但就其消费内容来说,仍然可以分为由低级到高级的不同层次。

(7)网络消费者的需求具有交叉性。在网络消费中,各个层次的消费不是相互排斥的,而是具有紧密的联系,需求之间广泛存在着交叉的现象。

(8)网络消费需求的超前性和可诱导性。

(9)网络消费中女性占主导地位。

2.1.5 同步训练

学生需要按照教师的指导要求,从多个网络营销调研课题中,学生根据课题进行分析并完成表2-2。

表2-2 网络消费者行为分析

标题	内容
网络市场规模分析	
网络消费者行为分析	
总结	

2.1.6　综合评价

表 2 - 3　综合评价表

任务编号	020101	任务名称	网络消费者行为分析
任务完成方式	□ 小组协作完成 □ 个人独立完成		
评价点			分值
对网络消费者定义把握是否准确			30
对网络市场规模分析方法掌握程度			30
对网络消费者行为分析是否正确			40
本主题学习单元成绩：			
自我评价	（20％）	小组评价	（20％）	教师评价	（60％）
存在的主要问题			

2.1.7　拓展任务

以小组为单位,寻找身边的一些企业,详细了解企业公司网站及主营业务,分析并了解其网络市场规模、网络市场消费者行为习惯等。

任务 2　目标客户群确定

2.2.1　任务引导

随着网络市场规模和网络消费者行为进一步明了,对于企业来说,是不是就可以实施网络营销活动呢? 其实不然,对于市场规模与消费者行为的前期分析,是为了后期网络市场调研及目标人群确定做基础性的工作,而其分析结果与指导性的作用直接决定着网络营销活动的实施节奏。

2.2.2　任务分析

为实现本任务,需要实施以下步骤:
☑ 网络市场调研
☑ 确定目标顾客并撰写网络商情报告

2.2.3 任务实施

步骤一:网络市场调研

网络市场调研是展开网络营销活动前至关重要的市场调研工作,与传统的调研不同之处就在于网络市场调研相对于传统调研更加快捷和便利,调研费用较低。公司在对网络消费者行为分析之后,更加明确了网络市场调研的必要,网络市场调研不仅是针对营销活动提供战略决策,更重要的是搜集市场信息和整理。网络市场调研对于网络营销来说主要作用是为主要信息来源提供有利的数据和事实,其次更重要的是它在整个营销系统中起着至关重要的作用。因此,小吴公司决定实施有效的网络市场调研,并在市场调研活动中分析并明确自身企业网络市场的用户群体。

通常所了解到的网络市场调研对象包含以下几个类别。

(1)企业产品的购买者或潜在客户。企业可以在客户购买其产品时建立客户信息数据库,收集产品购买者的信息,以跟踪了解这些客户对企业产品的功能、价格、售后服务等方面的反馈信息。另外,对潜在客户的调研也很重要。企业可将通过网上购买方式来访问企业站点的客户,定位为潜在客户,通过多种方式了解他们对企业产品及服务的反馈信息。

(2)企业的合作者和中立者。企业的合作者和中立者也会给企业提供一些极有价值的信息和评估分析报告。

(3)企业的竞争者。企业不仅要了解客户和合作者的情况,更需要了解其竞争者的情况。企业可以通过网络进入竞争对手的站点,查询需要的信息,以准确把握自身的优势和劣势,随时调整营销策略。

对于小吴公司而言,企业产品的购买者或企业潜在客户的范围主要围绕绿色健康食品为主的消费人群,企业的合作者和中立者是普通互联网用户,企业竞争者为同等条件的商品经营商,这里惠农网主要以淘宝平台食品行业龙头三只松鼠作为竞争者调研对象。

在确定调研对象之后,面对市场调研,不仅需要调研市场环境,还需要调研市场需求、网络营销因素及市场竞争情况。通过综合多种调研方法和对象,全方位地对调研对象进行分析和解剖,使得市场需求等多种因素更加直接地为企业提供有利市场决策。

网络市场调研的方法,大致可以分为观察法、实验法、访问法和问卷法四种。

传统市场调研的过程中对于企业而言,不论是成本还是调研结果客观性都有一定的不足,特别是调研周期相对较长,因此,在网络营销被越来越多的企业现实应用之后,网络市场调研的优势也逐步显现。小吴公司面对上述调研方法,主要使用了网络问卷调查法。之所以选择以问卷调查法来进行网络市场的调研,是因为问卷调查法不仅具有精准的可靠性,而且能够根据企业需求进行精心的设计和编排。不仅如此它更便于企业内部各个部门的操作和协调,使得网络问卷调查更加直接,精准地获得市场消费者反馈。

网络问卷调查法设计的时候,一般的结构包括四个部分,即说明信、调查内容、编码和结束语。其中调查内容是问卷的核心部分,是每一份问卷都必不可少的内容,而其他部分则根据设计者需要取舍。

(1)说明信。说明信是调查者向被调查者写的封简短信,主要说明调查的目的、意义、选择方法以及填答说明等,一般放在问卷的开头。

(2)调查内容。问卷的调查内容主要包括各类问题,问题的回答方式及其指导语,这是调查问卷的主体,也是问卷设计的主要内容。

问卷中的问答题,从形式上看,可分为开放式、封闭式和混合型三大类。开放式问答题只提问题,不给具体答案,要求被调查者根据自己的实际情况自由作答。封闭式问答题则既提问题,又给出若干答案,被调查中只需在选中的答案中打"√"即可。混合型问答题,又称半封闭型问答题,是在采用封闭型问答题的同时,最后再附上一项开放式问题。

至于指导语,也就是填答说明,用来指导被调查者填答问题的各种解释和说明。

(3)编码。编码一般应用于大规模的问卷调查中。因为在大规模问卷调查中,调查资料的统计汇总工作十分繁重,借助于编码技术和计算机,则可大大简化这一工作。

编码是将调查问卷中的调查项目以及备选答案给予统一设计的代码。编码既可以在问卷设计的同时就设计好,也可以等调查工作完成以后再进行。前者称为预编码,后者称为后编码。在实际调查中,常采用预编码。

(4)结束语。结束语一般放在问卷的最后面,用来简短地对被调查者的合作表示感谢,也可征询一下被调查者对问卷设计和问卷调查本身的看法和感受。

小吴公司在调查问卷的设计中主要凸显出消费者对农产品需求的调研与消费者对农产品的具体要求,所以在设计时包含了四个模块,分别是:消费者人群、岗位层级、购买农产品的基本需求因素、对于农产品的建议等。

调查问卷样例

附录:惠农网网络市场调查问卷

您好:为了了解广大消费者对农产品的需求及品质等信息,我们设计了这份问卷。您的参与和配合对我们来说很重要,您的问卷没有对错之分,只表明您的观点和态度,希望您能准确填写相关信息。感谢您的支持!

1.您的性别?　　　　　　　　　　　　　　　　　　　　　　　　(　　)

A. 男　　　　　　　　B. 女

2.您的年龄阶段?　　　　　　　　　　　　　　　　　　　　　　(　　)

A. 25 岁以下　　　　　　　　　B. 25—29 岁

C. 30—34 岁　　　　　　　　　D. 35 岁以上

3. 您目前的工作?　　　　　　　　　　　　　　　　　　　　　　(　　)

A. 学生　　　　　　　　　　　B. 都市白领

C. 家庭主妇　　　　　　　　　D. 其他

4. 您经常在哪里购买农产品？ （　　）

  A. 超市   B. 农贸市场

  C. 网上商店   D. 干货专营店

5. 在日常购买中，您是否会优先购买绿色农产品？ （　　）

  A. 必须   B. 偶尔会

  C. 多数会   D. 不会

6. 在您的印象中绿色农产品与普通农产品的最大区别？ （　　）

  A. 更健康安全   B. 更环保

  C. 更营养   D. 没什么区别

7. 您日常食品消费中绿色农产品的消费比例达到多少？ （　　）

  A. 10% 以下   B. 10%—30%

  C. 30%—50%   D. 50% 以上

8. 影响您购买绿色农产品的最主要因素是什么？ （　　）

  A. 质量   B. 品牌价格

  C. 购买场所   D. 安全问题

9. 您认为绿色农产品的价格比普通农产品价格高多少，您比较容易接受？ （　　）

  A. 20% 以下   B. 50%—100%

  C. 100% 以上   D. 不增加最好

10. 网上购买时，您在意绿色农产品的品牌吗？ （　　）

  A. 在意   B. 不在意

  C. 无所谓，只要东西好

11. 影响您选择网上购买农产品的最重要理由是什么？ （　　）

  A. 质量有保证   B. 价格合理

  C. 品种多样   D. 其他

12. 您认为如何更好地促进农产品网上店铺的发展？ （　　）

  A. 质量有保证   B. 价格合理

  C. 品种多样   D. 其他

13. 您对农产品网上商店的建议是什么？

再次对您的支持与配合表示感谢！祝您合家欢乐，幸福安康！

  在完成了网络调研结果之后，需要做的就是针对调研结果进行评价和分析。评价调研的过程是否精准和遵循企业客观事实，分析主要是针对调研的结果，进行考证，分析不同消费者对农产品信息的价值所在等内容。通过后期的评价和分析，使得网络市场调研变得更具有价值性，能够为企业网络市场项目的确定提供有利的数据。

步骤二：确定目标顾客，并撰写网络营销商情报告

  通过网络消费者行为分析和网络市场调研，我们可以发现小吴所处公司惠农网对于网络市场的进驻，主要是针对平台产品的拓展，使其得到更多用户的青睐。在对网络市场

规模与网络消费者行为习惯分析中,无论来自淘宝官网的数据证明,或是来自买方市场的消费情况都在说明一点,那就是农产品销售潜力巨大,具有较大的增长空间。其次,通过惠农网网络市场调研,我们可以得出,终端消费者对于绿色纯天然食品的需求远远超乎市场的想象,其主消费人群年龄层次从 25 岁到 29 岁为主消费人群,其次为 30 岁到 35 岁为次,如图 2-8 所示。

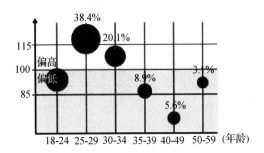

图 2-8　农产品主消费人群年龄层次

其次,消费者对农产品价格的接受程度中,价格要求,在满足绿色农产品质量的前提下,绝大多数的消费者都希望农产品的价格能够保持在比一般农产品高 20% 的范围以内,如图 2-9 所示。

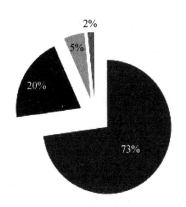

图 2-9　消费者对农产品价格接受程度

其次,小吴还通过对消费者购买其他因素进行不断地总结和分析,希望借助不同的平台和方式,使得调研的结果更加多元化和准确化。如在企业官网上设置调研问卷页面,在企业微博平台设置投票等方式。

在网络市场调研之后,小吴部门需要针对网络消费者行为分析与网络市场调研等内容,做以分析报告。一般撰写的方式主要是通过分析报告来展现即商情分析报告,商情分析报告是一个严格、程序、逻辑化的采样、统计、分析、研究流程,它的结论特点是通过样本数据结论来反映整体状况的现状和趋势。商情分析报告及数据本身,并不一定会直接地告诉企业如何确定网络市场营销谋略和市场的重要客观依据,而且以此来帮忙企业更好地研究市场环境和企业实际情况,实施有效营销战略。

　　商情分析报告的撰写,首先是以网络市场调研的主题及其分解的题目为中心,进行草拟;然后扩展成以一个个分项题目为主体的分列报告;再对这些分列报告进行组合、扩充,加以必要的内容成为市场调研报告的主题;再根据主题内容的需要,编辑附录;最后,根据主体的内容,写出市场调查的摘要及目录。

商情分析报告样例

附录:惠农网网络市场商情分析报告

目　录

摘　要 ……………………………………………………………

第1章　农产品网络市场调研结果 ………………………………

第2章　农产品网络市场分析 ……………………………………

2.1　五种力量环境分析法 …………………………………

2.2　SWOT分析 ……………………………………………

2.3　行业垂直两个核心问题——物流与供应链协作 ……

第3章　总结与建议 ………………………………………………

　　在商情分析报告撰写中目录是必须的,它是反映文章具体结构,一般包括基本情况介绍、综合分析、结论与建议等内容。惠农网在商情分析报告目录中,主要设置三个方面,一方面是针对前期网络市场调研内容进行结果分析,其次另一方面主要就农产品网络市场分析进行垂直解读,最后一方面是针对报告进行总结和建议内容。

摘　要

　　1. 目的与任务

　　(1) 以淘宝食品类目为基点,了解农产品在淘宝平台上市场规模大小,以及从卖家市场了解消费者行为习惯等要素。

　　(2) 通过了解分析农产品网络消费者市场情况,我们试图找出一个可以更进一步拓展公司主业务的项目方案,以此为公司建立起网络销售平台。

　　(3) 了解网络农产品市场对企业来说,给其网络平台建设提供有利市场借鉴与数据证明。

　　2. 主要调研方法

　　(1) 对企业内部合作商与客户进行咨询,并对竞争者行为进行分析。

　　(2) 在互联网上设计问卷对不同阶层人群进行问卷调查。

　　(3) 在互联网上查找资料进行补充。

第1章　农产品网络市场调研结果

　　惠农网公司内部部门对企业产品的购买者、企业潜在客户及企业的合作者和中立者进行市场走访和电话咨询调研。其次小吴部门同事主要以网络手段进行网络市场调研。此次调研以淘宝网作为基准平台,如实地反映了淘宝平台上农产品市场规模情况及买卖双方在对农产品销售上的现状。

本次调研普遍感受到消费者在选择绿色农产品时较为看重产品质量及产品价格。以上两点是促成消费者购买绿色农产品的主要因素。而在消费者对绿色农产品比普通农产品价格略高的调研中,50%以上的消费者比较忠实于价格区间不易过大的农产品,反而对于农产品的品牌因素,并不是消费者十分关注的焦点。如上所说,因此,农产品的消费主力还是依靠年龄层级在25—35岁之间的主导人群,在性别占比中还是以女性为主。那么在惠农网产品销售中,就可以从此方面着力入手,进行有吸引力地促销互动等,使得产品销售趋于不断增长的优势。

在对农产品占比日常消费的调研中,我们发现50%的消费者在日常消费农产品中都是采取线下购买的方式,而且网络购买消费比只有35%,以此看来对于网络销售绿色农产品的消费习惯还在进一步的发展中。因为在调查的过程中,我们发现都市白领和居家主妇群体对绿色天然农产品更加青睐。而其消费金额也比一般家庭消费比高,因为他们更加注重生活品质和饮食健康等食品问题。

此部分内容主要针对分析报告的背景与目的、主要的结论进行简明扼要的阐述,通过阐述让阅读者了解调研的结果。

第2章　农产品网络市场分析

2.1　五种力量环境分析法

（1）购买者分析

（2）供应商分析

（3）行业竞争者分析

（4）物流企业分析

（5）品牌同化分析

此部分内容主要通过五种不同环境来进一步地分析,企业在网络市场中的环境分析,如购买者分析、供应商分析及行业竞争者分析等,通过此处更加详细的阐述和分析,使得企业更加深入地了解网络市场情况。

2.2　SWOT 分析

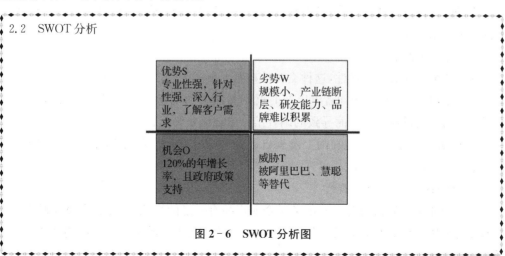

图 2-6　SWOT 分析图

此部分应是对调研的情况进行汇总与分析,模板里面应多使用图表和分析方法,注意运用合适的分析方法与工具(如 SWOT 分析、描述性分析、判别分析等),其次尽可能把数据量化通过图表(如表格,直方图、圆饼图等图表)直观地说明问题。

第 3 章　总结与建议

通过市场调研提出一些客观真实的结论,并通过观点阐述方法来进一步说明,如可能,可以深入分析。

2.2.4　支撑知识

1. 网络市场调研的特点

(1) 及时性和共享性

① 网络传输速度非常快,网络信息能迅速传递给连接上网的任何用户。

② 网上调研是开放的,任何网民都可以参加投票和查看结果,这保证了网络信息的及时性与共享性。

③ 网上投票信息经过统计分析软件初步处理后,可以看到阶段性结果。而传统的市场调研得出结论需要经过很长一段时间。

(2) 便捷性和低费用

① 网上市场调研可以节省传统市场调研中所耗费的大量人力和物力。

② 在网络上进行调研,只需要一台能上网的计算机即可。

③ 调查者在企业站点上发出电子调查问卷,网民自愿填写,然后通过统计分析软件对访问者的反馈回来的信息进行整理和分析。

④ 网上市场调研在收集过程中不需要派出调查人员,不受天气和距离的限制,不需要印刷调查问卷,调查过程中最繁重、最关键的信息收集和录入工作将分布到众多网上用户的终端上完成。

⑤ 网上调查可以是无人值守和不间歇地接受调查填表,信息检验和信息处理工作均由计算机自动完成。

(3) 交互性和充分性

网络的最大优势是交互性,这种交互性在网上市场调研中体现在如下两点:

① 在网上调查时,被访问者可以及时就问卷相关的问题提出自己的看法和建议,可以减少因为问卷设计不合理而导致的调查结论出现偏差等问题。

② 被访问者可以自由地在网上发表自己的看法,同时没有时间的限制,而传统市场调研是不可能做到这一点的。

(4) 调研的可靠性和客观性

由于企业站点的访问者一般都是对企业产品有一定的兴趣,所以这种基于顾客和潜在顾客的市场调研结果是客观和真实的。它在很大程度上反映了消费者的消费心态和市场的发展趋向。

① 被调查者在完全自愿的原则下参与调查,调查的针对性更强,而传统的市场调查中的面谈法中拦截询问方式,实质上带有一定的强制性。

② 调查问卷的填写是自愿的,不是传统调查中的"强迫式"。填写者一般对调查内容有一定的兴趣,回答问题相对认真,所以问卷填写可靠性高。

③ 网上市场调研可以避免传统市场调研中人为因素所导致的调查结论偏差,被访问者是在完全独立思考的环境中接受调查的,能最大限度地保证调研结果的客观性。

(5) 无时空和地域的限制

网上市场调研可以 24 小时全天候进行,这与受区域和时间制约的传统市场调研方式有很大的不同。

(6) 可检验性和可控制性

利用互联网进行网上调研收集信息,可以有效地对采集信息的质量实施系统的检验和控制。

① 网上市场调查问卷可以附加全面规范的指标和解释,有利于消除因为对指标理解不清或调查员解释口径不一致而造成的调查偏差。

② 问卷的复核检验由计算机一句设定的检验条件和控制措施自动试试,可以有效地保证对调查问卷的 100％复核检验。保证检验与控制的客观公正性。

③ 通过对被调查者的身份验证技术可以有效地防止信息采集过程中的舞弊行为。

2. 竞争者行为

竞争者一般是指那些与本企业提供的产品或服务相似并且所服务的目标顾客也相似的其他企业。

(1) 行业集中度。行业集中度是指行业中企业的市场份额的分布情况。经济学家用集中度指数表示行业集中度。

(2) 竞争战略。竞争战略指企业在一定时期内采用的打击对手和保护自身、谋求竞争优势的主要手段和措施。

(3) 顾客价值分析。顾客价值就是顾客从某一特定产品或服务中获得的一系列利益。顾客价值分析就是识别和分析企业提供的产品或服务的属性、利益和特点对顾客的重要性以及与竞争对手比较相对的优势和劣势,目的在于建立发挥企业竞争优势。

(4) 品牌竞争者。企业把同一行业中以相似的价格向相同的顾客群提供类似产品或服务的所有企业称为品牌竞争者。

(5) 行业竞争者。行业是提供一种或一类密切相关产品的企业。企业把提供同一类或同一种产品的企业看作广义的竞争者,称行业竞争者。

(6) 需要竞争者。我们把满足和实现消费者同一需要的企业称为需要竞争者。

(7) 消费竞争者。企业把提供不同产品,但目标消费者相同的企业看作消费竞争者。

3. SWOT 分析法

所谓 SWOT 分析,即基于内外部竞争环境和竞争条件下的态势分析,就是将与研究对象密切相关的各种主要内部优势、劣势和外部的机会和威胁等,通过调查列举出来,并依照矩阵形式排列,然后用系统分析的思想,把各种因素相互匹配起来加以分析,从中得出一系列相应的结论,而结论通常带有一定的决策性。

优势,是组织机构的内部因素,具体包括有利的竞争态势、充足的财政来源、良好的企业形象、技术力量、规模经济、产品质量、市场份额、成本优势、广告攻势等。

劣势,也是组织机构的内部因素,具体包括设备老化、管理混乱、缺少关键技术、研究开发落后、资金短缺、经营不善、产品积压、竞争力差等。

机会,是组织机构的外部因素,具体包括新产品、新市场、新需求、外国市场壁垒解除、竞争对手失误等。

威胁,也是组织机构的外部因素,具体包括新的竞争对手、替代产品增多、市场紧缩、行业政策变化、经济衰退、客户偏好改变、突发事件等。

SWOT方法的优点在于考虑问题全面,是一种系统思维,而且可以把对问题的"诊断"和"开处方"紧密结合在一起,条理清楚,便于检验。

4. 商情分析报告一般撰写过程

(1)整理相关资料。整理与本次网络调研相关的资料。包括过去已有的调研资料、相关部门的调查结果、统计部门的有关资料、本次调查的辅助性材料和背景材料等。

整理统计分析数据,要认真研究数据的统计分析结果,可以先将全部结果整理成各种便于阅读比较的表格和图形。在整理这些数据的过程中,对调查报告中应重点论述的问题自然就会逐步形成思路。对难于解释的数据,要结合其他方面的知识进行研究,必要时可针对有关问题找专家咨询或进一步召开小范围的调查座谈会。

同时,还要确定报告类型及阅读对象。调查报告有多种类型,如综合报告、专题报告、研究性报告、说明性报告等。阅读的对象可能是企业领导、专家学者,也可能是一般用户。也就是说,要根据具体的目的和要求来决定报告的风格、内容和长度。

(2)报告的构思。通过收集到的资料,获得的实际数据资料及各方面的背景材料,初步认识客观事物。然后深入研究客观事物的性质、作用和原因,得出所要分析的市场问题的一般性规律。

① 在认识客观事物的基础上,确立主题思想。主题的提炼要努力做到正确、集中、深刻、新颖。正确,是指主题能根据调查的目的,如实反映客观事物的本质及其规律性;集中,是指主题突出中心;深刻,是指主题能深入揭示事物的本质;新颖,是指主题有新意。

② 确立基本观点,列出主要论点、论据。确定主题后,对收集到的大量资料,经过分析研究,逐渐消化、吸收,形成概念,再通过推理、判断把感性认识提高到理性认识。然后列出论点、论据,得出结论。

③ 安排报告的层次结构。在完成上述几步后,构思基本上就有个框架了。在此基础上,考虑报告正文的大致结构与内容,安排报告的层次段落。报告一般分为三个层次,即:基本情况介绍、综合分析、结论与建议。

(3)选取数据资料。市场调查报告的撰写必须根据调查所得的数据资料进行分析,即介绍情况要有数据作依据,反映问题要用数据做定量分析,提建议同样要用数据来论证其可行性与效益。恰当选材可以使分析报告主题突出、观点明确、论据有力。因此有无丰富的、准确的数据资料作基础是撰写调查报告成败的关键。在构思确立主题、论点、论据后,就要围绕主题,研究和选取数据资料。在进行市场调查、收集资料的过程中,调研人员由于在思想上还没有形成任何固定的观点,因此,收集到的大量调查数据资料不可能都是切中主题、能准确反映事物本质特征的典型材料,因此,必须对所收集的数据资料进行去粗取精、去伪存真、由此及彼、由表及里的分析研究和加工判断,才能挑选出符合选题需要,最能够反映事物本质特征、能形成观点、可作为论据的资料。在写作时,要努力做到用资料说明观点,用观点论证主题,详略得当、主次分明,使观点与数据资料协调统一,以便更好地突出主题。

(4)撰写初稿。根据撰写提纲的要求,由单独一人或数人撰写,各部分的写作格式、文字数量、图表和数据要协调,统一控制。初稿完成后,就要对其进行修改,先看各部分内容和主题的连贯性,有无修改和增减,顺序安排是否得当。然后整理成完整的全文,提交审阅。

(5)定稿。写出初稿,征求各方意见并进行修改后,就可以定稿。在定稿阶段,一定要坚持实事求是、不屈服于权力和金钱,使最终报告能较完善、较准确地反映市场活动的客观规律。

2.2.5 同步训练

学生根据教师的指导要求,针对营销课程中内容进行市场调研,并确定目标人群和撰写网络商情分析报告,完成表2-4。

表2-4 网络市场调研及商情分析报告的撰写

网络市场调研及商情分析报告的撰写		
网络市场调研	调研方式的选择	
	调研人群	
	调研时段	
	调研周期	
	调研效果分析	
网络商情分析报告撰写的一般过程	市场规模:公司背景、生产规模、技术水平与技术力量	
	主要竞争对手的优劣势	
	最终用户群	
	市场细分及促销活动着眼点	
	产品市场展望及销售前景	

2.2.6 综合评价

表 2-5 综合评价表

任务编号	020102		任务名称	目标客户群确定
任务完成方式	□小组协作完成 □个人独立完成			
评价点				分值
对网络市场调研方法的掌握程度				30
对目标市场人群的确定是否精准				30
对网络商情分析报告撰写方法是否掌握				40
本主题学习单元成绩：				
自我评价	（20%）	小组评价	（20%）	教师评价　　　　　（60%）
存在的主要问题				

2.2.7 拓展任务

以小组为单位,针对身边一些企业,进行详细的市场调研分析及目标客户群体分析,并通过分析撰写网络商情分析报告。

学习单元三　网络广告策划

能力目标

◇ 能够根据不同的企业需求选择适合的网络广告投放方式
◇ 能够做出合理的网络广告策划与分析
◇ 明确网络广告的实施流程
◇ 能够做出合理有效的网络监测与评估报告

知识内容

◇ 网络广告的基本要素与形式
◇ 网络广告的投放方式
◇ 网络广告的策划与分析
◇ 网络广告的实施步骤
◇ 网络广告监测和评估的方法

> 本项目包含了两个学习任务,具体为:
> 任务1:网络广告投放策划;
> 任务2:网络广告投放实施。
> 通过对本章案例的理解并掌握网络广告相关知识点,可以独立策划网络广告投放计划。

任务 1　网络广告策划

3.1.1　任务引导

小白是一个刚刚毕业的应届毕业生,在各类校园招聘会拼搏了几个月后,终于在一家广告传媒公司找到了令自己满意的工作。

这次,小白所在的部门接到了一个网络广告投放任务,是为男装品牌利郎策划一个夏季新品广告投放方案。

3.1.2 任务分析

☑ 实施背景分析
☑ 投放目的分析
☑ 受众分析

3.1.3 任务实施

步骤一:实施背景分析

为了让自己的创意更贴合产品,小白决定先利用互联网了解客户的相关资料。

图 3-1　利郎首页

　　小白通过百度了解到,利郎集团始创于 1987 年,在国内首创"商务休闲"男装概念,经过近 30 年探索,已发展成为集设计、产品开发、生产、营销于一体的中国商务男装领军品牌,并于 2007 及 2008 年连续两年被《福布斯》评为"中国最具潜力企业"之一。首页如图3-1所示。

　　利郎集团现公司旗下拥有品牌:利郎 LILANZ、子品牌 L2。L2 就是小白此次广告投放的主要产品系列,"简约不简单",是利郎的设计哲学,也是利郎 20 多年来精心诠释和演绎的核心价值。从最初的"取舍之间、彰显智慧",到"多则惑,少则明"的舍弃哲理,再到"世界无界,心容则容"的高远境界。每一步探索,简约与精致同行,突破与传统融汇。在不懈的求解、取舍、升华中,融合中国智慧的利郎简约哲学融汇而成包容世界的简约新主张,为全球商务人士带来全新的品牌价值体验。

为了明确利郎 L2 的详细信息,小白决定首先对利郎 L2 的品牌背景做以分析。利郎旗下的子品牌 L2 于 2010 年诞生于上海,作为利郎集团旗下一个面向年轻男性消费者的时尚休闲品牌,L2 注重产品的设计与款式搭配。L2 品牌传播力求以其快速时尚的概念吸引追求潮流的年轻男性目光。利郎 L2 系列产品旨在通过各种设计元素的变换运用,诠释年轻一代追求风尚与个性的特点,突显个人鲜明的态度,从而代表了中国男装品牌的时尚潮流。

2013 年 1 月,利郎 L2 推出其 2013 夏季新品服饰,决定采取网络富媒体广告的形式进行广告投放计划,让更多受众人群了解利郎 L2 新品,并加深消费者对利郎 L2 品牌的认同感。

步骤二:投放目的分析

广告的投放目的在于将产品信息传递出去,那么网络广告的投放目的就是让产品信息在互联网上传递出去,从而增加产品的品牌效应,达到提高产品销量的最终目的。本次网络广告投放的目的是推广利郎 L2 在 2013 年夏季发布的新品服饰。通过广告投放提升利郎 L2 这个诞生不足 3 年的年轻品牌的品牌价值,加深品牌在消费人群中的影响力,扩大品牌形象宣传。L2 看中的是自身产品对消费者生活方式的引导,通过广告投放将产品“混搭”的多元化与合理性展现给消费者。利郎 L2 品牌与主品牌面向的商务人群不同。L2 品牌文化使用时尚理念引导年轻消费者的生活方式,加深了消费者与品牌之间的紧密度,让年轻男士们在穿着 L2 的同时,逐步提升自身的穿衣品味,进入一种新的生活方式。

步骤三:面向受众分析

利郎 L2 品牌服饰主要针对的消费人群为 20—30 岁,月收入 6 000 元以上,追求个性、时尚及高品位生活,对潮流风尚有其独到的敏感触觉与热情的年轻男性消费者。这类消费者大多为 80 后甚至 90 后的年轻人,80 年后的年轻人具有独立的个性和思想,懂得享受生活,他们通常具有追求个性化与时尚化、富于幻想、容易接受新事物的特征,所以他们往往会成为新事物的首批购买者或者时尚地尝试者。另一方面,这类人群有很强的超前消费意识与攀比消费意识,注重品牌与时尚大牌,冲动消费多于计划性消费,商品的颜色、款式、品牌等外在因素都能单方面成为他们的购买理由。

所以经历了 20 余年的发展,利郎虽为国内品牌,却以品牌商务男装著称,在男装行业已经形成一定影响。在追求时尚个性的年轻消费者面前,利郎 L2 借助利郎主品牌的品牌效应,已为 L2 系列商品做好了品牌效应基础,成为年轻男性消费者心中男装品牌的代表之一。

3.1.4　支撑知识

1. *广告受众*

广告受众包括两层含义:一层是通过媒体广告接触的人群,即为广告的媒体受众。广告是一种非人际的信息传播种类,需要运用一定的媒体,由媒体种类定义受众则可以包括报纸广告受众、电视广告受众,户外广告受众等。

另一层则是广告的目标受众及广告诉求对象,即为广告的目标受众。广告的选择特性决定了其要根据广告目标的要求,来确定某项广告活动特定的诉求对象,包括一般消费者、组织市场中的机构代表、商品经销中的采购决策人。

2. 网络广告的分类

按照计费形式,网络广告可以进行如下分类。

(1) 按照展示计费

网络广告按照展示数量计费是主流门户网站最常用到的广告计费方式,搜狐、新浪、腾讯等门户网站首页与子页面广告计费形式大多如此,如图3-2所示。而按照展示收费的计费形式从用户的定位角度又可以分为CPM与CPTM。二者的区别在于,CPM是所有用户的印象数,而CPTM只是经过定位的用户的印象数。

CPM广告(Cost per Mille/Cost per Thousand Impressions):每千次印象费用,广告条每显示1 000次(印象)的费用。CPM是最常用的网络广告定价模式之一,当然,这种广告模式也是最适合对商品的品牌进行推广的广告模式。因为大量的曝光更有利于加深网民对品牌的印象,从而达到宣传效果。

图3-2 搜狐网站计费形式

CPTM广告(Cost per Targeted Thousand Impressions):经过定位的用户的千次印象费用(如根据人口统计信息定位)。

（2）按照点击计费

即按照广告图片的点击次数收费，通常可以笼统地概括为每次点击收费，如百度关键词推广，又可细分为 CPC、PPC、CPA、CPL。

CPC 广告（Cost-per-Click）：指每次点击的费用。根据广告被点击的次数收费。如关键词广告一般采用这种定价模式。这样的方法加上点击率限制可以加强作弊的难度，网民的每一次点击就会为广告主带来真实的流量或是潜在的消费者，而且是宣传网站的最优方式。

但是，此类方法对于不少经营广告的网站就有点不公平。比如，虽然浏览者没有点击，但是他已经看到了广告，对于这些看到广告却没有点击的流量来说，网站成了白忙活。有很多网站并不太乐意做这样的广告，因为传统媒体从来都没有这样干过。

另外，点击广告的点击率不断下降。1999 年的时候，网页上的 BANNER 广告点击率通常高达 10％～30％。而现在，大多数制作精美忽闪忽闪的 FLASH 广告的点击率不足0.5％。尽管互联网广告总量仍呈强劲的上升势头，但很显然，点击广告的效果越来越受到质疑。

PPC 广告（Pay-per-Click）：是根据点击广告或者电子邮件信息的用户数量来付费的一种网络广告定价模式。

CPA 广告（Cost-per-Action）：每次行动的费用。CPA 广告的单价高，只要肯认真推广，就能获得不错的收益。但是这种类型的广告也存在缺点，它在充分考虑广告主利益的同时却疏忽了网站主的利益，遭到了越来越多的网站主的抵抗。网站主们大多不愿意拿优质广告位放置冷门产品的 CPA 广告，由于广告被浏览者点击后是否会触发网友的行动或其他后续行动（如注册账号、看电影等行动），最大的决定性要素不在于网站本身，而在于该产品自身的很多要素（如该产品的受大家欢迎程度与其是否具有性价比优势、企业的知名程度等有关）以及如今网友对网上花销的承受情况等要素。

CPL 广告（Cost for Per Lead）：按注册成功支付佣金。这种广告目前愿意接受的网站主很少，原因同 CPA 广告。因为 CPL 广告从一定意义上来说是 CPA 广告的变种，都是充分考虑广告主的利益，所以遭到了很多网站主的抵制。

（3）按照销售计费

最常用的按照销售计费的广告被称作 CPS（Cost for Per Sale），常用于从事电子商务的企业或商家。广告主为规避广告费用风险，按照广告点击之后产生的实际销售笔数付给广告站点销售提成费用。它的优点在于广告主在广告投放风险费用的管理会更加合理化，同时，广告主能在资金紧张时期优化资金链、盘活企业库存与扩大广告面。然而由于市场风险与产品本身的影响，导致风险的不可控制性，也成为这种广告模式不可避免的缺点。

3. 网络广告的表现形式

网络广告按照其表现形式可以分为网幅广告、文本链接广告、电子邮件广告、插播式广告（弹出式广告）、富媒体广告（Rich Media）等。

（1）网幅广告

网幅广告就是我们通常说的 Banner、通栏、竖边等形式，也是广告主最常用的广告形式之一。

由于网幅广告对占据网页空间的大小有限制，所以在设计网幅广告时往往会加上一个提示性的文字或者标识，可能是一个简短的标题加一个标志或者一个简洁的文字描述。但是网幅广告一般都具有链接的功能，会暗示访客用鼠标点击或者直接加上"点击此处进入"字样，将访客直接引入目标网站去了解广告的详细信息。

网幅广告通常采用 GIF 格式的图像和文字进行表现，而除了普通的 GIF 动态图片外，V-banner 视频传播功能也逐渐渗入网幅广告的表现形式中，在品牌传播和将电视广告移植到网络上更具有明显的优越性。与此同时，这种表现形式还可以被用来制作视频点播节目的多媒体索引页面，让用户在下载较大视频文件前可以预览动态图像。如图 3-3 所示。

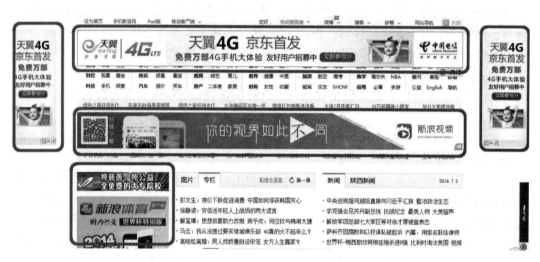

图 3-3 网幅广告

（2）文本链接广告

文本链接(Text Link)广告是以文字链接的广告，即在热门站点的 Web 页上放置可以直接访问的其他站点的链接。通过热门站点的访问，吸引一部分流量去点击站点的链接。文本链接广告是一种对浏览者干扰最少，却最有效果的网络广告形式。如图 3-4 所示。

图 3-4 文本链接广告

文本链接广告的优点在于对用户阅读网站造成的影响较小,能得到软性宣传的目的。但是这种广告是通过文字来传达信息的,具有一定的挑战性,短小的广告能为访客传达的信息也是有限的,如何发挥这句话的作用就必须需要好的创意。

文本链接广告的费用一般也比较低,从而广告投入少又可以得到很好的效果。

(3)电子邮件广告

小白随手打开自己的 QQ 邮箱,发现了这样一个邮件,如图 3-5 所示。

图 3-5　电子邮件广告

这是一封由爱车人这个网站发出的邮件,标题为"爱车人邀请函:加入赢取大黄蜂车模"。小白认为这一定是另一种网络广告的模式,于是打开看了一下,发现邮件的内容是邀请自己参与网站的一个活动,如图 3-6 所示。

图 3-6　电子邮件广告

电子邮件是最具效果的广告形式。在正确应用的前提下,其回应率远远高于其他所有类型的广告。最近一次电子邮件广告活动的统计数据显示,60% 的上网用户在邮件发送的首月内阅读了该邮件,其中超过 30% 的用户点击邮件里的链接到达目标页面。

电子邮件广告有很高的到达率,但是出于近些年垃圾邮件的泛滥,电子邮件广告也逐渐被不被公众看好,甚至个别广告商投放的广告邮件会被邮件运营商按照垃圾邮件处理,这样一来就很难被用户看到。

4. 弹出式广告

弹出式广告是指当人们浏览某网页时,网页会自动弹出一个很小的对话框,如图3-7所示。随后,该对话框或在屏幕上不断盘旋或漂浮到屏幕的某一角落。有的弹出式广告会在你试图关闭时,弹出另一个广告图片,这就是互联网上的"弹出式广告"。广告主一直很欣赏弹出式这种网上广告形式,他们认为这样会吸引网民注意,为此甚至愿意支付更多的费用。但这也许是个错觉,已经有很多调查显示,网民对弹出式广告这种霸道的形式感到厌烦。

图3-7 弹出式广告

这类广告通常会引起浏览者的反感,所以现在大多数门户网站将弹出式广告改为弹出几秒后自动收回或收缩成一个普通的通栏广告。这样不仅不会影响到访问体验,也让弹出式广告起到了应有的广告效果。

5. 网络广告五要素

(1)广告的主体;

(2)广告的内容;

(3)广告的媒介;

(4)广告的客体;

(5)广告的费用。

3.1.5 同步训练

本实训内容为网络广告投放实训,学生按照章节知识点及网络广告投放方法,通过"博星卓越网络营销实训"软件,将教师指定的任意商品作为网络广告策划的主要内容,写明广告创意及投放流程细则。

1. 确定网络广告目标

根据情景设置,确定网络广告的投放原因和主要目标,如促进产品销售、提升品牌知名度、提高站点流量等,完成表3－1。

表3－1　网络广告目标

企业名称	
广告投放背景	
广告投放主要目标	
广告对象及特点	

2. 同行业竞争对手或产品分析

根据情境设置,确定目标企业同行业竞争对手对产品的网络广告宣传的进行方式,完成表3－2。

表3－2　竞争对手网络广告分析

竞争企业	同类型企业
竞争产品系列	同类型商品
广告方式与效果	门户网站广告,广告联盟广告,其他广告形式

3.1.6　综合评价

表3－3　综合评价表

任务编号	0301	任务名称	案例剖析
任务完成方式	☐ 小组协作完成 ☐ 个人独立完成		

评价点	分值
对广告目标商品信息分析是否全面	25
对广告受众分析是否正确	25
对广告投放背景是否掌握	25
对同行业竞争对手分析是否准确	25

本主题学习单元成绩:

自我评价	(20%)	小组评价	(20%)	教师评价	(60%)

存在的主要问题

3.1.7 拓展任务

以小组为单位,选择一家企业作为服务对象,为其进行网络广告投放的前期分析,包括对产品的分析、投放背景的分析、受众的分析。

任务 2 网络广告实施

3.2.1 任务引导

通过对产品与竞争对手的分析,小白的思路逐渐清晰,很快制定出了这次网络广告投放的计划,并对此次广告投放胸有成竹。

3.2.2 任务分析

☑ 确定广告对象
☑ 选择合适的广告传播方式
☑ 广告策划与设计
☑ 广告传播策略
☑ 网络广告效果评估

3.2.3 任务实施

步骤一:确定广告对象

根据前期调研分析所得到的数据,小白决定首先从广告对象的确定来入手。

广告策划投放首先要确定广告对象,即宣传对象。准确地了解宣传对象特点有利于在网络广告策划的过程中针对商品特点进行。

小白了解到,此次广告的对象为利郎 2013 年夏季款新品服装,这一期服装以混搭色彩为主要设计思路。设计师追求服装颜色搭配的视觉碰撞,以夏季 T 恤、短袖衬衫等服饰为主。为了迎合年轻群体热情、奔放的性格,特意在设计时参考国际最新流行趋势,搭配顶尖设计师精心挑选的配饰。所以,广告投放时间确定在春、夏季。

步骤二:选择合适的广告传播方式

网络广告的传播方式有很多种,可以通过主流门户网站的广告业务合作部门进行合作,也可以根据自己的预算选择网络广告联盟进行投放平台的选择。网络广告传播多以品牌宣传和促进销售为主要目的,所以选择合适的网络广告传播方式会影响网络广告的投放质量与效果。

小白了解到,利郎此次广告投放主要对象为夏季男士服饰类商品,服饰类商品可选择的投放方式有很多种,电子商务网站或网店店主通常会考虑使用网幅广告或按钮广告的形式,通过对特定人群的精准营销投放广告图片到门户网站。网幅广告的最大好处就是可以直接将商品展示给消费者,让消费者对商品的基本信息可以一目了然。同行业的很多男装服饰最常用的广告形式就是网幅广告,如图 3－8 所示。

图 3－8 网幅广告

图 3－8 是雅库男装在新浪网首页选择的网幅广告图片,图片巧妙地放在了新浪网"收藏"频道与"高尔夫"频道这两个男性关注的话题旁,再加上广告采用 GIF 动图形式,图片做得足以抓住有购买意愿的男性目光,所以广告效果是非常不错的。

另外,还有一些电子商务网站非常青睐横幅＋竖幅广告图片,像对联一样占据整个首页头部。这样的广告效果也是非常明显,其原因就在于和网民们在使用浏览器打开一个网站页面的浏览轨迹同步。

美国长期研究网站可用性的著名网站设计师杰柯柏·尼尔森(Jakob Nielsen)发表了一项《眼球轨迹的研究》报告。报告中提出,大多数情况下浏览者不由自主地以"F"形状的模式阅读网页,这种基本恒定的阅读习惯决定了网页呈现 F 的关注热度,如图 3－9 所示。

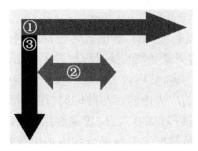

图3－9 尼尔森 F 形状网页浏览模式

研究表明,浏览者打开网页后,按照下面的习惯形成 F 形网页浏览模式:

第一步:水平移动

浏览者首先在网页最上部形成一个水平浏览轨迹。

第二步:目光下移,水平范围移动

浏览者会将目光向下移,扫描比上一步短的区域

第三步:垂直浏览完成上两步后,会将目光沿网页左侧垂直扫描。这一步的浏览速度较慢,也有系统性、条理性。

由此可见,用户在浏览一个网页的时候,最先看到的是网页头部,即 Banner 位置,所以大多数门户网站会在网页头部设置较多的广告位。以新浪网首页为例,在用户打开新浪首页的时候,可以看到包括弹出的大幅广告在内,横幅广告、竖幅广告、文字广告等十余处广告位,如图 3-10 所示。由于头部是首先被访客关注到的位置,所以投放在网站头部的网络广告价值一般是最高的。而广告位的价格也随着广告位的面积大小不同而产生差异,在一个普通门户网站的首页中,首页 Banner 通栏广告位价格最高,页面中部穿插于导航的横幅广告位次之,而页面左侧的竖幅广告位和飘窗等,价格就会稍低。

图 3-10　Banner 通栏广告

要确定利郎 L2 此次投放广告的传播途径,还需要进一步分析广告表现形式与广告能为网站带来的流量或为企业产品带来的销量,主要通过以下几个方面进行分析。

1. 分析广告位置的流量与展示

(1) 投放广告的位置流量越大,对广告的宣传越是有利。所以,要使得网络广告发挥好自身的优势,就要从用户的浏览习惯和接受程度着手。据调查表明,95% 以上的用户都是想浏览自己计划好的搜索内容,然后再去考虑网页中包含的其他信息,极少数用户会第一时间就去关注自己感兴趣的广告内容。与此同时,用户都相对习惯从左到右进行信息的阅读,所以综合以上分析,最理想的广告位置是要结合用户的习惯和接受程度来选择的。我们可以选择大部分网页都把搜索结果或站内指引等重点信息靠左的原则,坚持把广告投放在右侧的阅读栏,这样会让用户在浏览信息的同时也不会对广告产生反感。

(2) 了解广告的展示次数,研究自身广告位置和可能带来的点击数。展示次数越多,

对广告的宣传就越到位。以新浪网广告位来说,新浪的广告位置为三条广告轮番播放形式,所以广告展示次数约为750万,除以3,就可以得出新浪广告位每天大约可以获得250万点击量。

点击数是广告的核心。而影响广告点击比率的因素,我们一般可以分为三个因素来概括:

① 页面点击链接数量越多,平均后,能被点击的可能性就越小。

② 访问者与广告内容的相关性决定着广告的点击量。

③ 广告的展示形式越鲜明有趣,点击量就越高。

2. 判断位置的流量、可能的转化率

影响转化率的因素可以是各种各样的,要从实际出发,有明确的推广目标和广告的策划预算。

3. 性价比

企业在选择广告平台的时候,要通过了解网站流量,研究流量价值、针对性和可能的点击率等方法来判断一个广告位置的价值,只有这样才可以使广告的效益最大化。

而这次利郎L2系列服饰主推的是2013年夏装系列,不是单单的几款产品,那么在推广系列商品的时候,企业最注重的应该是品牌的宣传。品牌宣传的主要目的是"混个脸儿熟",即通过大量的曝光加深消费者对品牌的印象。而利郎男装的销售途径又多为线下销售,所以本次投放的形式为CPS,即按照曝光或展示次数进行广告投放。鉴于对品牌的宣传需要较强的视觉冲击感,这次的投放类型选择了富媒体广告形式。富媒体广告是基于富媒体技术之上的一种新的互联网广告形式。使用富媒体广告进行交互性广告展示,不仅能将利郎L2品牌文化彰显得淋漓尽致,更能加深消费者对广告的印象,达到品牌宣传的效应。

步骤三:广告策划与设计

确定了广告的对象和广告传播途径,接下来要做的就是对广告图片或广告的表现形式进行设计。小白需要对此次投放计划中广告图片的设计思路进行详细的说明,完成后将设计思路交给广告设计师来进行制作。

利郎品牌是一个专门针对男士服饰的品牌,L2系列服装则更加倾向于年轻群体,针对这类年轻群体进行广告设计目标就比较明确了。为了体现夏日的激情四射,广告选定以"迷情西班牙"为主题,设计凸显西班牙风情,广告以蓝色、橙色和红色为主要的色彩基调,并借此渲染一个绚丽多彩、明艳动人的西班牙格调。

同时,设计彩色的花朵与不规则拼接图块的奇幻组合,勾勒了一种热情随性的生活态度。通过广告中"马拉加""毕加索"以及"弗拉明哥"等元素的嵌入,从风景、绘画及舞蹈等方面,充分展现了迷情西班牙的醉人魅力,如图3-11、3-12、3-13所示。

图 3 - 11 马拉加设计风格

图 3 - 12 毕加索设计风格

图 3 - 13　弗拉明戈设计风格

广告正中设置一个欧美男模以快速服装秀的形式展现利郎 L2 的"混搭风",表明其不做简单的堆砌,而是在整体风格把握中运用细节彰显设计理念,同时强调产品的整体可混搭性,每一件产品在精心设计后都有多种可搭配的选择。寓意带给消费者的不只是简单的一件产品,而是一种新的穿着方式以及全新的生活体验。

此次广告的投放策略会通过通栏画中画联动、自定义视窗和底浮通栏等多重表现形式,如图 3 - 14 所示。表现丰富的内容、明确的诉求,最大限度地将受众与品牌紧密结合,帮助广告效果实现最大化。

图 3 - 14　自定义视窗效果

广告要采用直观的画面展示给消费者切身的产品体验,渲染产品魅力,充分扩大利郎

L2 在男性用户中的吸引力和诱惑力,同时激发目标受众对品牌的全新认识,进一步深化品牌信息,加强品牌记忆。

步骤四:广告传播策略

投放策略:通过兴趣等定向方式,结合通栏画中画联动、自定义视窗及底浮通栏等多种表现形式,将广告有效推送至目标受众人群,提升品牌曝光率,扩大利郎 L2 对受众人群的影响和冲击。

媒体策略:针对目标受众人群及利郎 L2 品牌的特点,并根据关键字匹配,投放在男性类、时尚类的网站,借此能够吸引更多用户关注利郎 L2 及其新品,同时加强品牌形象的宣传。

创意策略:本次广告以"利郎 L2:迷情西班牙"为主要诉求,配以明艳色彩并加以渲染,突出该广告时尚动感的创意风格。通过快速变装的模特秀,充分表现了利郎 L2 的年轻、个性以及"混搭"时装的独特魅力。

步骤五:网络广告效果评估方式

利郎从成立至今,一直本着"为人类的'简约而不简单'的生活方式和态度奋斗拼搏,贡献所有的激情和智慧"的经营理念,此次为旗下品牌利郎 L2 系列 2013 夏季男装新品的广告投放计划,通过有效的富媒体效果展示,达到了良好的品牌宣传效果。

由于网络广告具有及时性、方便准确性、广泛性、客观性和经济性的特点,网络广告投放出去后的评估指标也必须围绕广告特性进行评估。评估标准包括网络广告的点击率、二跳率、业绩增长率、回复率以及转化率,而对于品牌宣传来说,主要是看网络广告的到达率。

评估网络广告的方式主要通过以下几方面。

1. 访问统计软件

使用一些专门的软件(如 WebTrends、Accesswatch、SiteFlow - M 等),可随时监测广告发布的情况,并能进行分析、生成相应报表。广告主可以随时了解在什么时间、有多少人访问过有广告的网页,有多少人通过广告直接进入到广告主自己的网址等。

2. 广告管理软件

可从市场研究监测公司购买或委托软件公司专门设计适合需要的广告管理软件,用以对网络广告进行监测、管理与评估。

3. 反馈情况

统计 HTML 表单的提交量以及 E-mail 的数量在广告投放后是否大量增加来判断广告投放的效果。如果投放之后目标受众人群的反映比较激烈,反馈大量增加,则可以认为广告的投放是成功的。一般而言,成功的网络广告具有以下几个特征:从外界发回企业的电子邮件的数量增加 2 倍至 10 倍;在 2 至 3 个月的周期内,向企业咨询广告内容的电子邮件和普通信件明显增多;广告发布后 6 个月至 2 年内,由广告带来的收益开始超过广告支出。

根据数据部门的统计,小白团队策划的此次利郎"迷情西班牙"主题广告投放初期,曝光超 270 万,受众人群参与度较高,投放效果良好。

3.2.4　支撑知识

1. 网络广告的评估指标

（1）点击率

点击率是指网上广告被点击的次数与被显示次数之比。它一直都是网络广告最直接、最有说服力的评估指标之一。点击行为表示那些准备购买产品的消费者对产品感兴趣的程度,因为点击广告者很可能是那些受广告影响而形成购买决策的客户,或者是对广告中的产品或服务感兴趣的潜在客户,也就是高潜在价值的客户。如果能准确识别出这些客户,并针对他们进行有效的定向广告和推广活动,可以对业务开展有很大的帮助。

（2）二跳率

二跳量与到达量的比值称为广告的二跳率,该值初步反映广告带来的流量是否有效,同时也能反映出广告页面的哪些内容是购买者所感兴趣的,进而根据购买者的访问行径来优化广告页面,提高转化率和线上交易额,大大提升网络广告投放的精准度,并为下一次的广告投放提供指导。

（3）业绩增长率

对一部分直销型电子商务网站,评估他们所发布的网络广告最直观的指标就是网上销售额的增长情况。因为网站服务器端的跟踪程序可以判断买主是从哪个网站链接而来、购买了多少产品、什么产品等情况,从而,对于广告的效果有了最直接的体会和评估。

（4）回复率

网络广告发布期间及之后一段时间内客户表单提交量,公司电子邮件数量的增长率,收到询问产品情况或索要资料的电话、信件、传真等的增长情况等。回复率可作为辅助性指标来评估网络广告的效果,但需注意它应该是由于看到网络广告而产生的回复。

（5）转化率

"转化"被定义为受网络广告影响而形成的购买、注册或者信息需求。有时,尽管顾客没有点击广告,但仍会受到网络广告的影响并在其后购买商品。

2. 网络广告评估的意义

（1）完善广告计划

通过网络广告效果的评估,可以检验原来预定的广告目标是否正确、网络广告形式是否运用得当、广告发布时间和网站的选择是否合适、广告费用的投入是否经济合理等。从而可以提高制定网络广告活动计划的水平,争取更好的广告效益。

（2）提高广告水平

通过收集消费者对广告的接受程度,鉴定广告主题是否突出、广告诉求是否针对消费者的心理、广告创意是否吸引人、是否能起到良好的效果,从而可以改进广告设计,制作出更好的广告作品。

（3）促进广告业务

由于网络广告效果评估能客观地肯定广告所取得的效益,可以增强广告主的信心,使广告企业更精心地安排广告预算,而广告公司也容易争取广告客户,从而促进广告业务的发展。

3. 网络广告的发布渠道

网上发布广告的渠道和形式众多,各有长短,企业应根据自身情况及网络广告的目标,选择网络广告发布渠道及方式。在目前,可供选择的渠道和方式主要有以下几种。

(1) 主页形式:建立自己的主页,对于企业来说,是一种必然的趋势。它不但是企业形象的树立,也是宣传产品的良好工具。在互联网上做广告的很多形式都只是提供了一种快速链接公司主页的途径,所以,建立公司的主页是最根本的。从今后的发展看,公司的主页地址也会像公司的地址、名称、电话一样,是独有的,是公司的标识,将成为公司的无形资产。

(2) 网络内容服务商(ICP):如新浪、搜狐、网易等,它们提供了大量的互联网用户感兴趣并需要的免费信息服务,包括新闻、评论、生活、财经等内容,因此,这些网站的访问量非常大,是网上最引人注目的站点。目前,这样的网站是网络广告发布的主要阵地,但在这些网站上发布广告的主要形式是旗帜广告。

(3) 专类销售网:这是一种专业类产品直接在互联网上进行销售的方式。走入这样的网站,消费者只要在一张表中填上自己所需商品的类型、型号、制造商、价位等信息,然后按一下搜索键,就可以得到你所需要商品的各种细节资料。

(4) 企业名录:这是由一些 Internet 服务商或政府机构将一部分企业信息融入他们的主页中。如香港商业发展委员会的主页中就包括汽车代理商、汽车配件商的名录,只要用户感兴趣,就可以通过链接进入选中企业的主页。

(5) 免费的 E-mail 服务:在互联网上有许多服务商提供免费的 E-mail 服务,很多上网者都喜欢使用。利用这一优势,能够帮助企业将广告主动送至使用免费 E-mail 服务的用户手中。

(6) 黄页形式:在 Internet 上有一些专门用以查询检索服务的网站,如 Yahoo!、Infoseek、Excite 等。这些站点就如同电话黄页一样,按类别划分,便于用户进行站点的查询。采用这种方法的好处一是针对性强,查询过程都以关键字区分;二是醒目,处于页面的明显处,易于被查询者注意,是用户浏览的首选。

(7) 网络报纸或网络杂志:随着互联网的发展,国内外一些著名的报纸和杂志纷纷在 Internet 上建立了自己的主页。更有一些新兴的报纸或杂志,放弃了传统的"纸"的媒体,完完全全地成为一种"网络报纸"或"网络杂志"。其影响非常大,访问的人数不断上升。对于注重广告宣传的企业来说,在这些网络报纸或杂志上做广告,也是一个较好的传播渠道。

(8) 新闻组:新闻组是人人都可以订阅的一种互联网服务形式,阅读者可成为新闻组的一员。成员可以在新闻组上阅读大量的公告,也可以发表自己的公告,或者回复他人的公告。新闻组是一种很好的讨论和分享信息的方式。广告主可以选择与本企业产品相关的新闻组发布公告,这将是一种非常有效的网络广告传播渠道。

3.2.5 同步训练

1. 网络广告营销方案策划

学生根据教师部署的营销主题,确定网络广告的受众群体、文案形式等,制定详细的网络广告营销策划,完成表 3-4。

表 3-4　网络广告方案策划

广告目标	目的是什么
广告受众	受众是谁
广告文案	用什么样的文章形式加以表现,其中涵盖诉求是什么,如何与产品形成紧密联系
广告形式	文字、图片、Flash、视频等以及选择的原因若为视觉化表现,描述大体构思
广告规格	若为视觉化表现,具体尺寸是多少,需要控制在多大的文件范畴内
广告投放位置	投放在哪里,具体到那个站点的哪个页面,并给出具体原因
广告投放时间	什么时间或者什么时候进行投放,给出理由
广告投放区域	广告是否有区域性的考虑,给出原因

2. 网络广告设计与制作

根据广告策划方案,着手开始网络广告的设计与制作(可登录阿里妈妈 Banner 制作工具网站)。

3.2.6　综合评价

表 3-5　综合评价表

任务编号	0302		任务名称	案例剖析	
任务完成方式	□ 小组协作完成 □ 个人独立完成				
评价点				分值	
对商品整体信息的把握是否全面				25	
对广告投放途径选择是否正确				25	
对广告设计是否合理				25	
对广告效果评估方法是否得当				25	
本主题学习单元成绩:					
自我评价	(20%)	小组评价	(20%)	教师评价	(60%)
存在的主要问题					

3.2.7　拓展任务

以小组为单位,寻找身边的一些企业,详细了解企业背景,了解商品特性,为其制定网络广告的投放计划,并设计网络广告形式。

学习单元四　营销型网站策划

能力目标

◇ 能够规划营销型网站主要功能和栏目
◇ 能够设计营销网站布局
◇ 能够掌握网站设计流程

知识内容

◇ 网站页面构成和布局
◇ 营销型网站建设步骤
◇ 营销型网站基本推广方法

本项目包含了两个学习任务,具体为:

任务1:网站建设需求分析;

任务2:网站项目策划。

针对企业目前的网站现状,对企业网站建设需求进行讨论分析,进而对企业网站定位,完成网站功能与开发策划及网站推广与效果监控规划,最终确定网站项目策划的实施计划。

任务1　网站建设需求分析

4.1.1　任务引导

小李毕业了,他成功地进入到一家以教学产品为核心业务的综合教学支撑服务企业——北京博导前程信息技术有限公司。尽管北京博导前程已有自己的官方网站(www.bjbodao.com),但由于该站点为早期衍生而来的纯静态网站,在内容更新方面十分麻烦,公司在重要新闻更新及对网站做出更改时,往往耗费大量的时间,给维护人员带来极大的不便,于是研发人员决定在原有静态网站基础上,进行修改,建立动态网站。

4.1.2　任务分析

☑ 实施背景分析

☑ 实施原因分析

☑ 实施资源分析

4.1.3　任务实施

下面我们回到学习任务中,小李针对公司目前的网站现状,应该如何做出公司的需求分析。具体步骤如下。

步骤一:实施背景分析

企业需求以市场、业务的需求为导向,企业的网站更是需要达到实施营销型网站建设和运营以及帮助企业实现经营获利的目标,开设企业官方网站有利于提升企业形象,从而让公司具有网络沟通能力,实现电子商务能力,在与客户保持密切联系的同时,挖掘潜在用户,建立商业联系并提供给客户一个反馈的信息平台,也为博星卓越品牌树立提供了更多机会。因此博导前程官方网站的重新建设显得尤为必要。

步骤二:实施原因分析

对于企业而言,企业时刻以利润最大化为目标,希望能够快速、高效地促进产品销售和品牌知名度的扩大,同时有效地加强与客户的联系,帮助企业成长。因此,营销型企业网站更可以帮助企业销售产品,实现企业的经营目标计划。

北京博导前程信息技术有限公司官方网站的建设目的在于树立企业形象,早期的设计中,考虑到公司网站功能需求和内容较少,需要达成的功能较为简单,更新量不是很大,故采用纯静态网页的方式创建。但随着时间的推移,对网站的优化推广要求有所提升,庞大页面量的优化弊端开始突显出来,为解决静态网站给维护人员带来的不便,研发人员决定对网站进行改版,在原有网站基础上,对栏目及功能模块进行重新策划及设计。

步骤三:实施资源分析

实施资源指的是企业能够为网站或项目带来的帮助,北京博导前程经历十余年的发展和积累,现已获得了业界与技术的双重资源。

1. 系统资源

博导前程拥有高性能配置服务器、虚拟主机空间、邮件群发推广系统、短信群发推广系统、QQ 群营销推广系统、博客论坛营销推广系统等。

2. 技术资源

博导前程拥有众多专业的软件开发工程师、网站开发工程师、美工、SEO 工程师、网站编辑、网站策划、系统管理员、网站运营经理、网络营销总监等高级技术人才。

3. 营销资源

博导前程下辖网络营销部,能够充分运用网络营销手段实现对官方网站进行提升与推广。

新网站在原有的网站基础上进行栏目及内容扩充,旧网站上所积累的新闻资讯及相关资源较为充实。免费建站系统及北京博导前程信息技术有限公司强大的研发团队也为网站建设提供了强大技术支持。

4.1.4 支撑知识

1. 什么是营销型网站

所谓营销型网站就是为实现某种特定的营销目标,能将营销的思想、方法和技巧融入网站策划、设计与制作中的网站。最为常见的营销型网站的目标是获得销售线索或直接获得订单。

营销型网站是对网站的发展,整合了各种网络营销理念和网站运营管理方法。不仅注重网站建设的专业性,更加注重网站运营管理的整个过程,是企业网站建设与运营维护一体化的全程网络营销模式。

营销型企业网站,是根据企业产品的市场定位,不单纯从美工与功能的角度,更注重的是从网络营销的角度来制作网站,使得企业网站的整体架构与搜索引擎的特点相符合,从而让企业网站能够在搜索引擎的搜索排名中获得比较好的营销排名,给企业带来直接的业务与利润。这种网站就是营销型企业网站。

营销型企业网站建设的优势主要有以下几点:

(1) 有利于提升企业形象;

(2) 使公司具有网络沟通能力;

(3) 实现电子商务功能;

(4) 可以与客户保持密切联系;

(5) 可以与潜在客户建立商业联系;

(6) 可以降低通信费用;

(7) 利用网站及时得到客户的反馈信息。

2. 网站建设需求分析

一个网站项目的确立是建立在各种各样的需求上面的,这种需求往往来自客户的实际需求或者是出于公司自身发展的需要,其中客户的实际需求也就是说这种交易性质的需求占了绝大部分。面对对网站开发拥有不同知识层面的客户,项目的负责人对用户需求的理解程度,在很大程度上决定了此类网站开发项目的成败。因此如何更好地了解、分析、明确用户需求,并且能够准确、清晰以文档的形式表达给参与项目开发的每个成员,保证开发过程按照满足用户需求为目的正确项目开发方向进行,是每个网站开发项目管理者需要面对的问题。

在网站建设需求分析的过程中,往往有很多不明确的用户需求,这个时候项目负责人需要调查用户的实际情况,明确用户需求。一个比较理想化的用户调查活动需要用户的充分配合,而且还有可能需要对调查对象进行必要的培训。所以调查的计划安排,如:时间、地点、参加人员、调查内容等,都需要项目负责人和用户的共同认可。调查的形式可以是:发需求调查表、开需求调查座谈会或者现场调研。调查的内容主要包括:

(1) 网站当前以及日后可能出现的功能需求;

(2) 客户对网站的性能(如访问速度)的要求和可靠性的要求;

（3）确定网站维护的要求；

（4）网站的实际运行环境；

（5）网站页面总体风格以及美工效果（必要的时候用户可以提供参考站点或者由公司向用户提供）；

（6）主页面和次级页面数量，是否需要多种语言版本等；

（7）内容管理及录入任务的分配；

（8）各种页面特殊效果及其数量；

（9）项目完成时间及进度（可以根据合同确定）；

（10）明确项目完成后的维护责任。

调查结束以后，需要编写《用户调查报告》，其要点包括：

（1）调查概要说明：网站项目的名称；用户单位；参与调查人员；调查开始、终止的时间；调查的工作安排。

（2）调查内容说明：用户的基本情况；用户的主要业务；信息化建设现状；网站当前和将来潜在的功能需求、性能需求、可靠性需求、实际运行环境；用户对新网站的期望等。

（3）调查资料汇编：将调查得到的资料分类汇总（如调查问卷、会议记录等）。

4.1.5　同步训练

网站建设中最重要的步骤便是网站的定位分析，这需要主导人员从实施背景、原因、资源、目的、受众分析、竞品分析等环节入手，精确把握网站的定位，完成网站需求分析。本任务要求学生以某企业为案例，对其网站建设背景等进行分析，加深对网站建设中需求分析阶段的认知。

以小组为单位，在实训教师的指导下，对该企业进行分析和研究，完成企业网站行业分析、市场分析、受众分析等内容，并确定网站定位，完成表 4-1。

表 4-1　企业网站建设需求分析

网站需求分析调研		
企业名称	概要	
	企业所属行业	小组所承担的企业的名称
	企业产品市场分析	小组所承担的企业归属的行业
	企业网站行业分析	小组所承担的企业目前产品或企业的市场情况
	实施背景	企业发展史及未来发展方向
	实施原因	需要改变的现状及为了实现的作用
	实施资源	企业现有的可以利用的有效资源，如系统资源、技术资源、营销资源等
总结		

4.1.6 综合评价

表 4 - 2　综合评价表

任务编号	0401	任务名称	案例剖析
任务完成方式	□ 小组协作完成 □ 个人独立完成		
评价点			分值
对网站实施背景分析是否全面			25
对网站实施原因分析是否全面			25
对网站实施资源分析是否全面			25
对网站实施目的及企业受众分析是否全面			25
本主题学习单元成绩：			
自我评价	（20%）	小组评价	（20%）	教师评价	（60%）
存在的主要问题			

4.1.7 拓展任务

以小组为单位,寻找身边的一些企业,详细了解企业的官网运营现状,分析并了解其网站受众及企业背景。

任务 2　网站建设项目策划

4.2.1 任务引导

策划是任何一个网站在动手开发之前必经的重要阶段。没有良好的策划,无法形成系统的流程,不论是对开发还是美工、编辑都会丧失目标,从而无所适从,最终延误进度。营销型网站建设策划主要包含域名确定、网站空间选择、网站定位确定、网站风格规划、网站前后台功能规划、网站栏目规划、网站布局规划、搜索引擎优化规划以及网站不同阶段的运维推广等。

4.2.2　任务分析

☑ 站点域名分析与选择网站受众
☑ 站点空间分析与选择
☑ 受众分析与网站定位
☑ 确定网站风格设计
☑ 网站布局结构设计
☑ 完成网站功能与开发策划
☑ 完成网站推广与效果监控规划
☑ 确定网站实施计划

4.2.3　任务实施

下面我们回到学习任务中,小李针对公司目前的网站现状,应该如何做出公司的网站项目策划。具体步骤如下。

步骤一:站点域名分析与选择

域名是开始网站建设之前就要考虑的部分,也是体现网络营销思维的方面之一。

由于本次网站制作为更新网站,重新开发,小李考虑到域名是企业在互联网的地址,同时还是企业在互联上品牌价值的体现,故保留原有域名 bjbodao.com。

此域名分为两个部分,前半段 bjbodao 为域名的主体,之后的.com 为域名的后缀。

1. 域名主体:bjbodao

该段主体是北京博导的全拼,之所以这样选择有如下原因:

(1) 以品牌全拼为产品站域名好记、印象深刻;

(2) 以品牌全拼为产品站域名,有利产品品牌统一,容易开展品牌营销、口碑营销;

(3) 可以防止品牌被人假冒、仿效。

但这样做也存在劣势——太长。很可能有用户不乐意在地址栏内敲这么多字母。

2. 域名后缀:.com

选择后缀也很重要。首先需要了解后缀都有哪些常见分类,分别代表了什么含义。常见的域名后缀包括:.com、.cn、.net、.edu、.org、.gov 等。不同的域名后缀代表了不同的含义。博导前程信息技术有限公司官网选择了.com 的域名,有如下原因:

(1) .com 从互联网进入中国以来一直深入人心,便于记忆;

(2) .com 能够代表企业,若选择 gov、org 则与企业的身份严重不符。

步骤二:站点空间分析与选择

站点空间是一个广义的概念,网站终归到底是一个个页面,是若干文件,它们终归要放在一个地方。如果域名是名字,是地址,那么存放网站页面的空间就是家。

北京博导前程信息技术公司拥有自己的独立服务器,旧官方网站也被挂载于独立服务器上,作为官方网站,资源占用较小,故小李考虑不单独申请服务器或购买虚拟主机。

独立服务器可以简单地理解为自己拥有并可完全使用服务器。之所以选择独立服务器是因为:

(1) 公司部署的网站越来越多,需要更多、更大的空间放置网站文件和数据库文件。文件上传下载 FTP 文件系统的部署等。

(2) 因为公司是软件开发公司,许多开发环境及组件是虚拟主机所不能提供的,比如使用 JAVA 开发的教学软件产品,需要 Tomcat 环境;ASP. NET 开发的软件产品需要有. NET 的环境;需要用到的数据库包括 MySQL、SQL Server、Oracle 等。

(3) 公司还承担着中国互联网协会网络营销的教学和培训工作,需要部署邮件服务供学员和高校师生进行 E-mail 营销实训使用等。

(4) 服务器独享所有资源,在网站的访问速度、同时在线人数、带宽、应用方面远超过虚拟主机。在网站的数据的完整和安全方面也是虚拟主机不能相比的。

步骤三:受众分析与网站定位

什么样的用户才会看网站的信息,什么样的用户才会买网站的产品,了解受众对企业网站的需求是什么,这都是运营网站建设需要考虑的问题。作为企业官网,访问网站的人群可以分为两种,一种是购买企业产品,另一种则是访问企业新闻。

对于北京博导而言,其主要受众为高校教师。如何把握这部分人群心理,提供满足用户需求的内容,是该网站的核心。作为企业官方网站,博导前程网站受众的范畴主要是高校经管类相关教师、行业服务商、渠道商及媒体等。

明确了网站受众,接下来要做的是明确网站的定位。所谓网站定位是指明确网站到底是干什么的,根据网站目的衍生而来。通过互联网查看常见的网站,如戴尔官网(dell. com. cn)、别克官网(buick. com. cn)、海尔官网(haier. net)、浏览网(gotoread. com),这些网站都是我们在互联网上常见的网站类型。这些企业网站可分为信息类网站、广告型网站、信息订阅型网站及在线销售型网站。

信息技术网站如海尔集团是将网站作为一种信息载体,主要功能定位于企业信息发布,包括公司新闻、产品信息、采购信息等用户、销售商和供应商所关心的内容,多用于品牌推广以及沟通,网站本身并不具备完善的网上订单跟踪处理功能。

广告型网站,如别克汽车官网,主要面向客户或者企业产品(服务)的消费群体,以宣传企业的核心品牌形象或者主要产品(服务)为主。这种类型无论从目的上还是实际表现手法上相对于普通网站而言更像一个平面广告或者电视广告。

信息订阅型网站如浏览网、36KR、科学松鼠会等,订阅机制也仅仅是迎合了某些特定会员的特定需要。这些站点提供的往往是一些专业内容和定期的消息。

常见的销售型网站如戴尔官网、海尔商城等,如图 4-1 所示。

DELL电脑官网

别克汽车官网

海尔官方网站

浏览网

图 4-1 常见的销售型网站

根据博导前程公司性质、业务类型及功能分析,北京博导前程信息技术有限公司官网主题定位于宣传公司品牌形象,通过网站展示企业信息及业务经营相关、搭建客户沟通平台,实现企业电子商务化。

步骤四:确定网站风格设计

网站风格设计需要从网站视觉角度出发,不仅包含企业 Logo、网站色彩、文字使用、页面分辨率,还应包括网站的栏目设计及版面布局设计。那么网站的风格策划便要从这几个方面着手。

1. 企业 Logo 确定

Logo 可以简单地理解为一个标识。对用户而言,当他们看到这个标识后能够第一时间识别出 Logo 所代表的企业。对企业而言,Logo 需要体现出企业的经营理念、文化特色等。

博导前程企业 Logo 设计经过了调研、要素挖掘、设计开发、提案修正、出稿等阶段。最终确定如图 4-2 所示 Logo。

旗帜代表行业领导力,箭头代表方向,红色代表热情,博导人对教育行业的热情、对事业的拼搏激情昂扬,博导前程"博采众长,导引前程"是公司的宣传语。

那么博导前程的品牌 Logo 是如何确定的呢?

(1)调研:广泛地联系企业员工、合作伙伴与专业设计人员,就博导前程旗下主营业务、发展前景与企业特色给出定义性词汇或短语,并按类别区分。如行业类:软件、教育、科技,"国内实验软件领先品牌""教育成就梦想、软件引领未来";企业文化类:活力、拼搏、激情、昂扬、方向。

图 4 - 2　博导前程 Logo

（2）要素挖掘：就搜集到的各类词汇或短语进行汇总，并剔除与博导前程相关性不高的要素，留下五个核心要素，即教育、软件、活力、热情、方向。

（3）设计开发：此阶段分为两个环节，首先，根据核心要素充分发挥创意与想象，手绘出来。其次，将手绘转为电脑出图的简单黑白稿，并去除手绘稿件的一些随意性元素。此时，博导前程的 Logo 进行了四种不同的尝试。

（4）热情与旗帜的标志色彩是红色，博导采用纯红色作为 Logo 主色调，突出强调热情。

2. 完成色彩搭配策划

网页设计虽然属于平面设计的范畴，但它又与其他平面设计不同，它在遵从艺术规律的同时，还考虑人的生理特点，色彩搭配一定要合理，给人一种和谐、愉快的感觉，避免采用纯度很高的单一色彩，这样容易造成视觉疲劳。

通过多个网站案例参考，小李发现不同的网站有着自己不同的风格，也有着自己不同的颜色，如图 4 - 3 所示。许多网站使用颜色秉承的是公司的风格。比如海尔使用的颜色是一种中性的绿色，即充满朝气又不失自己的创新精神。女性网站使用粉红色的较多，大公司使用蓝色的较多，这些都是在突出自己的风格。

图 4 - 3　网站中色彩的使用

以此借鉴，颜色选择方面，小李为北京博导前程信息技术有限公司网站配色中可以搭配万色的白色。白色平和，其次为红色，代表热情、温暖。

3. 完成文字样式策划

对于页面中的文字,需要考虑的内容包括:字体、字号、粗细、普通文本颜色、链接悬停文本颜色、链接点击后文本颜色。

字体:中文字体多样,对于绝大多数的段落文本字体,传统宋体是最为保守和稳固的字体,且不会因为用户电脑没有预装特定字体而造成页面变形。

字号:需根据页面效果图进行调配,对于段落文字的字号采用 12 px—14 px,标题字号则选择 16px 较为适宜。

粗细:对于需要重点阅读的标题或文字可选择性使用加粗,一般文字则不用。

普通文本颜色:由于站点的文字是内容的核心,是用户阅读和理解的关键,需要用户将视觉进行聚焦,因此不能选择特别明亮和刺激的颜色,传统的黑色、深灰色是普通文本的首选。

链接悬停文本颜色:链接文字是需要用户有点击行为,因此悬停的文字颜色既要能够引发用户的鼠标随意性滑动的注意,同时也不能够影响用户的阅读,选择跟普通文本对比不强烈的蓝色最为稳妥。

链接点击后文本颜色:合适的字体颜色用于告知用户曾经产生过点击,便于用户有迹可循。不需要选择与普通文本对比强烈的颜色从而会引发用户阅读不畅,默认紫色即可。

综上所述,形成了站点的文字视觉要求。

4. 完成分辨率的选择

对于分辨率,小李分析,800 * 600 分辨率每年递减,1024 * 768 分辨率在逐年递增。随着液晶屏幕覆盖范围的增加,越来越多的用户接受了更大的分辨率,于是,北京博导前程信息技术有限公司官网在分辨率的考虑上倾向于 1024 * 768。

5. 完成网站栏目设计策划

(1) 参考互联网上其他官方网站,查看官方网站及其他类型网站栏目分类

一般而言,在做任何一个网站前都会形成一定的认知,即网站上要放什么,要给用户展示什么。但对于哪些内容是重点、哪些是次重点、哪些并不重要可能并不明确。这个就需要形成栏目。通过栏目来完善内容构思和策略。

网站栏目的设立是网站建设中重要一步,小李通过在互联网上查看其他网站总结出以下特点,见表 4 - 3。

表 4 - 3　网站类型及模块

网站类型	基本模块	网站后台功能
企业宣传类 产品宣传类	● 网站首页 ● 关于我们(企业文化、荣誉发展等) ● 新　　闻(动态、通知公告) ● 产　　品(合作案例) ● 人事招聘 ● 留言栏 ● 联系我们	数据统计 资料下载 友情链接

（续表）

网站类型	基本模块	网站后台功能
企业版 电子商务网站	● 网站首页 ● 网上商城 ● 产品分类 ● 热销产品 ● 最新活动 ● 合作洽谈 ● 论坛留言 ● 新手上路 ● 会员中心 ● 帮助中心	添加分类 产品列表管理 产品内容管理 客户管理 订单管理 数据统计 友情链接管理

门户资源型
电子商务平台
	● "电子商务"栏目
	  ◇ 网上商城
	  ◇ 商家店铺
	  ◇ 产品分类
	● 网站底部模块
	  ◇ 关于我们
	  ◇ 合作加盟
	  ◇ 网站地图
	  ◇ 版权保护
	  ◇ 联系我们
	● 特色栏目
	● 专 区
	  ◇ 官网自助
	  ◇ 客服专区
	  ◇ 交流频道
		店铺搜索
		商家服务
		商家资讯
		订单管理
		购 物 车
		优惠折扣

行业网站	**首页栏目导航分为两块**
	● 大栏目导航也是二级页面导航：
	  ◇ 行业资讯
	  ◇ 行业资料
	  ◇ 行业黄页
	  ◇ 供需平台
	  ◇ 信息服务
	  ◇ 博客论坛
	以六大类作为主要导航,首页明显的地方提供几个栏目的搜索,如供需平台、供求商机、技术资料、行业黄页等。
	● 分类栏目导航也是三级页面导航：
	  ◇ 网站首页
	  ◇ 行业要闻
	  ◇ 资讯列表
	  ◇ 行业访谈
	  ◇ 行业展会
	  ◇ 技术资料
	  ◇ 人才招聘
	  ◇ 技术服务
		信息内容发布
		添加分类
		友情链接管理
		论坛管理
		客户管理

（2）参考互联网上其他官方网站，明确企业官方网站分类

北京博导前程信息技术有限公司官方网站定位于公司品牌、形象宣传。根据之前的静态网站长期的运营与维护上突显出的问题以及客户对旧网站的用户体验及反馈，小李决定在原有网站栏目设置上进行更改及扩充。

北京博导前程信息技术有限公司官网划分了9个栏目，每个栏目都有核心且相互关联，共同推举教学产品，新的网站栏目在原有栏目基础上增加了免费试用栏目，并对网站栏目重新整理。栏目拓扑图如图4-4所示。

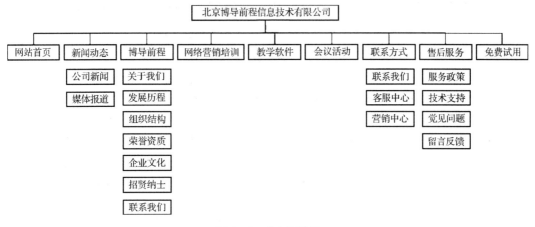

图4-4 前台拓扑图

作为企业官方网站，使其具有一定的营销导向性，所以网络营销培训、教学软件栏目则是营销型的表现点，官网在向用户展示企业形象的同时，推荐宣传企业的核心业务及产品，使得用户在了解产品的基础上，产生购买产品的意向。同时，免费试用栏目的加入为用户体验、购买产品等行为做出了巩固作用。

6. 完成版面布局策划

参考互联网上其他官方网站，查看官方网站结构布局，如果说栏目还有些宽泛，那么布局就是实在的部署。

小李需要根据网站栏目，来定义首页以及每个栏目页、列表页和内容页的页面布局，布局好、用户浏览舒适，体验好，则网站整体效果好；反之，则不佳。同时，布局设置完毕也能帮助美工更好地完成页面的设计与制作。页面布局的策划需包含首页及内容页。

在网站布局策划方面，小李使用了Axure RP(网页原型设计工具)进行设计。当策划完毕，制定出《北京博导前程信息技术有限公司网站策划方案》，需包含：网站分析和网站策划的具体内容。为了让界面设计人员更方便地理解网站设计需求，小李特别用Axure RP制作了站点原型，建立起了页面之间的关系。研发人员通过Axure RP制作出的首页布局图制作网站首页，如图4-5所示。

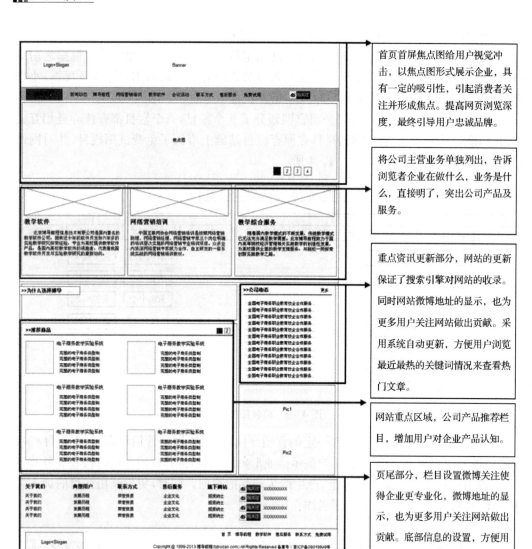

首页首屏焦点图给用户视觉冲击，以焦点图形式展示企业，具有一定的吸引性，引起消费者关注并形成焦点。提高网页浏览深度，最终引导用户忠诚品牌。

将公司主营业务单独列出，告诉浏览者企业在做什么，业务是什么，直接明了，突出公司产品及服务。

重点资讯更新部分，网站的更新保证了搜索引擎对网站的收录。同时网站微博地址的显示，也为更多用户关注网站做出贡献。采用系统自动更新，方便用户浏览最近最热的关键词情况来查看热门文章。

网站重点区域，公司产品推荐栏目，增加用户对企业产品认知。

页尾部分，栏目设置微博关注使得企业更专业化，微博地址的显示，也为更多用户关注网站做出贡献。底部信息的设置，方便用户联系，加强了用户与企业的沟通。

图 4-5　主页网页布局

接下来，布局内容页，如图 4-6 所示。

图 4-6 内容页布局

内容页是根基页面,也是用户要落脚的最终位置。网站的所有内容页系模板化生成,故而所有的内容页均为此布局。

步骤五:完成网站功能与开发策划

在完成了网站策划方案之后,接下来就着手考虑有关网站开发,网站开发包含有两层含义,一方面是功能实现的规划,另一方面是网站开发的选择。

前者是根据方案,规划出的网站功能模块,而后者则是使用何种开发语言来达成功能模块的实现。

1. 网站功能规划

根据网站主题和栏目设置,北京博导前程信息技术有限公司官网主要有如下功能,如图4-7和表4-4所示。

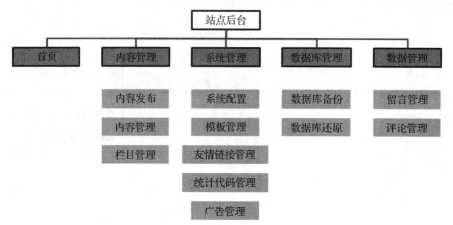

图4-7 博导前程官网后台拓扑图

表4-4 博导前程官网功能分析

网站功能	功能描述
内容管理功能	主要用于网站内容更新与管理
系统管理功能	主要用于配置网站参数、更换网站模板等
网站栏目功能	主要用于网站栏目的增加、修改、删除等
数据库管理功能	主要用于数据库的备份与还原
互动管理功能	主要用于用户留言、回复,以及在线调查管理
友情链接功能	管理友情链接(包含添加、删除等)

2. 网站开发

网站开发语言有很多种,ASP、PHP、NET、JSP等,每种开发语言各有优劣,需要配合网站大小、所要具备功能与未来的预期进行选择。并不一定别人说的就是好的,要自己摸索和思考。

在确定了网站主题布局后,北京博导前程信息技术有限公司以企业形象及主营业务为建设主旨,网站从栏目设置到内容收录都要表现出企业特色。从策划到实施做了完善部署,规划网站布局及栏目,开发人员对网站开发平台进行仔细斟酌。

网站结构图的策划,考虑到网站的性质、反应速度、用户体验、网站内容的简易性等诸多方面的因素,研发人员决定使用WordPress系统进行网站开发,WordPress是一个免费的开源项目,是目前世界上使用最广泛的博客系统,是一款开源的PHP软件。因为使用者众多,所以WordPress社区非常活跃,有丰富的插件模板资源。使用Word-

Press 可以快速搭建独立的博客网站。WordPress 拥有世界上最强大的插件和模板,这也是 WordPress 非常流行的一个特性。当前 WordPress 插件数据库中有超过 18 000 个插件,包括 SEO、控件等。个人可以根据它的核心程序提供的规则自己开发模板和插件。这些插件可以快速地把你的博客改变成 CMS,功能强大点的插件会有一个自己的管理目录在后台出现,就像程序自带似的方便。这些插件囊括了几乎所有互联网上可以实现的功能。

　　使用该软件大大节省了研发周期,研发人员只需根据后台设置,选择对应主题,修改相应栏目设置及样式即可完成 CMS 系统的搭建。WordPress 系统后台能够独立运行,在网站内容发布及相关设置上较为方便,为开发者节省了不少时间。

　　WordPress 系统后台如图 4-8 所示。

图 4-8　WordPress 系统后台

　　如图 4-8 所示,WordPress 拥有强大的后台及网站编辑能力,用户只需更改外观、设置及添加插件即可完成一个简单的 CMS 建站系统。

步骤六:完成网站推广与效果监控规划

1. 完成网站推广规划

　　网站功能及开发策划完成后,需要对网站推广进行策划,前期的准备工作要充分,就必须将推广及后续工作提前部署。

　　结合北京博导前程自有其他网站平台及第三方平台资源,制定网站推广规划。

　　北京博导前程信息技术有限公司官网推广策划见表 4-5。

表 4-5　北京博导前程官网推广策划

时间宽度		网站上线的 1—3 个月
	序号	主要工作
进度安排	1	提交搜索引擎
	2	官方微博的宣传,进行新版上线活动互动
	3	在企业其他媒体平台,发布新版上线消息预热
	4	精准回答
	5	百度文库、百度百科更新
	6	社区论坛活跃
	7	电子邮件的设计及发送,寻找地区性媒体客户信息进行广告邮件发送,增设链接,提出活动创意
	8	外链

2. 完成网站效果监控与分析策划

根据服务器 log 文件可以对网站访问情况进行常规分析,然而这样的手段对技术要求较高,且更倾向于查询搜索引擎蜘蛛索引记录,提升 SEO 进度方面,而对用户体验方面的把关较少。通过合适的流量监测工具来分析效果。

图 4-9　获取统计代码

市面上有多种免费的流量分析工具,包括:51yes、51la、量子横道、CNZZ、百度统计等等。百度统计作为后起之秀,在国内占据绝对地位的搜索引擎,百度统计拥有强大的后盾,其所具有的百度搜索引量查询的功能,使得运营人员可以看到百度收录的真实数据。

其次,考虑到公司其他网站使用了百度竞价产品。因此,北京博导前程信息技术公司官网选择百度统计作为流量统计工具。经过简单的注册,填入网站相关信息,便可生成统计代码,如图4-9所示。再将代码插入到页面之中,便可执行统计。

步骤七:制定网站建设策划书并制定建设进度规划

在明确所有的技术环节后,接下来就需要制定网站建设策划书了,按照策划书明细合理安排人员工作,以保证在最短时间内保质保量地完成北京博导前程信息技术有限公司官网的建设。

北京博导前程信息技术有限公司网站策划书如下:

1. 网站前期市场分析

对于公司官方网站来说,起初建设目的在于树立公司企业形象,因而在设计中,考虑到公司网站功能需求和内容较少,需要达成的功能较为简单,更新量不是很大,故采用纯静态网页的方式创建,但随着时间的推移,对网站的优化推广要求有所提升,庞大页面量的优化弊端开始突显出来,为解决静态网站给维护人员带来的不便,决定对网站进行改版,在原有网站基础上,对栏目及功能模块进行重新策划及设计。

2. 网站建设目的及功能定位

尽管公司已有自己的官方网站(www.bjbodao.com),但由于该站点为早期衍生而来的纯静态网站,在内容更新方面十分麻烦,公司在重要新闻更新及对网站做出更改时,往往耗费大量的时间,给维护人员带来极大的不便,于是研发人员决定在原有静态网站基础上,进行修改,建立动态网站。

根据公司性质、业务类型及功能分析,将公司官网主题定位于宣传公司品牌形象,拓展网上营销,着力网站宣传,通过网站展示企业信息及相关业务经营、搭建客户沟通平台,实现企业电子商务化。

3. 网站技术解决方案

博导前程旧网站上所积累的新闻资讯及相关资源已经较为充实了,只需根据之前的静态网站长期的运营与维护上突显出的问题以及客户对旧网站的用户体验及反馈,在原有的网站基础上进行栏目及内容扩充,根据网站的功能确定网站技术解决方案。

公司拥有众多专业的软件开发工程师、网站开发工程师、美工、SEO工程师、网站编辑、网站策划、系统管理员、网站运营经理、网络营销总监等高级技术人才。利用WordPress免费建站系统和公司强大的研发团队为网站建设提供了强大技术支持。

4. 网站内容及实现方式

(1) 根据网站的目的确定网站的结构导航。具体主要包括以下几个方面。

① 公司简介:北京博导前程信息技术有限责任公司成立于2006年,其前身为陕西博星卓越资讯有限公司。2006年3月,为了进一步提升公司发展的空间,应市场、品牌等发展的需要,在集中整合多方资源之后,博星卓越将运营总部迁至北京,成立了北京博导前程信息技术有限公司,注册"博星卓越"软件业务商标和"博导前程"培训业务商标,并积极展开网络营销培训项目。如今,经过多年的发展与积累,北京博

导前程信息技术有限责任公司业已成为国内教学软件行业及网络营销培训领域的领跑者。

北京博导前程信息技术有限公司提供专业的教学实验软件研发与销售服务,目前已研发并销售电子商务系列教学软件、电子政务系列教学软件、市场营销教学软件等在内的16种软件产品,并经授权全权负责中国互联网协会网络营销培训项目。

② 品牌理念:追求卓越,勇往直前

北京博导前程信息技术有限公司在集合优秀的教育资源和业界众多的专家学者以及合作伙伴基础上,专注于教学软件开发和实验教学的研究探索。我们拥有由经验丰富的项目经理、软件工程师组成的专业团队。在软件的研发过程中,大量运用了国内外先进的技术理念,并结合高校教育以及工商企业的实际特点,开发出适合国内高校教学的博星卓越实验教学软件,同时还提供教学实验辅助服务包括经济管理类实验室和实验策划与设计、经济管理类实验教学资源共享、课程设计以及学生毕业设计、毕业实习支持等,有效提高学生的学习兴趣、提升教学效果、保证教学质量。

③ 研究成果

博星卓越教学软件思想结构体系包括四个层次和一个核心。即认知实验、验证实验、应用实验、创新实验四个层次和创业实验一个核心。

博星卓越教学软件思想层次体系由模拟型实验教学、应用型实验教学、开发型实验教学、创业型实验教学和广泛的外部联系构成。

④ 客户服务:7×24 小时全天候咨询服务热线。

更多内容如:常见问题、招贤纳士等,如图 4-10 所示。

图 4-10　网站的结构导航

(2) 根据网站的目的及内容确定网站整合功能。

作为企业官网,北京博导前程网站只需具有发布文章的功能,以及与用户沟通的功能即可,发布文章功能 WordPress 可以完美胜任,在选择在线沟通工具时,选择百度商桥插件即可实现与客户沟通的功能。

（3）确定网站的结构导航中的每个频道的子栏目。

网站建设中的栏目结构和导航是一个网站架构的基础，对整个网站运营的工作至关重要。首先网站栏目结构和导航奠定了网站的基本框架，决定了访客能否通过网站快速找到自己想要的信息，使整个网站在访客心里有一目了然的感觉。对于我们公司的具体情况，对网站的栏目结构分布，见表4-6。

表4-6 网站的栏目结构分布

网站的栏目结构分布							
一级 版块	新闻 动态	博导 前程	网络营 销培训	教学软件	会议活动	联系 方式	售后 服务
二级 版块	公司 新闻 媒体 报道	关于我们 发展历程 组织结构 荣誉资质 企业文化 招贤纳士 联系我们 综合教学 服务	培训简介 管理体系 课程内容 师资力量 资质证明 合作伙伴 授权机构	电子商务系列 移动电子商务系列 电子政务系列 市场营销系列 国际贸易系列 房地产管理系列 物联网系列 职业兴趣测评系列 综合实践平台系列	中国网络营销大会 网络营销师资培训会 全国电子商务职业教 育与行业对接会议 全国大学生电子商务 "创新、创意及创业"挑 战赛 其他会议	联系我们 客服中心 营销中心	服务政策 技术支持 常见问题 留言反馈

（4）确定网站内容的实现方式。

WordPress采用全站页面静态化，且不需要生成，多种归档模式可以适应不同的搜索引擎收录特性，企业新闻及软件产品页面通过后台发布后，直接以静态页面形式呈现。

（5）方案预算

① 域名注册

● Bjbodao.com（75元/年）；

● Bjbodao.com.cn（45元/年）；

● Bjbodao.com.cn（45元/年）。

② 主机

● 服务器硬件1U（18 000元/台）；

● 服务器托管（9 000元/年）。

③ 网站开发

● 整体版面设计（首页以及各个产品FLASH、版面、介绍资料整合）（5 000元/个）；

● 客服在线咨询功能（免费）；

● 百度商桥系统功能（免费）。

制定完网站建设策划书，小李对北京博导前程信息技术有限公司设计了建设进度规划表，预先估算相关人员安排和时间，见表4-7。

表 4-7　网站建设进度规划表

	网站功能	人员配置(4 人)	工作日/天
网站前台	效果图设计/切图 DIV+CSS/Table 布局页面制作 JS 幻灯图切换及其他 JS 脚本 Banner 广告条及网站图片	美工(6/工作日)	14
	Gif 动画、Flash 动画制作	动画(1/工作日)	
网站后台	新闻资讯发布功能	开发(1/工作日)	
	系统管理功能	开发(1/工作日)	
	网站栏目功能	开发(1/工作日)	
	数据库管理功能	开发(1/工作日)	
	互动管理功能	开发(1/工作日)	
	友情链接功能	开发(1/工作日)	
	流量统计管理功能	开发(1/工作日)	
研发总计天数	程序、美工、动画时间重叠,最大为 14 个工作日完成		14 工作日
网站推广	网站内部 SEO		7
	E-mail 营销		一封/月
	微博营销		
	其他方式		

4.2.4　支撑知识

1. 域名

(1) 域名的定义

域名(Domain Name),是由一串用点分隔的名字组成的 Internet 上某一台计算机或计算机组的名称,用于在数据传输时标识计算机的电子方位(有时也指地理位置)。域名是一个 IP 地址的"面具"。一个域名的目的是便于记忆和沟通的一组服务器的地址(网站、电子邮件、FTP 等)。域名是互联网参与者的名称,如电脑、网络和服务。世界上第一个注册的域名是在 1985 年 1 月注册的。

(2) 域名的构成

以一个常见的域名为例说明,baidu 网址由两部分组成,标号"baidu"是这个域名的主体,而最后的标号"com"则是该域名的后缀,代表的这是一个 com 国际域名,是顶级域名。而前面的 www. 是网络名,为 www 的域名。

2. 虚拟主机

虚拟主机是在网络服务器上划分出一定的磁盘空间供用户放置站点、应用组件等,提供必要的站点功能、数据存放和传输功能。所谓虚拟主机,也叫"网站空间",就是把一台运行在互联网上的服务器划分成多个"虚拟"的服务器,每一个虚拟主机都具有独立的域名和完整的 Internet 服务器(支持 WWW、FTP、E-mail 等)功能。

3. 服务器

服务器，也称伺服器。服务器是网络环境中的高性能计算机，它监听网络上的其他计算机（客户机）提交的服务请求，并提供相应的服务，为此，服务器必须具有承担服务并且保障服务的能力。

4. 网站受众

受众指的是信息传播的接收者，包括报刊和书籍的读者、广播的听众、电影电视的观众、网民。受众从宏观上来看是一个巨大的集合体，从微观上来看体现为具有丰富的社会多样性的人。而网站受众，则聚焦在网站用户方面。

5. 网站定位

所谓网站定位就是网站在互联网上扮演什么角色，要向目标群（浏览者）传达什么样的核心概念，透过网站发挥什么样的作用。因此，网站定位相当关键，换句话说，网站定位是网站建设的策略，而网站架构、内容、表现等都围绕网站定位展开，网站定位的好坏直接决定着网站的前景和规模。

6. 网站的目录结构

网站的目录是指在创建网站时建立的目录，我们要根据网站的主题和内容来分类规划，不同的栏目要对应不同的目录，在各个栏目目录下我们也要根据内容的不同对其划分不同的分目录。比如说页面图片放到 images 目录下、新闻放到 news 目录下、数据库放到 database 目录下等。同时要注意目录的层次不宜太深，一般不要超过三层。另外给目录起名的时候要尽量使用能表达目录内容的英文或汉语拼音，这样会更加方便日后的管理维护。

7. 网页的构成和布局

不同主题的网站对网页内容的安排会有所不同，但大多数网站首页的页面结构都会包括页面标题、网站 LOGO、导航栏、登录区、搜索区、热点推荐区、主内容区和页脚区，其他页面不需要设置如此复杂了，一般由页面标题、网站 LOGO、导航栏、主内容区和页脚区等构成。搞网站设计不是把所有内容放置到网页中就行了，还需要我们把网页内容进行合理的排版布局，以给浏览者赏心悦目的感觉，增强网站的吸引力。在设计布局的时候我们要注意把文字、图片在网页空间上均匀分布并且不同形状、色彩的网页元素要相互对比，以形成鲜明的视觉效果。目前网络上大部分网站布局结构主要分为国字型布局、T 型布局、标题正文型布局、左右框架型布局、上下框架型布局、综合框架型布局、POP 布局以及 Flash 布局。

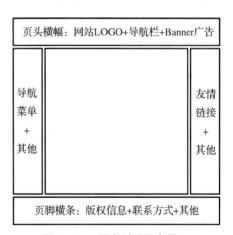

图 4-11　国字型页面布局

国字型布局主要使用于大型网站首页，最上部分一般放置网站的标志和导航栏或 Banner 广告，页面中间主要放置网站的主要内容，最下部分一般放置网站的版权信息和联系方式等，如图 4-11 所示。

T型布局结构的页面顶部一般放置网站的标志或 Banner 广告,下方左侧是导航栏菜单,下方右侧则用于放置网页正文等主要内容,如图 4-12 所示。这样的网页布局更适合于内容页方面。

图 4-12　T 字型网页布局

标题正文型布局的布局结构一般用于显示文章页面、新闻页面和一些注册页面等。

左右框架型布局结构是一些大型论坛和企业经常使用的一种布局结构。其布局结构主要分为左右两侧的页面。左侧一般主要为导航栏链接,右侧则放置网站的主要内容,如常见的天涯论坛采用此布局,如图 4-13 所示。

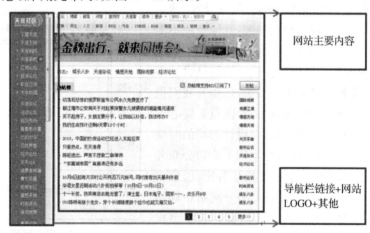

图 4-13　左右框架型布局

上下框架型布局与左右框架型布局类似。其区别仅在上下分为两页的框架;综合框架型布局是结合左右框架型布局和上下框架型布局的页面布局技术。

POP 布局是一种颇具艺术感和时尚感的网页布局方式。页面设计通常以一张精美的海报画面为布局的主体。

FLASH 布局是指网页页面以一个或多个 Flash 作为页面主体的布局方式。在这种布局中,大部分甚至整个页面都是 Flash,如图 4－14 所示。

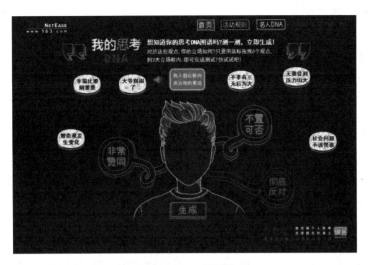

图 4－14　Flash 页面布局

页面布局的策划需包含首页及内容页,其中首页是网站的脸面,绝大多数的访问者都会从这里开始网站之旅。首页布局的原则是从用户出发——一切以用户为中心,多问 4 个 W。

W＝What(放什么?)

W＝Why(为什么这么布局?)

W＝Whom(这个布局给谁看?)

W＝What Effect(这个布局能达到什么效果?)

① 最核心内容(主题)、最能吸引用户(内容)、最能引导用户(链接)为主要内容;

② 不要放置太多促销广告,除非网站是能够媲美网易、新浪等门户站;

③ 设计引导性标志;

④ 不同板块之间要有明显界限;

⑤ 重点内容或核心内容以加粗或链接形式导入;

⑥ 明确用户浏览网站习惯,呈现出 F 型。因此头部、左侧为重,右侧略弱。

8. 页面布局的步骤

页面布局步骤如图 4－15 所示。

图 4－15　页面布局步骤

(1) 绘制草案

新建页面就像一张白纸,没有任何表格、框架和约定俗成的东西,你可以尽可能地发挥你的想象力,将你想到的"景象"画上去(可以用一张白纸和一支铅笔草绘,也可以用PHOTOSHOP等软件)。这属于创造阶段,不讲究细腻工整,不必考虑细节功能,只以粗陋的线条勾画出创意的轮廓即可。

（2）粗略布局

在草案的基础上,将你确定需要放置的功能模块安排到页面上。功能模块主要包含网站标志、主菜单、新闻、搜索、友情链接、版权信息等。注意,这里我们必须遵循突出重点、平衡协调的原则,将网站标志,主菜单等最重要的模块放在最显眼、最突出的位置,然后再考虑其他模块的摆放。

（3）定案

将粗略布局精细化,具体化。在布局过程中,我们可以遵循的原则有:

① 正常平衡:亦称"匀称"。多指左右、上下对照形式,主要强调秩序,能达到安定诚实、信赖的效果。

② 异常平衡:即非对照形式,但也要平衡和均匀,当然都是不均整的,此种布局能达到强调性、不安性、高注目性的效果。

③ 对比:所谓对比,不仅利用色彩、色调等技巧来做表现,在内容上也可涉及古与今、新与旧等对比。

④ 凝视:所谓凝视是利用页面中人物视线,使浏览者仿照跟随的心理,以达到注视页面的效果,一般多用明星凝视状。

以上的设计原则,虽然枯燥,但是我们如果能领会并活用到页面布局里,效果就大不一样了。

4.2.5 同步训练

以小组为单位,根据任务一所完成的站点需求分析,完成本组营销型企业网站的策划方案,完成表4-7。

表4-7 企业网站项目策划

网站项目策划体验		
企业名称		概要
	网站名称	
	网站定位	
	域名分析	
	空间选择	
	风格分析	
	栏目设置	

（续表）

页面布局	
页面	布局截图
首页页面	截图 1
栏目页页面	截图 2
内容页页面	截图 3
网站功能设置	网站应具有哪些功能,这些功能作用是什么
网站推广	网站推广的初步想法是什么,通过何种渠道/方式
网站效果监控	网站选择哪种数据监控工具,需要分析哪些数据,目的是什么
总结网站策划的步骤	

4.2.6　综合评价

表 4-8　综合评价表

任务编号	0402	任务名称	网站项目策划
任务完成方式	□ 小组协作完成 □ 个人独立完成		
评价点			分值
站点域名的选择是否得当			10
对确定官网定位是否全面			20
网站风格设计是否鲜明			10
网站功能规划是否合理			20
是否有完整的网站推广规划			20

本主题学习单元成绩：					
自我评价	（20%）	小组评价	（20%）	教师评价	（60%）
存在的主要问题					

4.2.7 拓展任务

以小组为单位,模拟建立一个企业,为其选定一个合适的域名,明确网站定位的同时,规划企业网站栏目及并为其设计首页、栏目页以及内容页的布局结构。

学习单元五　网站推广优化

能力目标

◇ 能够分析竞争对手网站特点
◇ 能够根据网站特点选择网站推广方式
◇ 能够了解目前企业网站存在的主要问题
◇ 能够理解网站优化层次
◇ 能制定网站优化策略

知识目标

◇ 各行业网站特点
◇ 网站推广方式
◇ 网站优化三层次
◇ 网站可信度

> 本项目包含了三个学习任务,具体为:
> 任务 1:网站推广;
> 任务 2:网站诊断;
> 任务 3:网站优化。
> 本章要求学生能够了解网站推广的方式并掌握基本的手段和方法,通过对网站的诊断,从多方面分析网站并给出优化建议。

任务 1　网站推广

5.1.1　任务引导

教研室官网是北京博导前程信息技术有限公司旗下网站之一,小刘成功应聘到北京博导前程信息技术有限公司负责教研室网站推广优化工作。网站优化推广工作的开展是一个循环渐进且需要长期坚持的工作,入职后,小刘首先要做的就是对网站目前现有情况进行分析。

5.1.2　任务分析

☑　了解网站所属行业
☑　分析竞争对手网站特点
☑　根据网站特点选择网站推广方式

5.1.3　任务实施

网站推广的实施需要对网站进行分析,这是企业开展网络推广的重要前提,具体的网站推广通过以下步骤完成。

步骤一:网站推广前期分析

网站推广前期分析分为两部分:网站所在行业分析和竞争对手分析。

1. 网站所在行业市场分析

教研室网站是国内知名的经济管理专业教学资源分享家园,主要的目标受众群体是高校经管类专业教师。在这里教师们可以沟通交流电子商务教学、电子政务教学、市场营销教学、物流教学、国际贸易教学的经验,也可以学习、下载教学资源,包括教学计划、教学大纲、教学案例、教学课件等。

2. 竞争对手网站推广分析

竞争对手是敌亦是友,所以在做网站分析时了解竞争对手网站的推广情况是必不可少的一步。分析竞争对手成功与失败的经验,只有做到知己知彼才能在激烈的市场经济下得以生存乃至超越。首先,对于教研室官网来说它的竞争对手为在教育门户行业做得比较出色的网站。通过在浏览器中搜索关键词"在线学习",小刘找到了和教研室相仿的网站——学习啦(http://www.xuexila.com/)。在明确竞争对手网站后,接下来就需要从多个方面对竞争对手进行分析,通过分析并借鉴其网络推广方式,从而制定出教研室网站推广方案。

(1) 分析竞争对手网站收录的数量

竞争对手网站被确定后,就要看其具体情况了。首先要看搜索引擎的收录,小刘借助爱站工具(http://www.aizhan.com/),查看对方网站详情,如图 5-1 所示。

从图中可以看到,学习啦网站收录量很高,并且网站权重也很高,其反链、外链比较多。从这些数据可以看到,学习啦自身的网站优化已经非常好。因此,小刘决定可以通过其关键词部署分析、网站结构、推广方式等方面来借鉴学习。

图 5-1　学习啦网站状况

（2）分析竞争对手网站规模和内容量

在对网站收录数量进行分析之后，接下来，需要对竞争对手网站规模和内容量进行分析。

对于内容量来说，大型网站和小型网站也是有区别的，很多企业网站收录多权重也高，这是因为它们网站的内容量很多，大多数都是以长尾关键词去写的文章，收录的多用户搜索的权重也自然高，所以要分析排名高的网站内容量有多少，要在多长时间内超越它们的数量。

图 5-2　学习啦网站栏目

从学习啦首页网站导航来看,学习啦网站在内容规模、内容量都很大。其覆盖了学习相关的各个方面。如图 5-2 所示。通过在搜索引擎中输入"site:www.xuexila.com"可以看到,其网站收录量包含 43407 个页面。因此,学习啦的页面数、内容量都很大,如图 5-3所示。

图 5-3 搜索引擎收录查询

(3) 分析竞争对手网站优化情况

看竞争对手是否在使用一些优化推广的手段,经常用的方法:

① 看对方的源代码中是否有关键词(keywords),描述(description);

② 通过工具查询对方的反向链接情况,反链多的,一般是推广来的;

③ 在搜索引擎搜索对方网站的名字,看除本站外有无其他软文类链接;

④ 看对方 title 以及网站内一二级标题,优化推广的网站,标题可以看出关键词痕迹。

结合这些情况,就可以分析对手优化推广的力度和主要方法。首先来分析教研室的竞争对手网站的关键词和描述,通过站长工具查看其网站关键词布局方式,同样,也可右击首页空白处出现窗口点击查看页面源代码,如图 5-4 所示。

从图中可以看出,网站标题(title)中也有内容,同时包含关键词。此外,学习啦网站首页中关键词"学习"密度也非常高,"学习"一词正符合其用户搜索的主要目标词,关键词布置与网站相关性很高。

标签	内容长度	内容	优化建议
网站标题	22 个字符	学习啦_免费的在线学习网_学习、分享、成长！	一般不超过80个字符
网站关键词	47 个字符	学习网,知识,学习,学习啦,xuexi,在线学习网,在线学习,免费学习网,分享,成长,学习指导	一般不超过100个字符
网站描述	100 个字符	学习啦是一个免费的在线学习网,在这里你可以免费学习各种知识,包括:学习方法、记忆力/脑力提升、时间管理、英语学习、考试辅导、成功励志、演讲与口才、作文/论文/范文写作指导、各种生活知识以及学习资料下载	一般不超过200个字符

点击一键查询排名

关键词	出现频率	2%≤密度≤8%	百度指数	百度排名	排名变动	预计百度流量(IP)
学习	71	2.4%	2333	查询	-	未知
学习网	7	0.4%	2288	查询	-	未知
成长	1	0.0%	1459	查询	-	未知
分享	1	0.0%	1455	查询	-	未知
免费学习网	0	0.0%	985	查询	-	未知
知识	4	0.1%	903	查询	-	未知
在线学习	2	0.1%	252	查询	-	未知
学习啦	2	0.1%	202	查询	-	未知
xuexi	0	0.0%	174	查询	-	未知
在线学习网	2	0.2%	107	查询	-	未知
学习指导	0	0.0%	106	查询	-	未知

图 5‑4　学习啦关键词分析

之后,点开网站栏目页与内容页(http://www.xuexila.com/fangfa/zhidao/43809.html),通过其网站源代码查看 META 布置,包含网站标题 title、关键词 keywords 以及网站描述 description,如图 5‑5、5‑6 所示。

```
<html xmlns="http://www.w3.org/1999/xhtml">
<head><meta http-equiv="Content-Type" content="text/html; charset=gbk" />
<title>学习方法指导_学习啦</title>
<meta name="keywords" content="学习心得总结,学习方法总结" />
<meta name="description" content="学习方法指导,学习心得总结,学习方法总结" />
<meta http-equiv="X-UA-Compatible" content="IE=EmulateIE7" />
```

图 5‑5　学习啦栏目 META 布置情况

```
<html xmlns="http://www.w3.org/1999/xhtml">
<head><meta http-equiv="Content-Type" content="text/html; charset=gbk" />
<title>高中理科的学习方法宝典_学习啦</title>
<meta name="keywords" content="高中理科的学习方法宝典" />
<meta name="description" content="成功既不是靠天才,成功也不是靠努力,成功是靠正确的方法。只有方法正确才可能取得成功。我们周围的同学甚至是我们自己,学习不可能不努力,可是成绩就是始终上不去,不断增加学习时间,希望自己能够提高考试成绩,总是事与愿违。为什" />
<meta http-equiv="X-UA-Compatible" content="IE=EmulateIE7" />
```

图 5‑6　学习啦内容页 META 设置

从图 5‑5、5‑6 中可以看到学习啦其页面 title 都包含网站名称本身,并采用"_"符号连接。此外,栏目页采用的关键词与网站栏目本身相关性非常高,内容页关键词即为网站标题。

点击进入网站内容页 http://www.xuexila.com/fangfa/zhidao/43809.html,进行查看,如图5-7所示。

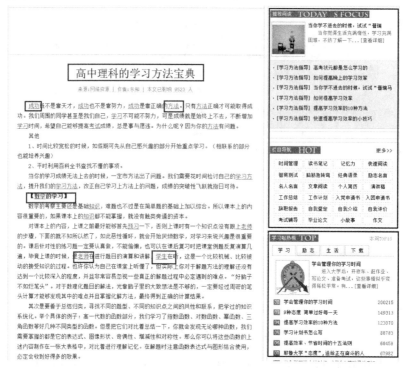

图5-7　学习啦内容页

通过内容页可以看到,其文章中包含众多锚文本链接,并指向站内不同的其他栏目页或网站首页。此外,右侧边栏中的栏目导航也包含众多链接使得页面本身方便链接至学习啦网站的其他页面。通过鼠标右键查看源代码,可以看到网站中包含众多的"<h1><h2><u><strong>"标签,围绕这些标签的关键词能够引起搜索引擎的注意。

小刘在对网站关键词分析完成之后,接下来开始分析竞争对手网站的反链,通过站长工具,可以看到学习啦网站首页反链非常多,如图5-8所示。

图5-8　网站反链查询

学习啦首页反链在百度权重中属于中等偏高(6—8)的友情链接。

此外,小刘还发现学习啦网站包含网站地图,网站地图方便引导搜索引擎抓取整个网站。

(4) 分析竞争对手网站更新情况

这一条需要登录对方网站来看。登录竞争对手的网站,看其更新的频率和更新量,那些更新快、更新量大的网站,一般也是点击率高的。需要说明的是,查询网站更新,需要有规律地经常性地查询,不能仅仅以一两次的查询情况来定位对手。

针对竞争对手的更新情况列出详细的表格统计,通过对表格中的数据分析来了解竞争对手网站的更新情况,见表5-1。统计不同时间段内更新了哪些内容,更新数量为多少,其中的关键词有哪些以及百度快照的时间,这样就可以清楚地知道竞争对手对哪些内容较为重视,目前他们都在推广哪些关键词等,再结合自己的网站进行对比,总结出在哪些方面做得不足,从而进行改善。

表5-1　学习啦更新数据统计表

微课网更新数据统计表					
序列	时间段	更新内容	更新数量	关键词	百度快照
1					
2					
3					
……					

步骤二:网站推广方案策划

网站推广方案本身也是一种网站推广策略,推广计划不仅是推广的行动指南,同时也是检验推广效果是否达到预期目标的衡量标准。

1. 推广实施原因

综合教研室网站在搜索引擎中的排名表现,分析得出以下内容:

(1) 教研室除了核心关键词外其他关键词在搜索结果中的排名靠后;

(2) 教研室站总体收录数少。

2. 推广实施目标

通过广泛有效的推广,将教研室的影响力全面延伸到互联网的各个角落,建立全国最具影响力的教育平台,主要目标用户为高校经管类专业教师,让用户通过教研室平台增加自身的硬技能和软实力,并辅助教学。在实施推广后实现每天独立访问用户数量、与竞争者相比的相对排名、在主要搜索引擎的表现、网站被链接的数量、注册用户数量等都有所提高。

3. 阶段性计划以及进度

教研室将推广计划分为两个阶段,具体如下:

第一阶段:教研室官网内部优化期,见表5-2。

表5-2 教研室官网内部优化第一阶段策划表

第一阶段	时间宽度	1—3个月
	主要内容	构建专业网站+社区网站,并做到每日更新,定期改版,定期推出新的活动和主题,强调网站互动、方便
	操作思路	通过优化网站内容信息,包括网站结构,针对搜索引擎优化的关键词及关键词密度、网站文字图片、网站内容链接等,提高网站内部结构
	完成目标	完善网站,使网站更有利于后期的推广工作

第二阶段:教研室官网推广初期,见表5-3。

表5-3 教研室官网内部优化第二阶段策划表

第二阶段	时间宽度		1—2个月
	主要内容		主要工作包括国内搜索引擎登录和导航站的收录
	操作思路	1. 搜索引擎推广	通过登录搜索引擎提交网站网址或者登录网站之家如hao123等提交网址等方式推广网站
		2. 电子邮件推广	找自己产品的潜在客户,通过邮件的形式将自己店铺信息发送到目标客户邮箱,获得第一注意力,但应参加可信任的许可邮件营销,避免成为垃圾邮件广告发送者。向目标客户定期发送邮件广告,是有效地网站推广方式,能有效地联系网站访客,提高用户忠诚度
		3. 巧用社区论坛	可以在新浪网、网易、百度空间及QQ空间设立博客日志,在日志中添加网站的地址链接来推广宣传自己。有了这些论坛、博客,接下来就是每天更新,发表软文,发表一些访客的看点,让他们经常光顾
		4. 口碑相传宣传网站	用心服务顾客,争取回头客,而他们是您最好的口碑相传的资源
	完成目标		本阶段主要为教研室官网的外部链接及反向链接数目的增加,目的为提高搜索引擎搜索的有效性和排名,该项工作将于教研室官网推广工作开始后20天内结束

步骤三:推广方案实施

(1)网站结构整合及SEO优化

推广就如同营销,一个成功的营销活动开始就必须要有足够吸引力的营销产品,然后进行有效的营销推广直到开始全面地整合推广。

① 教研室框架结构、页面内容的优化

教研室官网在做页面模块时要求设计人员模块间的内容联系要合理,布局要符合逻辑,特别是主页的外部链接必须有较强的关联性和互补性,内容页间的链接需要有必然的联系,这对于搜索引擎查询网站更多页面起到至关重要的作用。

教研室官网在最终目的页中很少见到与本页无关的信息,这样可以减少用户跳出率,合理地选择链接页面是否在新窗口打开。

实现每个页面在点击三次之内可跳转至首页。

② 网页的 META 标签的设计、页面标题(Title)的选择

统一完成网站所有页面的 META 标签、页面标题的设计:

A. 教研室官网页面内容及主体都是围绕经济管理、教学资源、教学案例这几个关键词来进行的,但同一关键词在同一页面出现的次数都为 2 到 4 次,关键词过多会出现关键词堆积情况,搜索引擎在抓取时容易判断为作弊。

B. 教研室官网在写页面 Title 时挑选的是和页面相关的关键词,并对该页面进行一些文字描述,如教研室官网首页 Title 为"教研室_经济管理专业教学资源分享家园"。

③ 优化所有页面关键词的密度

教研室官网适当增加首页、内容页的核心关键词密度,但没有在页面中重复过多,合理的按照页面内容出现,密度保持在 5% 以内,合理的关键词密度对于增强搜索引擎对网页好感度,提升页面的权值起很大作用。

④ 页面链接的有效性

教研室官网定期会对网站链接检查一次,尽可能避免错误链接,检查所有链接的有效性和合理性,并保证链接页面内容的关联性。

⑤ 网站有效内容的引入

有效的网站内容是吸引用户浏览网站的基本因素,也是网站立足的根本,提供丰富有效的网站内容是网站推广最为有效的策略,尽可能地想办法引入最为有效的内容也是网站长久运营的客观因素,充分利用网站优质的内容,让网站内容在为用户提供有价值的信息同时,也为网站自身的推广发挥作用,因此教研室官网在运营之前,有效地引入信息量也是有关键性作用的准备功课之一,也将是教研室官网长久必须坚持的一项工作,教研室官网的有效内容的引入工作包括:

A. 行业资讯的填充;

B. 教学资源的填充;

C. 教学案例的填充。

⑥ 制作合理的站内地图

为用户制作简单、一目了然的网站地图,尽可能体现教研室官网的关键模块,如图 5-9 所示。教研室的网站地图分为首页、行业资讯、资源下载、教学案例、实用文档、我的空间、排行榜等七大部分,让用户更为快速地了解教研室官网的主要功能和基本框架,让用户能及时寻找到自己所需要的内容。同时,为搜索引擎蜘蛛程序提供一个快速通道,让搜索引擎更好地来了解整个教研室官网网站的架构布局,它可以顺着网站地图提供的内部链接来搜寻其他网页。

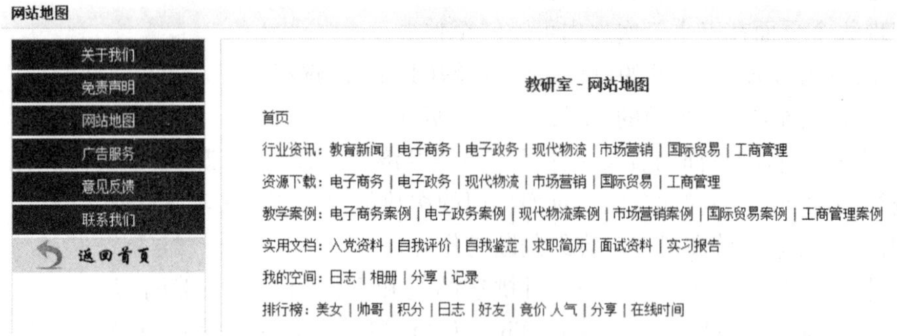

图 5-9 教研室的网站地图

（2）网站的搜索引擎推广

教研室在完成以上内容后即开始向国内外搜索引擎及各大分类目录网站提交收录，目前一般的网站80％以上来自于各大搜索引擎，在等待各大搜索引擎自动搜索网站的同时，主动向中国搜索联盟、一搜等提交网站搜录申请，为教研室网站争取更多的搜索来源，但注意提交的内容必须规范，包括教研室网站地址、图片logo、描述等。

提交登录国内外搜索引擎以及分类目录网站，如百度、hao123网址之家、网易有道搜索等。

（3）网站有效内容的宣传及推广

教研室官网面向的用户群体是在校教师，而搜索引擎所带来的用户繁杂多样、目的性不强，而教研室需要的是更为有效的访问量，有效的访问量才能生成极高忠诚度的用户群体，因此，网站有效内容宣传，有针对地对网站的用户群进行广泛的宣传也是教研室官网进行宣传的重要渠道，包括建立微博、BBS、邮件营销。

① 微博、日志平台推广

在各大微博网站建立微博账号，作为教研室官网宣传的渠道之一，并作为发布教研室各种宣传性文章的平台，微博推广的主要工作内容为：

A. 建立以教研室命名的微博空间，并将用户名称设定为教研室微博等代表性的文字；

B. 定期在微博中发布教研室主题相关的内容，如大学生电商创业等新闻信息；

C. 在各博文中加入教研室相关内容的关键词与网站新闻地址链接，提高各大搜索引擎的搜索率；

D. 建立与教研室主题相关的交流群体，如微博圈子等适当进行口碑宣传。

② 邮件广告

目前大多邮件广告都成了垃圾邮件，已经无法起到很好效果，这主要的原因是因为邮件对象选择、邮件内容设计上的错误原因。作为电商网站，在进行邮件推广时，首先需要对推广的对象进行一些针对性的考核，不能盲目地选择邮件发放对象。教研室面对的主流用户为院校教师，北京博导前程信息技术有限公司拥有大量的合作教师邮箱地址资源。

邮件内容设计需要针对特定需求的用户，教研室通过期刊的形式，向用户每月推送与教育相关的行业资讯及教学资源，将一段时间内网站精华资源分享给用户，同时，教研室邮件采用 HTML 格式,排版清晰,并且适当地在页面中加入链接,诱导用户点击,跳转至教研室网站,了解教研室并完成注册。图 5-10 为教研室期刊。

图 5-10　教研室期刊邮件

③ 论坛 BBS 推广

教研室论坛推广如图 5-11 所示,主要以以下工作为主:

A. 在论坛发帖时没有直接经过广告性的文章发布,而是把教研室上用户关注较多的热门教学资源内容做成链接列表,一次性地发布到论坛上供用户选用,这样既能给某些需要的人带来方便,同时又不会因为过于直接的广告而使浏览者感到反感,宣传效果无疑要好得多。

B. 专门设计一些简单的头像、论坛名称宣传教研室官网,签名和介绍尽量使用链接,没有直接使用网址。

C. 在同一论坛中注册两个或两个以上账号,互相配合制造气氛和添加人气。

D. 将论坛进行模块分组,方便用户找到自己的目标群组、交流平台。

图 5‑11　教研室讨论群组

5.1.4　支撑知识

1. 常见的网站推广方式

（1）搜索引擎营销

搜索引擎营销是目前最主要的网站推广营销手段之一，尤其基于自然搜索结果的搜索引擎推广，因为是免费的，因此受到众多中小网站的重视，搜索引擎营销方法也成为网络营销方法体系的主要组成部分。

搜索引擎营销主要方法包括：竞价排名、分类目录登录、搜索引擎登录、付费搜索引擎广告、关键词广告、搜索引擎优化、地址栏搜索、网站链接策略等。

（2）即时通信营销

即时通信营销又叫 IM 营销，是企业通过即时工具 IM 帮助企业推广产品和品牌的一种手段，常用的主要有两种情况。

第一种，网络在线交流。中小企业建立了网店或者企业网站时一般会有即时通信在线,这样潜在的客户如果对产品或者服务感兴趣自然会主动和在线的商家联系。

第二种,广告。中小企业可以通过 IM 营销通信工具,发布一些产品信息、促销信息,或者可以通过图片发布一些网友喜闻乐见的表情,同时加上企业要宣传的标志。

（3）病毒式营销

病毒式营销是一种常用的网络营销方法,常用于进行网站推广、品牌推广等。病毒式营销利用的是用户口碑传播的原理,在互联网上,这种"口碑传播"更为方便,可以像病毒一样迅速蔓延。因此病毒式营销成为一种高效的信息传播方式,而且由于这种传播是用户之间自发进行的,因此几乎是不需要费用的网络营销手段。

（4）BBS 营销

BBS 营销又称论坛营销,就是利用论坛这种网络交流平台,通过文字、图片、视频等方式传播企业品牌、产品和服务的信息,从而让目标客户更加深刻地了解企业的产品和服务。最终达到宣传企业品牌、产品和服务的效果,从而加深市场认知度的网络营销活动。

BBS 营销就是利用论坛的人气,通过专业的论坛帖子策划、撰写、发放、监测、汇报流程,在论坛空间提供高效传播,包括各种置顶帖、普通帖、连环帖、论战帖、多图帖、视频帖等。再利用论坛强大的聚众能力,调动网友与品牌之间的互动,而达到企业品牌传播和产品销售的目的。

（5）博客营销

博客营销是通过博客网站或博客论坛接触博客作者和浏览者,利用博客作者个人的知识、兴趣和生活体验等传播商品信息的营销活动。

博客营销本质在于通过原创专业化内容进行知识分享从而争夺话语权,并建立起个人品牌,树立自己"意见领袖"的身份,进而影响读者和消费者的思维和购买行为。

（6）微博营销

微博推广以微博作为推广平台,每一个听众（粉丝）都是潜在营销对象,每个企业利用更新自己的微博向网友传播企业、产品的信息,树立良好的企业形象和产品形象。每天更新的内容就可以跟大家交流,或者交流大家所感兴趣的话题,这样就可以达到营销的目的。

（7）微信营销

微信营销是网络经济时代企业营销模式的一种创新,是伴随着微信的火热而兴起的一种网络营销方式。微信不存在距离的限制,用户注册微信后,可与周围同样注册的"朋友"形成一种联系,用户订阅自己所需的信息,商家通过提供用户需要的信息,推广自己的产品,从而实现点对点的营销。

（8）网络知识性营销

网络知识性营销是利用百度的"知道""百科"或企业网站自建的疑问解答板块等平台,通过与用户之间提问与解答的方式来传播企业品牌、产品和服务的信息。

网络知识性营销主要是因为扩展了用户的知识层面,让用户体验企业和个人的专业技术水平和高质量服务,从而对企业和个人产生信赖和认可,最终达到了传播企业品牌、产品和服务的目的。

（9）网络事件营销

网络事件营销是企业、组织主要以网络为传播平台,通过精心策划、实施可以让公众直接参与并享受乐趣的事件,并通过这样的事件达到吸引或转移公众注意力,改善、增进与公众的关系,塑造企业、组织良好的形象,以谋求企业的更大效果的营销传播活动。

(10) 视频营销

"视频营销"指的是企业将各种视频短片以各种形式放到互联网上,达到宣传企业品牌、产品以及服务信息的营销手段。网络视频广告的形式类似于电视视频短片,它具有电视短片的种种特征,例如感染力强、内容形式多样、肆意创意等,又具有互联网营销的优势,例如互动性、主动传播性、传播速度快、成本低廉等。可以说,网络视频营销,是将电视广告与互联网营销两者"宠爱"集于一身。

(11) 软文营销

软文营销,又叫网络新闻营销,通过门户网站、地方或行业网站等平台传播一些具有阐述性、新闻性和宣传性的文章,包括一些网络新闻通稿、深度报道、案例分析等,把企业、品牌、人物、产品、服务、活动项目等相关信息以新闻报道的方式,及时、全面、有效、经济地向社会公众广泛传播的新型营销方式。

(12) RSS 营销

RSS 营销,又称网络电子订阅杂志营销。指利用 RSS 这一互联网工具传递营销信息的网络营销模式,RSS 营销的特点决定了其比其他邮件列表营销具有更多的优势,是对邮件列表的替代和补充。使用 RSS 的都是以行业内人士居多,比如研发人员、财经人员、企业管理人员。他们会在一些专业性很强的科技型、财经型、管理型等专业性的网站,用邮件形式订阅他们的杂志和日志信息,而达到了解行业最新信息需求。

(13) 分类信息推广

利用分类信息发布平台,对产品进行大量宣传的方法。知名的分类信息网站有:58 同城、百姓、赶集等,这些分类信息平台,每天的访问量是非常惊人的。据不完全统计,这些分类信息平台每天会有约两亿的访问量。它们本身就是一个信息及商品的发布平台,上面聚集着大量的准客户群体,也是商家不可错失的一块宝地。分类信息推广主要适合电子商务型的企业进行产品推广。

2. 网络营销推广工具使用时需要注意的问题

网络时代将商家的营销模式改变了不少,网络时代的营销推广方式将侧重于线上的推广,在线上推广之中必须要注重对于一些问题的探究,尤其是一些关键问题,这里简单地介绍一下网络营销推广需要注意的问题。

(1) 网络营销推广的渠道选择

在网络营销推广之中,渠道的选择是比较重要的一个方面,网络营销应该选择那些主流网络应用以及社交媒体。同时,网络营销在选择的时候,要针对自己的目标人群,针对性地选择应用渠道进行广告投放,尽量使得自己的广告浏览的次数达到最大化。

(2) 网络营销推广的安全问题

网络营销的渠道是多种多样的,在选择渠道的同时要注重网站的安全性选择,这对于广告的投放来说也是十分重要的。网络广告的安全直接决定了营销推广的力度,就这些而言,网络后台的运行以及维护相当重要。这些决定广告投放的稳定性以及用户点击的效果,通过这种网络后台安全性的选择来保证网络营销的质量。

网络营销推广不仅仅是局限于这些简单的问题,此外,还应该在营销推广过程之中注重针对自身的需要以及网络自身的特点进行网络的推广,在创意方面一定要结合网络虚拟化的特点以及推广模式的新颖化,通过这种创意以及网络的结合,在线上做好充分的宣传工作。

5.1.5　同步训练

通过互联网找到一家旅游网站,根据网站进行行业及竞争对手分析,通过查询工具查询网站相关数据,如权重、收录数、关键词等,了解网站现状,根据现状制定网站推广方案,见表5-6。

表5-6　网站推广方案

任务名称	网站推广		
网站名称	找到的旅游网站名称是什么		
推广前期分析	网站所示行业市场分析	行业分析	针对旅游业分析它的行业前景
		用户分析	目标用户有哪些
	竞争对手网站推广分析	竞争对手网站收录的数量	通过查询工具分析竞争对手网站收录情况
		竞争对手网站规模和内容量	分析竞争对手网站的规模和内容有哪些特点
		竞争对手网站优化情况	分析竞争对手在网站优化方面都做了哪些事情
		竞争对手网站更新情况	分析竞争对手的更新频率为多少
		竞争对手网站的外部链接	分析竞争对手网站的外部链接的质量和数量
网站首页截图			
网站推广实施原因	网站为什么要实施推广		
推广目标	推广该网站要达到什么样的目标		
推广实施步骤			
确定目标人群	确定该网站的目标人群有哪些		
确定推广方式	确定该网站主要使用的推广方式		
确定推广人员	根据小组分工,将每步操作具体到个人		
确定时间安排	按照计划合理安排时间		
效果监控	组内互相评估		
总结做网站推广优势			

5.1.6 综合评价

表 5-7 综合评价表

任务编号	0501	任务名称		网站推广
任务完成方式	☐ 小组协作完成 ☐ 个人独立完成			
评价点				分值
网站行业分析是否到位				15
竞争对手网站分析是否透彻				15
网站推广目标是否合理				15
网站目标人群是否准确				15
网站实施的推广方法是否合理				20
网站推广时间安排是否合理				10
网站监控安排是否合理				10
本主题学习单元成绩：				
自我评价	（20%）	小组评价	（20%）	教师评价 （60%）
存在的主要问题				

5.1.7 拓展任务

以小组为单位,阐述网站推广方案策划的要素有哪些?

任务 2 网站诊断

5.2.1 任务引导

网站诊断是对网站现阶段网络营销数据的整理,从而确定之前所做的推广是否合适,以便在后期更好地对教研室官网进行优化。网站针对客户要进行哪些方法的优化,使网站优化不会造成作弊情况,从而会在搜索引擎中得到更好的排名。让客户觉得这个网站很人性化,也会得到客户的好评,网站也会发展得更好。

5.2.2　任务分析

☑ 了解企业网站存在的问题
☑ 发现具体网站存在的不足,形成网站诊断报告

5.2.3　任务实施

步骤一:网站诊断分析

网站诊断报告以网络营销功能为导向进行企业网站分析与诊断,主要从网站规划与网站栏目结构、网站内容及网站可信度、网站功能和服务、网站优化与运营四个方面进行诊断。

1. 网站规划与网站栏目结构

网站规划与网站栏目结构诊断指的是网站结构逻辑,就是分析教研室官网的主要框架是否清晰,是否具有良好的用户体验? 能否给客户很好的地图作用,保证用户在访问网站时不会迷路,并能够引导用户按照自己设想的路径去访问教研室网站,因此在分析网站结构时,小刘所需要做的就是剥离出教研室的网站结构,再开始分析。

(1)网站导航

① 网站栏目

从网站栏目构成来看,教研室官网的核心内容包括八个栏目,分别是首页、行业资讯、资源下载、教学案例、使用文档、我的空间、互动群组、排行榜,如图 5 - 12 所示。一级栏目设置的相对比较全面,主要一级栏目为行业资讯、资源下载、教学案例以及实用文档,在这些一级栏目下有的还有二级、三级栏目,并且有主导航、附导航、底导航,这样方便客户查找,如图 5 - 13 所示。不足之处,关于企业品牌的宣传没有在栏目中体现。整体规划较合理,各栏目有序排列,整个网站显得有条不紊。

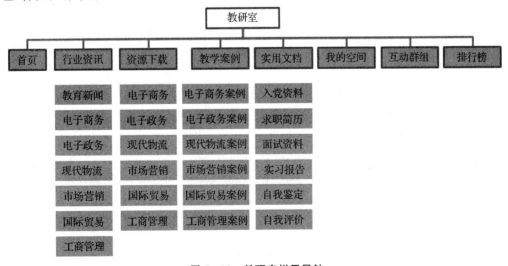

图 5 - 12　教研室栏目导航

图 5 - 13 栏目页主导航及底部导航

② 回到首页

这是导航栏中非常重要的一个元素,教研室通过点击任意页面查看是否能回到上一级以及首页,这样用户想返回网站的首页时,这时候点击"首页"就能够回到最开始的地方。

③ 搜索工具

如图 5 - 14 所示,教研室在首页右上方有搜索框,通过搜索关键词查看是否有关键词列表,如在搜索框内输入"电子",下拉列表中会出现与之匹配的关键词。另外搜索栏也会直接提供最近搜索的关键词,如图 5 - 14 所示,用户可根据自己需要点击相应的关键词。

图 5 - 14 教研室的搜索工具

（2）网站链接诊断

教研室官网使用链接查询工具查看网站中的链接是否正常，通过打开站长工具（http://link.chinaz.com/）点击死链接检测，如图 5－15 所示。输入教研室的网站，点击"开始执行"，在检测完后系统会跳出对话窗口显示链接总数以及死链接数，如图 5－16 所示，教研室网站总共有链接 312 个，死链接 0 个。

图 5－15　查看网站死链接

图 5－16　教研室网站死链接数

首先死链接会导致网站收录量减少，排名下降，因为很多链接都是无效的，所以蜘蛛在抓取内容的时候，经常是扑个空，网站收录量必然下降。其次损失网站的用户体验度。试想一个陌生的游客访问自己的网站，如果打开 10 个网站中出现 9 个无法访问的，这会让用户感觉网站是业余并且很粗糙，而且这部分流量的流失都是不可挽回的。

2. 网站视觉和布局诊断

在完成对网站结构诊断后，小刘接下来需要对教研室视觉和布局进行诊断，网站视觉是一眼就能看出来，但是在分析网站视觉表现的时候，首先要从目标受众的角度来审美。同时对于网站布局，要分析布局是否重点突出，把最核心的诉求、最能打动用户的利益点展现在最重要的地方，网站是否按照 F 型的人类自然视觉浏览习惯来布局？网站的导航、二级导航是否明确突出？网站整体视觉协调性如何？视觉冲击力如何等。这些都是在做网站视觉和布局诊断时需要考虑的。

结合教研室网站主旨，教研室网站存在一些问题，如首页未出现和教师紧密相关的教学资源关键词。此外导航图太小，不能造成较强的视觉冲击力，如图 5－17 所示。

图 5-17 教研室网站首页布局

3. 网站内容及网站可信度

教研室网站在对网站内容及网站可信度诊断中主要考虑以下几个方面：网站内容展示是否足够打动人；网站品牌文案、公司文案是否详细、有吸引力、具有品牌个性；网站首页、栏目页以及内容的 META 标签设计是否合理；网站资讯内容是否具有深度价值，能够打动客户；网站介绍是否详细，是否是合法的证明文件以提升网站的公信力。

（1）网站内容

教研室整个网站主要以经管专业教学资源、行业资讯为主，所以在内容设计上强调行业资讯、资源下载、教学案例以及实用文档这四个栏目。通过网站栏目导航可以看到在这四类栏目下，包含众多二级栏目，栏目内容包含了高校资讯、经管专业教学资源。其中许多教学资源亦是在校教师通过自有账号发布的，具有一定的原创性。

（2）META 标签设置

网站 META 标签是搜索引擎判断一个网页是否已被收录的标准，如果一个网页被收录，那么该页面再次在其他网站出现时，搜索引擎很少会收录该文章的页面。通过查看教研室网站内容页源代码，小刘发现网站 META 信息不全，无关键词，如图 5-18 所示。

```
<html xmlns="http://www.w3.org/1999/xhtml">
<head>
<meta http-equiv="x-ua-compatible" content="ie=7" />
<meta http-equiv="Content-Type" content="text/html; charset=gbk" />
<title>"首都之窗"北京市政府门户网站建设案例_电子政务案例_教学案例-教研室 </title>
<meta name="keywords" content="" />
<meta name="description" content=     北京作为首都,在电子政务建设方面一直走在全国的
<base href="http://www.jiaoyanshi.com/" /><link rel="stylesheet" type="text/css" hre
type="text/javascript"></script>
```

图 5‑18　内容页缺少网页关键词

通过查询网页源代码,小刘发现网站大部分页面都没有关键词,这是比较严重的问题。

(3) 网站可信度诊断

教研室在诊断网站可信度时,通过查看网站介绍是否全面、网站是否具有相关部门的备案信息这两个方面来判断网站可信度。

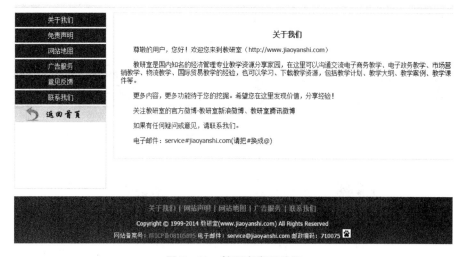

图 5‑19　教研室官网认证

教研室官网的关于我们栏目详细介绍了教研室网站主旨,此外页面底部网站备案号等清晰可信,企业网站域名和企业品牌名称相符,如图 5‑19 所示。

4. 网站功能和服务

对应网站功能和服务的诊断,教研室主要考虑到以下几个方面:网站运行速度的快慢、运行是否稳定、网站是否提供在线服务功能以及网站是否可以体现出产品展示、产品促销、顾客服务等基本的网络营销功能。

(1) 检测网站运行情况

教研室通过相应工具查看网站运行速度,同样进入站长工具点击 ping 检测(http://ping.chinaz.com/),输入网站地址如图 5‑20 所示,查看网站不同 Ping 的地址响应时间以及平均响应时间。

图 5‑20　网站响应时间

（2）网站功能

教研室官网针对网站功能的分析主要从用户发表文章以及客户互动专区是否完善两个方面出发考虑。

教研室官网的我的空间及互动群组提供给普通用户发表日志及沟通的平台。教研室官网将这两个栏目置于导航位置，可见对用户体验十分重视，如图 5‑21 所示。

图 5‑21　教研室官网我的空间栏目

5. 网站流量诊断

教研室网站在前期的网络推广中已经积累了一些用户,那么通过对网站访问数据的分析可以判断出网站目前存在的问题。

教研室网站针对网站流量的诊断主要从总流量分析、来访路径统计分析、流量访问路径轨迹分析、搜索引擎与关键词分析几个方面出发。

首先是总流量分析,通过百度统计工具,可以看到网站的访问情况如图 5-22 所示。

图 5-22　教研室网站访问量

从图中可以看到,教研室网站每天的网站浏览量、访客数以及访问 IP 数等。从网站跳出率可以看到,只浏览教研室网站一个页面就离开网站的用户非常多,说明网站本身存在问题。

其次,通过网站访客来源分析,如图 5-23 所示,我们可以看到网站来源分为搜索引擎、直接访问和外部链接。直接访问意味着老客户直接访问,通过搜索引擎访问网站比例几乎占流量一半,但总数不多,这说明教研室网站推广不利。

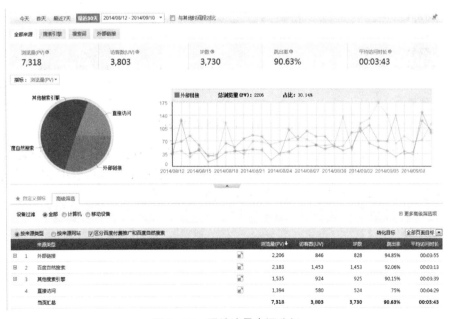

图 5-23　网站流量来源分析

接下来,点击"搜索词",查看自然流量中用户是通过哪些关键词搜索到网站的,如图5-24所示,可以看到,访问用户主要通过"国际贸易案例、案例分析、电子商务案例"等关键词直接访问,通过关键词的分析,有助于小刘对网站关键词进行二次优化。

浏览量(PV)	访客数(UV)	IP数	跳出率	平均访问时长
3,718	2,497	2,503	91.3%	00:03:23

★ 自定义指标　　高级筛选

设备过滤　● 全部　○ 计算机　○ 移动设备　　　　　　　　　　　　　　　　　　　⊞ 更多高级筛选项

关键词/搜索词...　[查询]　　　　　　　　　　　　　　　　　　　　　　转化目标 [全部页面目标 ▼]

		搜索词	是否推广	浏览量(PV)↓	访客数(UV)	IP数	跳出率	平均访问时长
⊞	1	国际贸易案例	×	181	18	18	22.22%	00:12:49
⊞	2	实习评语大全	×	178	168	170	99.43%	00:05:09
⊞	3	关于国美的成功案例分析	×	97	1	1	0%	01:16:
⊞	4	安徽财经大学工商管理专业培养方案	×	83	1	1	0%	00:44:
⊞	5	国际贸易案例精选	×	50	1	1	0%	00:34:
⊞	6	戴尔案例教学	×	44	1	1	0%	00:17:
⊞	7	电子商务案例	×	42	18	18	44.44%	00:06:33
⊞	8	E-Gif 电子政务互操作框架	×	31	1	1	0%	00:12:51
⊞	9	学生自我评价	×	28	27	27	100%	00:01:37
⊞	10	电子政务案例	×	28	2	2	0%	00:26:51
⊞	11	大学教育新闻	×	26	5	6	33.33%	00:06:23
⊞	12	国家示范高职院校建设流程	×	26	1	1	0%	00:14:49
⊞	13	国际贸易新闻	×	25	9	9	33.33%	00:01:16
⊞	14	电子政务失败案例	×	25	1	1	0%	00:31:05
⊞	15	电子商务市场营销竞争者案例	×	24	1	1	0%	00:43:24
⊞	16	高校教育资讯	×	23	1	1	0%	00:25:26
⊞	17	新口味可乐配方的市场调查	×	22	1	1	0%	00:22:34
⊞	18	工商管理专业认知实习报告	×	21	19	19	100%	00:01:49
⊞	19	大学生自我评价范文	×	21	20	20	94.74%	00:02:46
⊞	20	最新国际贸易新闻	×	20	1	1	0%	01:17:42
		当页汇总	--	995	297	300	84.09%	00:06:

图5-24　网站搜索词分析

最后,点击"优化分析-SEO建议",通过SEO建议,查看百度给予的SEO建议,可以看到教研室网站在自身搜索引擎优化方面存在的一些问题,如页面内容中META信息不完善、图片未插入ALT标签等,最终结果页如图5-25所示。

图 5-25　SEO 建议反馈

步骤二：生成诊断报告

完成网站分析之后,小刘需要生成一份网站诊断报告,对网站目前现状进行汇总,通过一系列的分析制定出教研室网站诊断报告,见表 5-8 所示,找出网站存在问题,使网站在实施优化与维护操作时有据可依,真正科学地去做网站,使网站真正能够带来价值。

表 5-8　教研室网站诊断报告

教研室官网(http://www.jiaoyanshi.cn/)诊断报告			
网站诊断部分	诊断项目	诊断结果		注释
网站基础分析	网站规划与网站栏目结构	网站导航	优	网站导航部分基本完善,网站链接出现死链接 0 条
		网站链接诊断	良	
	网站内容及网站可信度	网站内容	差	网站内容原创性低,重复率高,部分页面META 信息不全; 网站目的页与最终目的页内容有所不足,缺陷为评论部分呈现过长或呈现地方错误
		META 标签设置	良	
		网站可信度诊断	良	
	网站功能和服务	检测网站运行情况	较快速	
		网站功能	齐全	
	网站优化及运营	网站收录数量	23200	收录和同行相比相对较低,百度权重较低,网站访问量较低,而这些不足和搜索引擎优化息息相关
		网页 PR 值与百度权重	3/1	
		网站外链	51	
		网站访问量(一周内的 IP/pv 数)	≈953/≈2114	

（续表）

网站诊断说明	1. 网站内容质量差,需要大量原创内容; 2. 网站内容无锚文本和关键标签,需要添加; 3. 网站外链过少,需要增加外链; 4. 网站流量较少,需要改善网络推广方式

5.2.4 支撑知识

1. 网站诊断工具

（1）谷歌管理员工具

对于网站诊断来说,由于要诊断网站在搜索引擎中的表现和网站异常,那么在对索引、链接指向和蜘蛛抓取等方面的分析就显得很重要。Google 管理员工具不但提供了完善的数据分析,还能指出网站存在的问题,搜索流量栏目中可以查询到关键词搜索查询、链接和手动操作。

Google 索引状态中的高级功能还能看到编入索引和被 robots. txt 阻止的页面数,内容关键词则是单个关键词在页面中呈现的重要性,抓取栏目又是一大强劲工具。在分析网站错误和访问异常的时候,习惯使用抓取栏目的工具;抓取错误包含 DNS、服务器连接、Robots. txt 抓取、网址错误罗列都非常详细。

（2）百度站长平台

在国内百度搜索引擎是老大,很多排名工作也是围绕百度展开的。因此百度站长平台也就成了广大站长诊断分析网站的首选。百度站长工具有些功能是模仿 Google 管理员工具的(比如最近推出的抓取诊断工具),不过百度站长工具更符合国内用户习惯。

网站诊断工作中,最多用到的是网站分析栏目的工具。比如百度索引量、关键词、抓取异常、外链等,可以查看索引量变化,近期是否有剧烈动荡;抓取是否异常,近期网站和网址是否异常;外链分析是一个比较有用的功能,可以分析出是否有恶意外链,还能批量拒绝外链。

（3）SEO 综合查询

SEO 综合查询工具是所有站长在网站优化中必备的工具。在诊断分析工作中,着重要检查的是网站设置、关键词选取和搭配、site 数量、百度权重、快照时间和可视化的链接表现。

SEO 综合查询工具集当然不仅仅是这些,还有很多细节上的查询在网站诊断中也需要注意,比如模拟搜索引擎、长尾关键字、同 IP 查询诸如此类。

（4）流量统计工具

网站流量统计工具可能并不局限于一种,之所以没有列出一个代表性的流量统计工具,是因为一般我们建站之后都会安装统计代码,用以分析网站流量。常用的 CNZZ、百度统计、51 啦等。这些统计后台每天都有详细的记录,对独立访客、搜索关键词、页面受访等数据都有详细的记载,在对流量分析和用户分析的时候是不可或缺的帮手。

2. 网站可信度

所谓网站的可信度,顾名思义,就是用户对网站的信任程度。网站是网络营销的重要工具,企业网站建设是网络营销的一个重要组成部分,网络营销的成效与网站基础建设密不可分。网站推广是网络营销的基本职能之一,推广的部分目的是为了获得尽可能多用户的访问,但网站是否得到用户的信任,则直接制约着网络营销的最终效果。除了网站的基本服务和功能之外,很多时候,一些看似不起眼的细节问题往往成为用户是否信任的关键。

在当前的互联网信息没有一个标准,用户对网络信息仍存在很大的诟病,一个网站要想留住用户,必须增强用户对它的信任感。

塑造网站可信度的五大关键因素为:备案、域名、设计、内容、运行。

(1)备案

2010年国家信息管理局就开始对全国的网站进行一次大幅度的清理排查,凡是没有提供相关真实证件信息进行备案的网站建设项目统统给予关闭处理。因此一个网站有没有备案信息也成了提高企业网站可信度的参考内容之一。

(2)域名

一个可信的域名主要体现在两个方面,一个是域名主体的选择,最好能选择简单易记好理解的域名内容,网站建设如果能选择与企业产品、服务相关的域名更容易让网民感受到专业化与可信指数;二个是域名的类型,万万不可以为了彰显个性而去选择一个不常见的后缀形式域名,调查数据表明绝大部分网民更愿意接受和相信常见的.com后缀域名。

(3)设计

网站的设计风格与设计水准是网民点击进入网站后第一眼就能看到的内容,因此一个让人信任的网站建设绝对不能少了品牌化的网站设计水准。

(4)内容

真正的潜在客户一定会很注意去阅读网站当中的每一个内容,因此网站建设也不能少了有价值、有质量的内容填充。一个能让客户信任的网站一定要拥有与网站主题相关的内容,而且最好还能是专业的观点和建议。

(5)运行

只有安全合理的网站建设后台程序、安全稳定的服务器和DNS解析系统、专业的网站建设技术人员进行安全维护管理,这样的网站才能得到客户信任。

5.2.5　同步训练

针对学校目前的网站现状,应该如何做出学校网站的诊断报告。网站诊断报告以网络营销功能为导向进行网站分析与诊断,主要从网站结构、网站内容、网站导航与链接等几个方面进行分析诊断,见表5-9。

表 5-9　学校网站诊断报告

网站诊断体验	
企业名称	概要
网站结构	学校网站在结构上是怎样的
网站内容	学校网站在内容传递上有哪些特点
网站导航与链接	学校网站在导航和链接上是否合理
网站收录	通过查询工具了解网站的收录情况
网站的 PR 值与百度权重	通过查询工具了解网站的 PR 值与百度权重
总结做网站诊断步骤	

5.2.6　综合评价

表 5-10　综合评价表

任务编号	0502	任务名称	网站诊断	
任务完成方式	□ 小组协作完成 □ 个人独立完成			
评价点				分值
网站结构是否合理				25
网站内容介绍是否全面				25
网站导航与链接是否合理				20
网站收录是否准确				15
网站 PR 值与百度权重是否正确				15
本主题学习单元成绩：				
自我评价	（20%）	小组评价	（20%）	教师评价　（60%）
存在的主要问题				

5.2.7　拓展任务

以小组为单位,通过互联网搜索确定一个营销型网站,对网站进行各方面诊断。

任务3　网站优化

5.3.1　任务引导

在完成教研室官网的推广策划和网站诊断后,接下来小刘对网站的优化进行了分析策划。网站优化的目的就是改善网站结构和用户体验,使之更适合用户浏览和搜索引擎收录。

5.3.2　任务分析

☑ 理解网站优化层次
☑ 制定网站优化策略

5.3.3　任务实施

步骤一:制定网站优化策略

企业网站如何开展网站优化,由于企业不断重视网站在网络中的作用,甚至密切的关心着网站在搜索中的优势,因此,网站优化对于企业来说是必不可少的。教研室网站优化策略根据任务二中的诊断结果进行优化。

1. 针对网站链接的优化

针对网站链接的优化主要是排除网站中的死链接,对于教研室而言,虽然目前网站中不存在死链接,但是为了避免新增链接出错导致死链接的出现,因此教研室针对死链的处理使用301重定向跳转到该网站的网站地图,使用户有较高的体验度及给搜索引擎蜘蛛留下好印象。

2. 网站内容优化

网站的实际内容是网站优化策略的一个重要的因素。如果想网站能在搜索结果中排得靠前,在网站中必须有实际的内容。教研室官网针对网站内容的诊断结果制定以下策略。

(1)更新频率较快的内容尽量提升到首页展示;

(2)用户关注的内容提到首页展示;

(3)容易形成行业权威气氛的内容提到首页显示;

(4)将内容设计上的缺陷做技术修改。

针对以上策略,教研室将每日新闻及热点信息放置首页,并通过插入搜索条,提供热搜关键词,直接帮助用户搜索所需资源。同时,教研室设计人员在网站设计初期将主要资源按照栏目划分,并在导航设置中体现出来。这也是出于对用户需求、用户体验的考虑。

3. 针对搜索引擎优化策略

教研室针对搜索引擎优化主要制定以下策略。

（1）关键词排名优化

教研室首页网站关键词为"经济管理教学资源、电子商务课件、电子商务教学大纲、电子商务教学计划、市场营销课件、市场营销教学大纲、市场营销教学计划、国际贸易教学大纲、电子商务会议、实习报告、面试问题、面试技巧"。而对于教研室主要目标人群是在校教师，通过百度统计工具分析，用户搜索词多为教学相关的关键词如"教学案例、教学资源、行业新闻"等专业名词，因此根据目标用户需求，需要对网站关键词进行优化精简，改为"教学大纲、教学课件、教学计划、教学资源、电子商务、教育资讯"等。

网站大部分浏览都来自关键词，所以对关键词的优化就显得尤为重要，关键词设置前后是有区别的，对于排在前面的关键词搜索引擎会给予更高的重视。当然首页是前提，搜索引擎大部分情况下都是通过首页访问到网站的，所以首页的关键词就显得尤为重要，这样不但有利于关键词的排名，更能让用户在搜索相关信息时更好地找到匹配的关键词，网站所有的内容都会围绕主关键词进行。

教研室网站在内容页呈现时没有添加合适的关键词 keyword。因此，需要研发人员完成对网站编辑器功能的修改，通过在编辑器中添加关键词输入框，来完成网站内容页的关键词部署，如图 5 - 26 所示。

图 5 - 26　教研室编辑框

在完成教研室编辑器修改后,那么针对文章内容编辑时,教研室制订了一套资讯发布方法。

为了使资讯信息的本质的内容能够在搜索引擎上清晰地显现,在资讯的编辑上要注意以下两个环节:

① 为资讯制作清晰明确的标题

资讯标题往往最先被搜索引擎捕捉,也是使用者识别与查找信息的最初标识,资讯标题的质量直接关系到资讯在搜索引擎上呈现的面貌。

除了前面说过的网络资讯标题的制作要求外,考虑到便于使用者通过搜索引擎进行检索,网络资讯标题还应该注意以下几个方面:

A. 结合页面版面布局结构,一则资讯需要有一个单独一行的、一般不要超过 25 个字的言简意赅的文字标题。要确保这个标题的前 20 个字能够描述这一新闻的本质性内容。

B. 标题的第一个词对于描述一则资讯或者是一页新闻的内容往往是非常重要的。

C. 标题越是具有独特性,就越是容易在搜索引擎的列表中被使用者注意到,不要用套话和笼而统之的描述作为标题。

② 为资讯制作精彩的导语或概要

在搜索引擎上,一则新闻最前端的数十个字往往作为这一新闻的全部内容的简明提示,使用者往往就是通过在搜索引擎上呈现的这数十个字的描述去判断这则信息与自己需求之间的关系。为实现这一目的,以下几方面的技巧需要引起注意:

A. 使用能够引起人们注意的词汇和简洁的句式制作导语。

B. 如果是长篇的报道则要使用能够引起人们注意的词汇和简洁的句式制作一个摘要,将其置于这一页面的最前端。在这个概要上设计链动,将读者引向报道的详细内容。这个摘要往往会成为在一些搜索引擎中显示为这页新闻内容的最为精要的提示。

C. 导语和概要描述必须准确反映全文的内在联系及本质含义。

D. 不要用夸张的和浮华的语言描述导语和概要,把精力集中于事实之上。

E. 概要描述应该控制在 150 字以内。

③ 做好站内关键词的关联链接。在一些网站内容中,会发现某些词语带链接的,点击可进入到相关页面。这就是关键词链接,是大型网站都必须完善的。

为了提升关键词的排名,需要针对某些关键词部署尽可能多的链接,但也要避免过度优化。其中包括避免全部的锚文本都使用完全相同的关键词,如以 SEO 论坛为例,尽量避免所有的锚文本都使用"SEO 论坛",而是混合使用"SEO 学习网"等品牌词。此外,文章发布编辑时,插入图片时,需插入"Alt"标签,方便搜索引擎收录。

(2)网站外链优化

教研室网站外链质量度比较低,权重较低,因此需要增加高质量链接,通过与高权重网站建立友情链接,在选择友情链接同时需要保障网站主旨具有一定相关性。

此外通过其他第三方平台发布外链,如新浪、腾讯教育门户论坛等。

5.3.4 支撑知识

1. 网站优化一般步骤

（1）关键词

首先要从与网站的相关性来考虑,比如我们网站是提供网站建设服务的,那么相应的关键词可以选取为做网站、网站建设、企业展示型网站建设等。

（2）网站结构

首先网站结构要清晰,要易于搜索引擎抓取。如果网站本身布局就错综不堪,都找不到重点的,连人眼都看不清,更别说搜索蜘蛛了。

（3）网站页面优化

整个网站应该是一个整体,不单单要优化浏览者的首页,其他内容页也同样能够带来流量和客户。

（4）网站内容

对于网站内容要有规律地进行更新,其中最重要的是多写一些原创的软文。软文中尽量以关键词为主题,这样会更加事半功倍。

（5）内链

网站的内部链接应当合理地把整个网站联系起来,让搜索引擎明白每个网页的重要性。同时避免死链接,死链接会影响整个网站的整体形象。再者搜索引擎是通过链接来进行搜索的,死链接会降低网站在搜索引擎的权重。

（6）外链

简单地推荐几个方式:

① 通过搜索引擎登录口提交网站,告诉搜索引擎有一个新站诞生了,这样搜索引擎会火速到提交的网站,收录一些好的内容。

② 发动所有站长认识的人给网站加上链接。许多人都有自己的博客,让他们在博客上给自己的网站加上链接。

③ 在一些权重比较高的网站回帖、发帖。

④ 在一些信息网投稿软文获取高质量相关链接。

2. 网站优化的执行标准

第一步,先对网站做整站性能优化(域名空间诊断、网站访问速度、站内 SEO 设置、UEO 建设),即,站内优化,提升整站用户体验和搜索引擎体验,打好网站的基础。

第二步,网站基础打好之后,开始做站外优化,加强网站在各大搜索引擎上的宣传推广,提升网站关键词排名,加强口碑宣传推广,引入流量。

第三步,网站关键词排名能上升到首页、能够获取流量,权重也有所提升。所以第三步要做的就是维持并继续提升网站权重,加强网站外部推广宣传,提升网站批量关键词排名,网站曝光率,大幅度引入流量。

第四步,开始精准关键词优化,精准流量引入,关键词大批量上线不是最终目的,这个阶段不仅考虑流量引入,更要考虑精准流量引入和转化,因此需要挖掘更加精准的关键词,通过排名和口碑宣传,带来精准的流量。

但是,仅按照上述步骤来执行,是无法确保网站在网络检索器中的位置永远靠前的,因为市场是一个不断变化生态系统,需要定期进行数据分析和效果监控。网站优化服务的优势与先进性在于其将市场与整个网络搜索引擎的排名视为一种动态环境,依靠持续监测优化效果并结合市场变化,会随时随地调整策略,以保证效果的持续性与稳定性。

在单纯的 SEO 网站优化服务之外,根据各网站的实际考虑,一般还会为企业提供一些额外的信息发布类增值业务。例如创建对应的百度百科信息、在各种问答网站上创建条目以加强指引。

5.3.5 同步训练

针对学校目前的网站现状,应该如何实施优化,制作网站优化策略。主要从网站结构、网站内容、网站布局、网站导航与链接等方面进行优化分析,见表 5-11。

表 5-11 学校网站优化策略

网站优化策略		
企业名称		
针对用户优化策略	目录结构优化	学校网站在目录结构上需要做哪些优化
	布局优化	学校网站在网站布局上有哪些特点,需要做哪些方面的优化
	网站内容优化	网站还需要丰富哪些内容
	网站页面优化	网站页面哪些地方需要优化
针对搜索引擎优化策略	关键词排名优化	网站各页面关键词设置是否合理? 该怎样优化
	代码及标签优化	网站代码和标签是否有多余的部分? 怎么处理
	网站 URL 的优化	网站 URL 为静态还是动态? 怎么做具体优化
	网站外链策略	网站外链数是多少? 怎么增加外链数
针对网站管理员的优化策略	网站更新策略	网站是否定期更新
	网站维护策略	网站后期维护都应该做哪些事情
总结网站优化		

5.3.6 综合评价

表 5‒12 综合评价表

任务编号	0503	任务名称		网站优化
任务完成方式	☐ 小组协作完成 ☐ 个人独立完成			
评价点				分值
针对用户优化策略是否合理				30
针对搜索引擎优化策略是否合理				40
针对网站管理员优化策略是否合理				30
本主题学习单元成绩:				
自我评价	(20%)	小组评价	(20%)	教师评价	(60%)
存在的主要问题				

5.3.7 拓展任务

以小组为单位,阐述网站优化策略都需要注意哪些问题?

学习单元六 搜索引擎优化

能力目标

◇ 能够进行简单的网站搜索引擎优化分析
◇ 能够编写不同页面 Meta 标签(Title、Keywords、Description)
◇ 能够确定网站/页面关键词并进行优化
◇ 能够分析、优化网站/网页结构
◇ 掌握提升关键词排名的常见措施
◇ 能够熟练使用常规的搜索引擎语句和 SEO 工具
◇ 能够监控网站搜索引擎优化的效果

知识内容

◇ 了解搜索引擎的概念、分类、基本原理和重要性
◇ 熟悉搜索引擎优化策略
◇ 熟悉搜索引擎优化的概念
◇ 掌握关键词优化的概念和优化方法
◇ 了解网站关键词部署与 SEO 的要素
◇ 掌握搜索引擎优化的常用方法

> **本项目包含了两个学习任务,具体为:**
>
> 任务1:企业信息源构建;
>
> 任务2:搜索引擎优化。
>
> 对企业信息源的构建进行讨论分析,熟悉从搜索引擎优化设计与实施、搜索引擎优化效果表现与分析到搜索引擎营销策略部署,从而完成搜索引擎的优化全过程。

任务 1 企业信息源构建

6.1.1 任务引导

小李作为电子商务专业应届毕业生,想从事与自己专业相符的工作,小李偶然的机会

看到北京博导前程信息技术有限公司在招聘电子商务专员，招聘要求也与自己的发展方向趋于一致，于是他欣然去面试。随后小李被顺利的录取分配到网络营销部。部门正值网站建设尾期，小李重点的工作任务则是对网站内容进行信息源创建、网站新闻添加、网站相关内容的更新以及网站的搜索引擎优化。

6.1.2　任务分析

☑　构建企业信息源
☑　明确搜索引擎工作原理

6.1.3　任务实施

网站建成初期，企业往往需要通过更新网站内容以及一系列推广方式来增加网站在搜索引擎中的收录量，以达到营销推广的目的，这便是企业创建信息源的过程。

步骤一：企业信息源构建

新媒体的崛起使得用户获得企业信息源的途径越来越多。在互联网化的今天，企业在网站基础上，通过网站创建自己的网站信息源，发布新闻及产品信息。与此同时，博客、微博、分类目录等第三方平台的出现，也使得企业信息得以快速传播，通过不同平台的信息传递，使得更多人更容易了解、接触到企业信息。

小李所在的北京博导前程信息技术有限公司同样在基于网站的基础上，采用了博客、微博等方式来扩充企业信息源发布渠道。

北京博导前程在各大博客平台都设立了自己的博客，通过平台，更新企业新闻、教育新闻前沿信息等，使得企业产品及相关信息快速传播扩散，让用户第一时间了解到博导前程。如图 6-1 所示。

图 6-1 为博导前程搜狐博客，可以看到博客内容为企业新闻，通过博客内容锚链接以及博客标签设置，用户可以在搜索引擎中通过对应关键词直接进行搜索。

除此之外，北京博导前程官方微博的开通，也为用户了解企业拓展了另一条渠道。作为官方微博，内容的制定与发布尤为重要，如何正确地、人性化地发布企业相关信息内容，同时与微博粉丝形成实时互动，在解决客户疑惑的同时，扮演好企业良好的公关角色，这些都需要小李在实际的工作中摸索。如图 6-2 所示。

图 6-1 博导前程搜狐博客

图 6-2 北京博导前程公司官方微博

在互联网高速发展的今天,企业网站创建基于企业产品的市场定位,从网络营销的角度来制作,使企业网站的整体架构与搜索引擎的特点相符合,从而让企业网站能够在搜索引擎的搜索排名中获得比较好的自然排名。其次,通过企业信息源的更新,搜索引擎会收录越来越多的网站页面,页面中包含的关键词信息使得用户更容易通过搜索引擎找到企业,从而了解相关企业信息,企业可以利用网站来提供相关的网络服务及发布和博导前程有关的最新信息。如图 6-3 所示。

图6-3 北京博导前程信息技术有限公司官网首页

除此之外,还可以通过贴吧、论坛等多种形式构建企业信息源,从而达到传递企业信息、宣传企业品牌的目的。

步骤二:网络营销信息传递过程

　　网络营销信息传递其实就是搜索引擎的基本工作过程,企业通过提交网站信息以及第三方平台发布外链,引起搜索引擎"兴趣",从而引导搜索引擎收录页面,并针对页面的关键词进行归类,将含有相同的关键词的页面进行建库,然后用户在搜索引擎中提交搜索词,搜索引擎对所建的关键词库进行筛选分析,并通过搜索引擎自身的算法对关键词进行排序,最终将排序结果呈现在用户面前。

　　从搜索引擎的工作过程中,我们可以了解到,对于用户而言,用户只需要输入意向搜索词即可。对于企业,只需要提交网站,并设置合适的企业关键词来触发网页搜索结果。

　　搜索引擎工作的原理必须首先在互联网中发现、搜集网页信息,同时对信息进行提取和组织建立索引库。再由检索器根据用户输入的查询关键字,在索引库中快速检索出文档,进行文档与查询的相关度评价,对将要输出的结果进行排序,并将查询结果返回给用户。如图6-4所示。

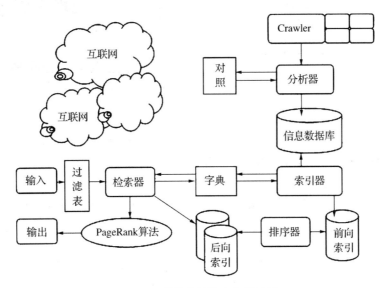

图6-4　网络营销信息传递过程

　　1. 在互联网发现、搜索页面信息

　　通过搜索引擎抓取网页。每个独立的搜索引擎都有自己的网页抓取程序——蜘蛛(Spider),蜘蛛程序顺着网页中的超链接,从这个网站爬到另一个网站,通过超链接分析连续访问抓取更多网页,被抓取的网页被称之为网页快照。由于互联网中超链接的应用很普遍,理论上,从一定范围的网页出发,就能搜集到绝大多数的网页。蜘蛛程序从数据库中已知的网页开始出发,就像正常用户的浏览器一样访问这些网页并抓取文件,存入数据库。

　　蜘蛛程序还会跟踪网页上的链接,访问更多网页,这个过程就叫作爬行。当通过链接发现有新的网址时,蜘蛛程序将新的网址记录到数据库并等待抓取。

跟踪网页链接是蜘蛛程序发现新网址的最基本方法。蜘蛛程序挖出每一个网页的HTML 页面,当不再有链接指向其他页面时,它就返回,以后再去搜索这些网页的 HT-ML 页面,如图 6-5 所示,蜘蛛程序通过公司新闻链接抓取下一级页面,之后再通过新闻链接抓取新闻详情页。

图 6-5 蜘蛛程序抓取网页链接过程

2. 处理网页

搜索引擎抓到网页后,还要做大量的预处理工作,才能提供检索服务。其中,最重要的就是提取关键词,建立索引库和索引。除此之外还包括去除重复网页、分词(中文)、判断网页类型、分析超链接、计算网页的重要度/丰富度等。

当一个搜索引擎正在创建搜索数据库,它检查蜘蛛程序发现的每个网页中那些独特的词,检查每一个词是否在数据库中存有记录。如果有记录,就在记录的末尾加上这个网页地址。如果没有记录,将创建一个包含有那些网址的新记录。搜索引擎将每个网址转换成一个独特的数字,也存储在数据库中。如当搜索"世界汽车史"的时候,搜索引擎查看数据库,先找到关键词"世界汽车史"的记录,再找到网页的列表。

3. 提供检索服务

前面两步相当于在用户搜索前,搜索引擎所做的准备工作。

当用户在搜索引擎键入词汇,单击搜索按钮后,搜索引擎程序即对输入的搜索词进行处理,比如中文特有的分词处理、对关键词词序的分别、去除停止词、判断是否需要启动整合搜索、判断是否有拼写错误或错别字等情况。

用户输入关键词进行检索,搜索引擎从索引数据库中找到匹配该关键词的网页;为了用户便于判断,除了网页标题和 URL 外,还会提供一段来自网页的摘要以及其他信息。

6.1.4 支撑知识

1. 网络信息源的定义

网络营销信息源是可以在网上传播的文字、图片、多媒体信息等基本内容(其中尤其重要的是以网页为载体的内容),通过任何渠道向潜在用户传递这些信息都需要建立在拥有充分信息源的基础上,于是,对这些信息源(具体来说也就是每一个网页内容)的构造就显得非常重要,因为有效的信息源并不是各种信息的简单堆积,需要适应信息传递渠道的特征,这样才能保证信息传递的有效性。通过增加网站的内容来实现网站推广的目的,在具体实现的过程中应注意不应单纯追求增加网页的数量,更重要的是要提高这些网页内容的质量,也就是信息的有效性。信息的有效性包括两个层次的含义:首先是内容对用户应该是有价值的,其次要做到容易被主要的搜索引擎检索(即增加网页内容的搜索引擎可见性)。

网络信息可以通过企业网站、电子邮件、搜索引擎等作为信息载体和渠道发布信息,用户也可以通过企业网站、电子邮件等方式向企业传达信息。

2. 网络信息传递模型

网络营销信息传递模型是用信息论的方法对网络营销过程进行研究,借鉴了信息论的基本思想,结合网络营销信息传递的特点,对信息论创始人申农(C. E. Shannon)的一般通讯系统的模型进行必要的修正而形成。根据网络营销信息传递模型,在网络营销信息传递系统中,同样存在信息源、信息传播渠道、信息接收者、噪声等基本的信息载体要素,不过网络营销的信息传递有其自身的特点,主要表现在:

(1) 网络营销信息传递效率高;

(2) 网络营销信息传递方式多样化;

(3) 网络营销信息传递渠道多样化;

(4) 网络营销中的信息传递是双向的;

(5) 网络营销信息噪声主要表现为对信息传递的各种障碍。

之所以提出网络营销信息传递模型,是因为网络营销信息传递系统构成了网络营销体系的基础,网络营销信息的有效传递也是网络营销的核心职能,因此,了解网络营销中信息传递的原理和特点以及信息交互的本质,是认识网络营销的核心思想和网络营销策略的基础。

3. 搜索引擎工作原理

搜索引擎的基本工作原理包括如下三个过程:首先在互联网中发现、搜集网页信息;同时对信息进行提取和组织建立索引库;再由检索器根据用户输入的查询关键字,在索引库中快速检索出文档,进行文档与查询的相关度评价,对将要输出的结果进行排序,并将查询结果返回给用户。

了解搜索引擎的工作原理对日常搜索应用和网站提交推广都会有很大帮助,如图6-6所示。

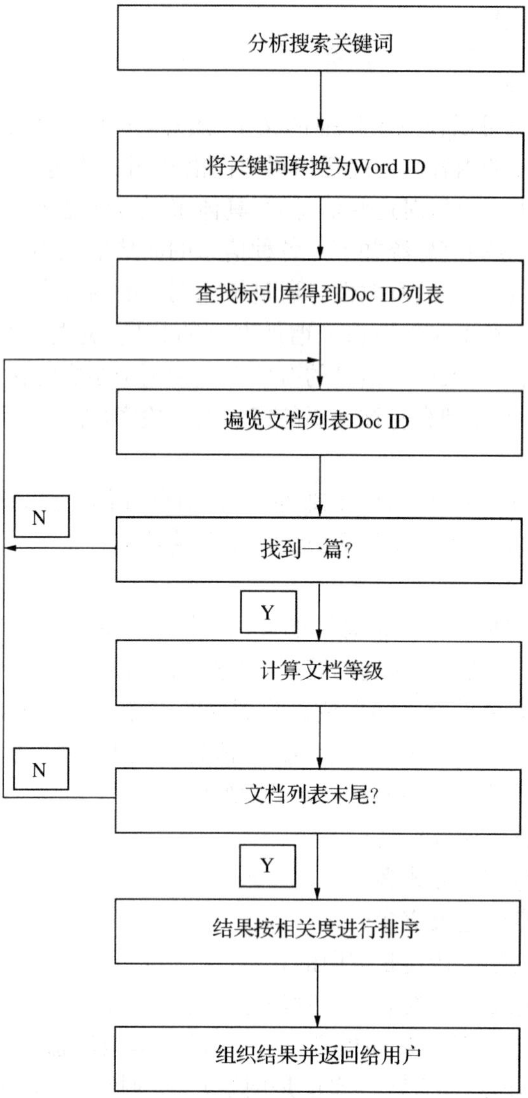

```
┌─────────────────────────────┐
│        分析搜索关键词          │
└─────────────────────────────┘
              ↓
┌─────────────────────────────┐
│     将关键词转换为Word ID      │
└─────────────────────────────┘
              ↓
┌─────────────────────────────┐
│    查找标引库得到Doc ID列表     │
└─────────────────────────────┘
              ↓
┌─────────────────────────────┐
│     遍览文档列表Doc ID         │
└─────────────────────────────┘
              ↓
      ┌───┐  ┌─────────────────┐
      │ N │←─│     找到一篇?     │
      └───┘  └─────────────────┘
                  ↓ ┌───┐
                    │ Y │
                    └───┘
             ┌─────────────────┐
             │    计算文档等级    │
             └─────────────────┘
                    ↓
      ┌───┐  ┌─────────────────┐
      │ N │←─│    文档列表末尾?   │
      └───┘  └─────────────────┘
                    ↓ ┌───┐
                      │ Y │
                      └───┘
             ┌─────────────────┐
             │  结果按相关度进行排序 │
             └─────────────────┘
                    ↓
             ┌─────────────────┐
             │  组织结果并返回给用户 │
             └─────────────────┘
```

图 6 - 6　搜索引擎工作原理

6.1.5　同步训练

教师组织学生做策划案,以一个企业为案例,确定该企业背景和方向。通过前期准备去创建企业信息源,了解企业信息源要更新的内容并进行评价,判断信息源是否合理,在发布时内容是否合适,完成表6-1。

表6-1　企业信息源构建策划案

企业信息源构建		
企业名称	概要	
	企业信息源构建	企业信息源的构建的具体步骤
	如何通过博客构建企业信息源	通过博客构建企业信息源的步骤
	如何通过微博构建企业信息源	通过微博构建企业信息源的步骤
	如何通过分类目录构建企业信息源	通过分类目录构建企业信息源的步骤
	企业信息源内容发布及评价	企业信息源内容更新实践及相关评价
总结		

6.1.6　综合评价

表6-2　综合评价表

任务编号	0601	任务名称	案例剖析
任务完成方式	□ 小组协作完成 □ 个人独立完成		
评价点			分值
企业信息源构建是否合理			25
企业信息源更新是否及时			25
网络营销信息源传递过程是否清晰			25
对搜索引擎工作原理的实施是否全面			25
本主题学习单元成绩：			
自我评价	（20%）	小组评价	（20%）　教师评价　（60%）
存在的主要问题			

6.1.7　拓展任务

以小组为单位，寻找身边的一些企业，详细了解企业信息源构建情况，并分析了解企业信息源更新及信息源传递过程的效果评估。

任务 2　搜索引擎优化

6.2.1　任务引导

明确了企业信息源的构建及搜索引擎原理,那么接下来就需要对网站进行优化,具有较高的搜索引擎友好度的网站更容易使企业信息源被搜索引擎抓取收录。

6.2.2　任务分析

☑　搜索引擎优化;
☑　搜索引擎营销。

6.2.3　任务实施

下面我们回到学习任务中,在小李明确了企业信息源构建之后,公司给他的任务是对北京博导前程官方网站进行搜索引擎优化。具体步骤如下。

步骤一:搜索引擎优化策略设计与实施

1. 网站 Meta 的分析、确定与实施

Meta 标签就是关键词、标题与描述三个要素,体现在页面代码上如图 6－7 所示。

```
<head>
--<title>电子商务开发包系统_北京博导前程信息技术有限公司</title>
--<meta http-equiv="Content-Type" content="text/html; charset=gb2312"/>
--<meta name="description" content="电子商务开发包系统,电子商务开发包软件,电子商务教学软件,北京博导前程信息技术有限公司"/>
--<meta name="keywords" content="电子商务开发包系统_博星卓越,电子商务开发包系统_博星卓越价格,博星卓越教学实验网,博星卓越,电子商务"/>
--<link href="../style1.css" rel="stylesheet" type="text/css"/>
--<script src="../images/fontjs.js" type="text/javascript"></script>
```

图 6－7　网页 Meta 信息

Meta 部分是一个网站中权重最高的部分,所以一个新的 SEO 优化网站如果想要在搜索引擎中获得一个好的排名,那么 Meta 部分的关键词布局,这是小李首先需要考虑到的。

(1) 根据企业信息,确定关键词(Keywords)定位

关键词定位,简单而言就是希望哪些关键词通过 SEO 优化之后能够在搜索引擎中获得排名优势。明确了这一点,才能有针对性地完成关键词分析的四块内容。

● 形成关键词表单;
● 明确核心关键词;
● 明确间接关键词;
● 明确长尾关键词。

那么接下来,小李就需要对公司关键词框定范围,形成关键词表单。作为公司一员,小李对公司情况掌握比较清楚,北京博导前程信息技术有限公司主营业务以教学软件销售为主,近两年正在向电子商务综合服务商转变,旗下博星卓越系列教学产品是企

业的根基。

　　博导前程官网是小李与研发人员一起搭建起来的,小李对网站栏目设置及相关栏目META设置更为清楚。栏目设置如图6-8所示。

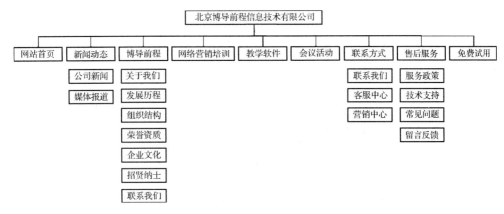

图6-8　网站栏目结构

　　企业虽然已具有自己的产品站,但官方网站带来的流量也是用户转化中不可忽视的一部分,那么,作为企业官方网站,博导前程官网的主要内容不仅仅是宣传企业文化等简单信息,更多的是向用户介绍产品,让用户了解企业、博星卓越这个品牌。

　　因此,小李将优化重点放在了教学软件栏目下。

　　北京博导前程信息技术有限公司旗下博星卓越教学软件包含8个系列共计45套软件,其中电子商务系列、电子政务系列、市场营销系列以及客户关系管理4个系列是目前的热销产品,且在众多软件中综合实力较强更能获得用户的青睐,故而着力打造这些软件的排名优势更能对产品销售产生直接效果。

　　明确了上述这一点,意味着对关键词的选择范围已经有了大概的界定。但这个界定依然模糊不清,有可能将每套软件的名称都作为关键词,同时每套产品名称还可衍生为多个小的关键词,要知道人的联想是无穷的,见表6-3所示为部分电子商务系列教学产品关键词。

表6-3　电子商务系列教学软件关键词一览表

产品全称	直接关键词	联想关键词("—"表示拆分)	数量总计
博星卓越 网络营销教学实验系统	网络营销教学系统 网络营销教学实验系统	网络营销教学软件 网络营销—教学 网络营销—教学系统 网络营销—教学实验—软件	8

　　由表6-3小李发现,两个教学产品能够衍生出至少十几个关键词。那么可以估量30套产品的关键词罗列完毕将汇总出不下200余个词汇。

　　(2)结合企业关键词,明确核心关键词

　　在形成了上面的关键词列表之后,小李需要考虑如何形成每套产品的核心关键词。

小李分析后得出确定核心关键词要涉及三点。

① 关键词的相关性和密度

博导前程网站教学软件栏目和教学软件相关,那么确定的关键词中应包含教学软件。

② 关键词的搜索频率

小李考虑到关键词的搜索频率可以站在用户角度来确定,换位思考,用户如何搜索商品、如何搜索信息,这就是"换位思考"的核心,也只有掌握了这条核心,才能让 SEO 优化的有的放矢,而不是盲目堆砌。于是小李便以"博星卓越电子商务教学实验系统"为突破口进行调查。

小李打开百度,输入"电子商务教学"进行检索。搜索引擎将联想出以"电子商务教学"为核心的关键词列表。如图 6-9 所示。

图 6-9 搜索引擎关键词联想

接下来,小李为了进一步确定关键词的搜索热度及竞争情况,高竞争度的关键词需要考虑团队情况,高强度关键词不易将排名做上去,小李通过关键词检测工具(http://www.kongruan.com/keyhot/)进行检索,查看搜索热度。如图 6-10 所示。

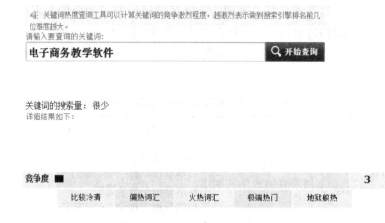

图 6-10 关键词热度查询工具

教学软件行业关键词搜索量本身较小,但搜索量小并不能代表竞争激烈度,那么接下来小李就需要判断竞争激烈度的问题了。

根据经验判断,结合在搜索结果中的关键词搜索量,通常结果数在 10 万以下的关键词竞争不是很大,可以考虑稍做优化。搜索量在 10 万—100 万之间的属于中等竞争词语,搜索量在 100 万以上 300 万以下的属于中等偏上的热词,要做的话相对不是很容易,关键词搜索量在 500 万以上的属于竞争性非常激烈的词语,可以不必考虑。因此小李根据这种结果进行关键词拓展,避免此类关键词。如图 6-11 所示。

图 6-11　电子商务教学软件搜索量

另外,小李通过百度推广工具对关键词进行了分析,考虑到公司其他网站已经在百度投放了百度竞价广告,小李可直接登陆进行关键词检索。

通过百度推广工具中关键词工具,不仅仅能够获得相关关键词的日均搜索量、关键词竞争激烈度,而且能够提供更多额外有流量导入潜力的关键词,如"电子商务教学模拟软件、电子商务教学实训软件"。如图 6-12 所示。

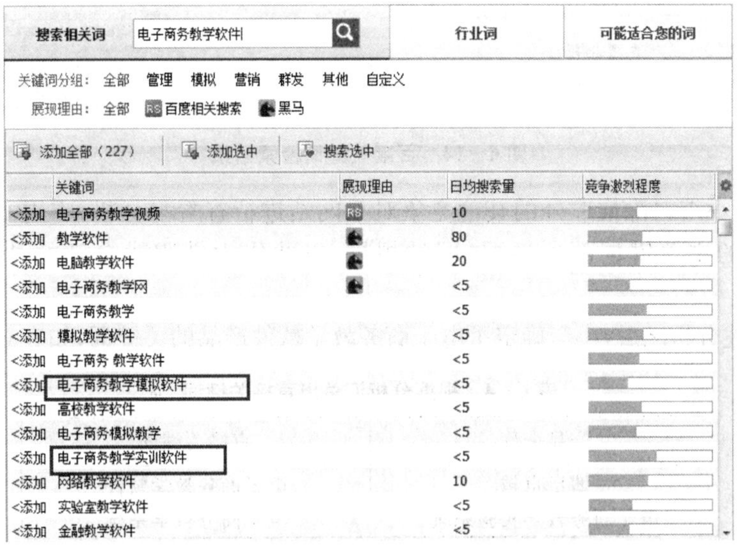

图 6-12　百度推广关键词工具

分析了关键词在搜索引擎中的表现情况,那么接下来小李还不能敲定"电子商务教学软件"作为产品核心关键词。小李仍需要对该关键词竞争态势进行分析。

小李明白搜索引擎竞争激烈度不仅仅表现在搜索结果,百度竞价排名等推广手段也是众多商家的必投之地,小李通过在百度中输入"电子商务教学软件"一词,发现竞价排名广告就有六家企业投放,"电子商务教学软件"一词虽然竞争激烈,但其目标明确,用户购买意向最为明确,在给企业带来潜在用户的同时提高企业产品知名度。如图6-14所示。

图6-14 百度关键词检索结果

接下来,小李对除推广外的其他竞争对手网站进行查看与分析,查看 SEO 水平,包括不同页面的主关键词部署情况、网站规模,以此作为借鉴对自己的站点页面进行优化。

经过上述分析之后,小李确定了电子商务教学软件产品的关键词,如表6-4所示。

表6-4 根据分析汇总出直接关键词

产品全称	直接关键词
博星卓越 电子商务教学实验系统	电子商务教学软件 电子商务教学系统

③ 明确普通关键词

在确定了核心关键词后,接下来小李便要开始落实网站普通关键词,包含间接关键词及长尾关键词。普通关键词竞争激烈度小,且词量较大,目标精准并拥有更高的转化率,同时还能够起到长时间保持网站优秀排名的作用。

间接关键词,多为核心关键词的拆分和重新组合,小李对产品"博星卓越电子商务教学实验系统"进行拆分,那么就会得到"电子商务教学系统、电子商务教学软件"两个核心关键词,再继续延伸,又可拆分为"电子商务教学—软件、电子商务—教学软件/系统、电子商务—教学—软件—系统"等,同样小李考虑到"电子商务模拟教学系统、电子商务实验模拟系统"也可作为间接关键词进行拆分与组合。

那么接下来,小李考虑该如何确定长尾关键词?

考虑到教育行业相关搜索词搜索次数较小,所以小李决定不使用长尾关键词工具,而是通过搜索引擎热门搜索来定位长尾关键词。小李同样在搜索引擎中输入"电子商务教学"。如图 6-15 所示。

图 6-15 搜索引擎搜索结果

出现了"电子商务教学视频、电子商务教学大纲、电子商务教学计划"等关键词。接下来,小李站到用户角度开始思考,"电子商务专业就业、电子商务教学大纲"等可能为潜在关键词,但若作为产品关键词,那么与页面内容不符,导致较差的用户印象。长尾关键词一定要与产品本身或核心关键词形成联系,比如明明是博星卓越电子商务教学实验系统,已经定义了这一属性,如果强加上"电子商务专业就业"这样的关键词,那么就是与内容不相符,不可能产生良好的效果。

(3)完成关键词(Keywords)部署并实施

小李在确定了网站关键词的分析办法和思路后,决定开始对网站关键词进行整理,当然一个企业网站不仅仅包含产品介绍页,还会有其他栏目及页面。因此,小李在做产品关键词部署的同时使用同样的办法将网站常规栏目页面的关键词定义,包含首页、频道页、栏目页、列表页以及内容页。

那么对博导前程官方网站而言,小李就是要运用上述的分析方法,将首页、栏目页、列表页、产品内容页等页面的关键词定义出来。

对于搜索引擎来说一个网站的首页权重是比较高的,栏目页面的权重相对低一些,在栏目页面布局目标关键词,会出现栏目页面的关键词排名不稳定的现象。因此小李在布局栏目页时并没有布局目标关键词而是布局长尾关键词。

经过一段时间,小李完成了各栏目关键词列表,见表 6-5。

表 6-5 各栏目关键词列表

栏目名称	二级栏目	内容页	Keyword
首页			北京博导前程信息技术有限公司,博导前程,博星卓越教学软件,教学实验软件,网络营销培训,电子商务教学软件,电子政务教学软件
新闻动态	企业新闻		企业新闻,北京博导前程信息技术有限公司
	媒体报道		媒体报道,北京博导前程信息技术有限公司
博导前程	关于我们		关于我们,北京博导前程信息技术有限公司
	发展历程		发展历程,北京博导前程信息技术有限公司
	组织结构		组织结构,北京博导前程信息技术有限公司
	荣誉资质		荣誉资质,北京博导前程信息技术有限公司
	企业文化		企业文化,北京博导前程信息技术有限公司
	招贤纳士		招贤纳士,北京博导前程信息技术有限公司
	联系我们		联系我们,北京博导前程信息技术有限公司
网络营销培训	培训简介		网络营销,培训简介,北京博导前程信息技术有限公司
	管理体系		网络营销,管理体系,北京博导前程信息技术有限公司
	课程内容		网络营销,课程内容,北京博导前程信息技术有限公司
	师资力量		网络营销,师资力量,北京博导前程信息技术有限公司
网络营销培训	资质证明		网络营销,资质证明,北京博导前程信息技术有限公司
	合作伙伴		网络营销,合作伙伴,北京博导前程信息技术有限公司
	授权机构		网络营销,授权机构,北京博导前程信息技术有限公司
教学软件	电子商务系列教学软件	电子商务教学实验系统	电子商务教学软件,电子商务教学实验系统,电子商务教学系统,电子商务,北京博导前程信息技术有限公司
		网络营销教学实验系统	网络营销教学软件,网络营销教学系统,网络营销教学实验系统,网络营销教学,北京博导前程信息技术有限公司
		电子商务案例分析	电子商务案例分析软件,电子商务案例分析系统,电子商务案例分析,北京博导前程信息技术有限公司
	动态添加…	动态添加…	动态添加…
会议活动			会议活动,北京博导前程信息技术有限公司
联系方式	联系我们		联系我们,北京博导前程信息技术有限公司
	客服中心		客服中心,北京博导前程信息技术有限公司
	营销中心		营销中心,北京博导前程信息技术有限公司
售后服务	服务政策		服务政策,北京博导前程信息技术有限公司
	技术支持		技术支持,北京博导前程信息技术有限公司
	常见问题		常见问题,北京博导前程信息技术有限公司
	留言反馈		留言反馈,北京博导前程信息技术有限公司

确定了每个页面的关键词后,小李便开始对网站关键词进行部署。当然,对于更新量较大的栏目,小李需要与运营人员沟通,根据页面内容进行关键词确定及内容发布。如图6-16所示。

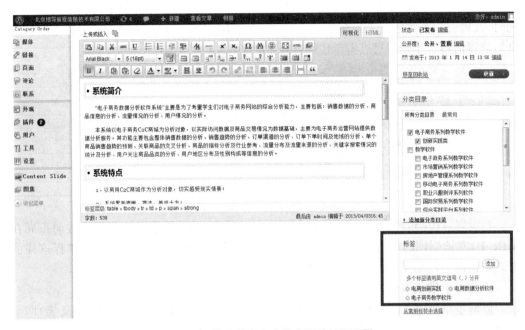

图6-16　博导前程内容发布页关键词设置

另外,对于小李也可直接打开目标文件,通过网站页面生成的静态页面,使用Dreamweaver等源代码编辑软件,在代码中直接添加关键词。如图6-17所示。

图6-17　网站源代码中的 Keyword 关键词

（4）标题（Title）定位与部署实施

确定了关键词，接下来小李需要根据网页的内容确定网站 Title 及 Description。

Title 的字数根据不同搜索引擎表现显示标题长度是不同的，但通常为 64 个字节，也就是 32 个汉字，那么小李该如何利用好这 32 个字呢？小李在之前搜索"教学软件"关键词时，发现有一个竞争对手排在公司的前面，经过他发现，这家公司网站首页标题设置规则很值得借鉴。小李通过点击源代码查看，如图 6-18 所示。

```
<meta http-equiv="Content-Type" content="text/html; charset=gb2312" />
<title>██████公司-教学软件|保险教学软件|模拟法庭教学软件|社保
实务教学软件|酒店管理教学软件</title>
<meta name="keywords" content="教学软件|保险教学软件|模拟法庭教学软件|
社保实务教学软件|酒店管理教学软件" />
<meta name="description" content="██████公司坐落于复旦大学软
件园区，是复旦大学软件园内唯一从事高校经济管理类实验室教学软件研发和销
售的高新技术企业，公司立足于高校实践教学，充分利用复旦大学的学术优势和
人才优势，将先进的软件技术与教育理念融入到教学软件中……" />
<link href="style.css" rel="stylesheet" type="text/css" />
```

图 6-18　竞争对手网站首页 META

在设置 Title 过程中，这家企业将网站的核心关键词或是难度较大的关键词布局在 Title 中，并依据词的难易顺序依次从左至右排序，主关键词控制在 2～4 个，选择这样的方式是将核心产品在标题中"加重"处理。

因此小李借鉴该网站经验，付诸实践。

以博星卓越电子商务教学实验系统为例，小李决定将这个产品页的标题定义为"博星卓越电子商务教学实验系统_实训软件_教学软件_北京博导前程信息技术有限公司"。

小李之所以这么设置出于以下几个原因：

第一，搜索引擎一般对标题的前 14 个字节（7 个汉字）会给予更高的权重。倘若反着来，当蜘蛛程序抓取网站页面的时候就会发现有很多的页面，他们标题的前几个字节都是一模一样的，很有可能被判定为页面相同，那么蜘蛛程序可能就不会继续去抓取页面。

第二，为什么不用"|"，而用"_"。英文词汇中，"—"（横杠）的确是一些词汇的分隔符，而 Google 也较为常见"—"（横杠）。那么，倘若要着力针对 Google 或其他国外搜索引擎，"—"（横杠）是个不错的选择。但国内绝大多数的用户用的是什么？百度。看一看腾讯网的标题设置，都是采用"_"（下划线）来分隔多个词汇。

第三，为什么使用不超过 32 个汉字作为 Title，因为在搜索结果页中，标题显示的长度是有限的，如果长度超过了搜索引擎显示的极限，那么就会被省略号所代替，如图 6-19 所示。很可能用户虽然搜索到了网站，却因为标题真正的内容并没有第一时间显示出来（被省略号替代）而没有点击。如图 6-19 所示。

北京计算机培训网- java语言培训|计算机等级考试培训|php培训|pho...
2009年北京计算机培训网提供平面设计培训,网页设计培训,计算机等级考试培训,java培训,phot
oshop培训,php培训,asp培训,linux系统培训, 网络管理培训等各种计算机培训信息....
www.yuloo.com/jsjks/ 2012-6-20 - 百度快照

图 6-19　标题被省略号所替代

（5）描述（Description）定位与部署

与关键词息息相关的另一项，除了标题（Title）外就是描述（Description）了。表现在搜索引擎中的描述，如图 6 - 20 所示。

魔兽世界 - 多玩WOW魔兽官网合作专区|熊猫人之谜资料片|World of ...

多玩魔兽世界官网合作专区,为广大魔兽世界玩家提供最新的wow资讯、熊猫人之谜资料片、大地的裂变资料片、大灾变资料片、巫妖王之怒资料片、副本视频、游戏攻略、...

wow.duowan.com/ 2013-10-12 ▽ - 百度快照

图 6 - 20　页面描述的表现形式

从页面显示可以看到，描述是让用户通过一段文字，对搜索引擎收录的这条信息的概述，从而吸引用户进行点击。

描述的字数通常为 64 个汉字，在写这段话的时候，小李考虑到内容必须结合页面主题，编写一段介绍性的说明，在 Description 中需要出现设置的关键词。这样一来可以增加网站关键词的密度，同时可以帮助提升网站的用户体验度。

以电子商务教学实验系统为例，如图 6 - 21 所示为页面描述的设置。用一段话描述该页面的内容，摘要内可以体现关键词，增加核心关键词的密度。也就是博星卓越电子商务教学实验系统清晰描述。

电子商务教学实验系统作为传统的电子商务教学软件，通过模拟以B2C、B2B、C2C三种交易模式为主的电子商务活动及虚拟银行、物流中心等电子商务环境，使学生感受到电子商务的商业化应用过程，直观理解电子商务原理，了解一般应用过程，将实验业务与教学管理有机结合，从而满足电子商务教学网络化的需要，完成教学的认知性和验证性实验任务。

图 6 - 21　博星卓越电子商务教学实验系统页面描述，内含关键词

此外，小李考虑到描述与关键词、标题一样，要做到每个页面都有独立的描述，同时不要重复。还要注意以下问题：原创性；简洁明了，别描述很长一段话却说不到重点；不堆砌关键词，形成一段语句通畅的话。

完成了上述的标题（Title）、关键词（Keywords）和描述（Description）组成了 SEO 中 Meta 标签三元素。小李及运营人员在网站内容发布时，贯彻网站 META 实施思路，通过网站后台发布设置，完成 Title、关键词及网站描述。

（6）网站内容发布时注意要点

基本策略已经构思完毕，接下来就是实施的过程。

对于 SEO 而言，实施并不是核心，关键掌握好细节以及如何将策略充分地表现出来。

小李将 Meta 标签三要素的关键点体现在博星卓越教学实验网的各个页面之中。

Meta 标签就是关键词、标题与描述三个要素，体现在页面代码上，如图 6 - 22 所示。

```
<head>
  <title>电子商务开发包系统_北京博导前程信息技术有限公司</title>
  <meta http-equiv="Content-Type" content="text/html; charset=gb2312"/>
  <meta name="description" content="电子商务开发包系统,电子商务开发包软件,电子商务教学软件,北京博导前程信息技术有限公司"/>
  <meta name="keywords" content="电子商务开发包系统_电子商务开发包系统_博星卓越价格,博星卓越教学实验网,博星卓越,电子商务"/>
  <link href="../style1.css" rel="stylesheet" type="text/css"/>
  <script src="../images/font.js" type="text/javascript"></script>
```

图 6 - 22　博导前程电子商务开发包系统页面 Meta 标签

在网站后台,小李按照分析汇总出的关键词、标题和描述进行添加。添加时多个关键词用英文逗号隔开。如图 6-23 所示。

图 6-23　博导前程后台 Meta 标签写入功能

完成 Meta 导入后,接下来,小李开始着手详细页面中内容的编辑,如产品介绍页。产品介绍页主要由产品标题、产品详情等多个方面组成。

首先是页面标题,由于网站采用的 WordPress 系统,详细内容页文章会自动采用 h3 标签,标题设置中采用 h2、h3 标签或用<strong>标签,甚至于用 CSS 样式来控制加粗显示,让搜索引擎蜘蛛程序意识到这里是一个重点。如图 6-24 所示。

```
<h3 ><a href="http://www.bjbodao.com/">网站首页</a> ><a
href="http://www.bjbodao.com/product/e-commerce/base/" title="查看 基础教学类 中的全部文章" rel="category tag">基础教学类</a>, <a href="http://www.bjbodao.com/product/e-commerce/" title="查看 电子商务系列教学软件 中的全部文章"
rel="category tag">电子商务系列教学软件</a> > 博星卓越电子商务开发包系统</h3>
                            <h2 style="padding:30px 0px 15px 0px;font-family:微软雅黑;text-
align:center; font-size:18px;">博星卓越电子商务开发包系统</h2>
<!--                        <div style=" text-align:center ">
```

图 6-24　网页标题代码中 H2、H3 标签使用

接下来小李需要编辑发布文章内容。文章内容本着为用户负责的态度来介绍软件产品,让用户通过阅读内容能够明确地了解产品的性能、功能,必要时可以提供截图、视频或者其他方式来提升对产品的描述,增强用户对产品的了解。图 6-25 为电子商务开发包内容页。

博星卓越电子商务开发包系统

• 电子商务开发包系统简介

　　博星卓越电子商务开发包系统属于开发型的电子商务实验软件，是一套功能完善、使用简便的电子商务网站开发工具。系统将电子商务网站的标准和通用流程以基本组件的方式提供给学生，使学生在本软件系统的基础架构下灵活地组合调用这些组件进行电子商务项目的设计和开发。在教学中可以实现开发型实验的教学目标。

•电子商务开发包系统特点

　　1、开发工具级产品，不同于定制型应用软件

　　2、基于流程设计思想，可以灵活对作品进行设计过程各环节的再造、修改

　　3、以流程的WEB系统的架构思想，实现电子商务教学的多层次目标

　　4、基于JAVA、EJB、J2EE、XML开放技术接口

• 电子商务开发包系统作用

　　1、无需技术背景，灵活构建电子商务教学环境

　　2、从剖析电子商务流程各环节入手，深入认识电子商务系统的内在逻辑

　　3、创新性构建系统电子商务平台，帮助学生提高动手能力、独立策划能力、综合应用理论知识能力、适应社会需求的能力

　　4、全面满足电子商务技术教学深入浅出和学生自主把握技术学习深度的要求

• 电子商务开发包实验体系

　　实验体系一：　网页基本认知实验

　　实验体系二：　静态网站基本认知实验

　　实验体系三：　动态网站基本认知实验

　　实验体系四：　数据库基本认知实验

　　实验体系五：　电子商务网站开发基础实验

　　实验体系六：　电子商务网站开发综合实验

• 电子商务开发包核心功能

　　本系统由系统级的系统管理、教师管理、站点管理和实验内容级的学生实验功能、网站模块功能、网站建设和网站环境功能构成。其中，学生实验功能包括：信息管理、站点设计、项目整体信息、前台编辑、程序资源版本控制、前台测试、生成后台、程序后台管理、删除程序、站点导入导出；网站模块包括：会员管理、商品展示、商品推荐、公告栏类、信息发布、广告管理、友情链接、商品评论、商品分类、相关咨询、客户留言、网上调查、商品排行、搜索查询；网站建设功能包括：商城规划、信息维护、前台设计、后台管理、删除商城；网站环境包括：虚拟银行、客户关系管理、物流。

• 电子商务开发包系统截图

图 6 - 25　电子商务开发包内容页

　　如图 6 - 26 所示，小李在网页内容区增加核心关键词的密度，且让核心关键词保持加粗或 H1 标签。

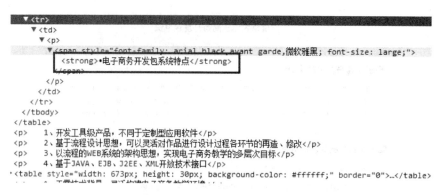

图 6-26 网站关键词使用加粗

小李在编辑文章的内容时,将关键词的密度控制在 2‰～8‰左右,一般为 2～3 个最好(文章的首段、中间、尾段各一个),并使用加粗效果。这样的方式使得搜索引擎在对页面保持较好的友好度同时,重视加粗关键字。

其次,产品介绍中的图片,小李使用 Alt 标签,并将文字设置为与内容相关的关键词,通过图片 Alt 属性使搜索引擎抓取图片的信息,这样更有利进行 SEO 优化。

2. 链接建设

(1) 内部链接建设

与外部链接(即反向链接)相反,内部链接是指同一网站域名下的内容页面之间互相链接。如频道、栏目、终极内容页之间的链接乃至站内关键词之间的 Tag 链接都可以归类为内部链接,因此我们也可以称之为站内链接。对内部链接的优化其实就是对网站的站内链接的优化。

(2) 外部链接建设

外部链接是搜索引擎为网站权重做评判的标准之一。丰富的外部链接资源可以帮助网站轻松提高搜索引擎的权重,从而网站的收录、排名都得到比较好的效果。

因此,外部链接的建设也是小李工作的重要一部分,通常外部链接可分为导出链接与导入链接。对于导出链接,用户一旦点击,就会访问别的网站。导入链接是指其他别的网站或页面中有指向你的网站的链接,也就反向链接。导入链接会提供很高的权重,也是搜索引擎排名的重要因素之一。小李选择了创建友情链接以及在多平台发布文章,从而导入链接。

外部链接的创建是一个平稳增加的过程,突然增加大量外部链接,很容易就会被搜索引擎认定为作弊行为,那么就得不偿失了。

3. 网站代码分析与策划

网站代码,顾名思义,讲的是代码的问题。每一个页面在人类的眼中看来是缤纷多样的内容,然而在搜索引擎的蜘蛛(Spider)程序看来其实无非是一行行的代码。而代码的优化除了可以在网站正式上线之后进行调整外,更多的是要在网站开发过程中形成有效的积累。

在此,从网站代码方面,小李与研发人员沟通后,对博导前程官网做了如下工作:

第一,清除页面中多余的代码:空格代码、style 和 font 重复定义的代码,目的是让搜索引擎的蜘蛛程序抓取页面时候更流畅。

第二,采用 Div+CSS 进行布局:Div+CSS 已经很成熟了,但是很多网页设计者可能考虑到网页的兼容性以及布局的简易性还是使用老式的 Table 布局,如图 6-26 所示。虽然Table布局很方便,但是其弊端也是显而易见的,那就是会大大增加网页的大小,尤其是多层表格的嵌套。这种布局不仅会提升体积,同时如果嵌套数太多的话就会影响搜索引擎的爬行,影响站点的收录。严格控制页面大小,确保页面在 100K 之内,宗旨就是越小越好。试想,一个 200K 的页面和一个 10K 的页面,相同网速下哪个打开速度更快? 用户希望尽快看到页面内容,搜索引擎的蜘蛛程序也一样。

第三,确保代码闭合完整,形成有效作用,如图片宽、高设置,文字颜色与属性设置,图片注释设置等。让搜索引擎的蜘蛛程序检索到最完整的页面。

第四,尽量减少使用 JS,一定不能使用 Frame。

第五,不能含有隐藏的代码、覆盖代码,减少弹窗代码以及会隐藏的滑动条。

之所以网站采用 WordPress 系统搭建,也是出于以上几点。WordPress 使用的 DIV 优于 Table 的加载特性同样适用于搜索引擎爬虫,采用 DIV 不仅提高抓取速率,也能有效地提高页面文字与代码的比例。无须生成的静态化页面可大大提高搜索引擎的收录,WordPress 采用全站页面静态化,但是不需要生成,多种归档模式可以适应不同的搜索引擎收录特性。

4. 网站结构分析与策划

(1) 网站目录深度分析

由于目录结构的外部表现方式是 URL。URL 可以简单地认为就是地址栏里输入的地址。如:"http://www.bjbodao.com/product/"。

小李考虑到,网站的目录结构不能太深,让用户最多通过 2~3 次点击就能找到需要的内容,不然,用户体验会非常不好,而且蜘蛛程序也是不喜欢目录结构层次深的站点。不仅如此,链接深度还要看链接中"/"的数目,一般"/"域名后面有 2 到 3 个比较合适,保证终端页、详情页或是存放路径比较深的页面容易被搜索引擎抓取,且获得高权重。

(2) 网站目录命名

搞定了目录深度,下面小李将给目录命名。

目前,搜索引擎对网站目录索引方式不断的改进,网站目录命名可以是英文、拼音及中文,但与之结合的多项数据分析系统对中文识别技术并不成熟,所以小李在网站目录命名时,采用更多的是英文,一方面使得网站看上去比较正规,一方面也能获得较好的搜索引擎识别。如图 6-27 所示。

北京博导前程信息技术有限公司 公司新闻
http://www.bjbodao.com 北京博导前程信息技术有限责任公司是国内著名的教学软件研发企
和网络营销培训机构。公司新闻提供最新的博导前程发展动态、研发进度、软件更新...
www.bjbodao.com/news/company_news/fe... 2013-08-16 - 百度快照

图 6-27　页面 URL 中网站目录的命名

(3) 页面属性的确定

下面小李会处理网站框架分析中的最后一项——页面属性。

说页面属性难免言过其词。看一看每个页面的后缀名,很可能就有 html、htm、asp、php、aspx、jsp 等。

研发人员在制作博导前程网站时采用的是 WordPress 系统,属于动态平台,考虑到用户和搜索引擎,研发人员将页面统一生成静态 URL。静态 URL 又可以分为伪静态及纯静态。纯静态 URL 多以 html、htm 结尾,伪静态具体表现形式如"http://www.bjbodao.com/service/policy/"。

伪静态 URL 的出现是动态和纯静态的折中解决方案,伪静态最大的好处就是有利于搜索引擎,对用户体验也比较友好。

小李与研发人员经过商议,实时更新的内容采用伪静态形式,不经常更新的内采用静态化形式,特定功能或交互式形式用动态 URL 形式。

步骤二:搜索引擎优化效果表现与分析

1. 搜索引擎表现

SEO 是一个循环递进的过程。小李在做完网站优化后,需要定期对网站数据进行整理记录,初步定在每周五进行本周网站关键词排名及网站访问数据统计,并汇总表格,最后进行数据对比,配合市场反馈再次对网站完成优化。

目前新的网站建立已经过去了一个月,小李要开始对网站进行优化效果评估。首先,小李需要完成的是关键词排名的查看。小李通过"观其的关键字排名查询工具(http://www.flashplayer.cn/keywords/)"查询关键词排名情况,如图 6-28 所示。

图 6-28 观其关键词排名查询工具

经过查看,目前电子商务教学软件百度排名第 10 名,排名有了明显的提升。同样的,小李也有手动在搜索引擎中直接查看网站排名,如图 6-29 所示。

电子商务教学软件
电子商务教学软件是基于交互式的,其内容涵盖了电子商务的基本内容,包括电子商城、B2B、C
2C、物流、网上银行、CA认证、网络营销等。教学软件系统对每个实训课题提出...
www2.nhic.edu.cn/jpkc/gjhydlsc/sxz... 2007-11-23 ▾ - 百度快照

电子商务教学软件批发_电子商务教学软件价格_电子商务教学软件...
供应学硕电子商务教学软件(杭州学硕信息科技有限公司)供应学硕电子商务教学软件(杭州学硕
信息科技有限公司)主营产品:电子商务教学软件|电子商务教学系统|电子商务...
cn.china.cn/chanpin/B5E7D7D3C9CCCEF1... 2013-8-25 ▾ - 百度快照

电子商务教学计划_百度文库
★★★★★ 评分:4/5 12页
电子商务教学计划 - 技工学校电子商务 电子商务专业教学计划 无锡市 XX 技工学校电子商务专
业教学计划 学校名称:无锡 XX 技工学校(加盖公章) 专业类别:专业名...
wenku.baidu.com/view/360608bffd0a795... 2012-1-9
电子商务模拟教学软件.doc   评分:4.5/5   1页
电子商务教学软件参数.doc   评分:0/5   7页
电子商务教学课件—经济学专题.ppt   评分:4/5   99页
更多文库相关文档>>

电子商务系列教学软件_北京博导前程信息技术有限公司
网站首页 > 教学软件 > 电子商务系列教学软件 > 基础教学类 应用教学类 创新实践类 综合管
理类 电子商务开发包系统 人气:421℃ 电子商务教学实验系统 电子...
www.bjbodao.com/product/e-commer... 2012-11-24 ▾ - 百度快照

电子商务教学软件|欢迎免费试用400-006-1231 www.didida.com ✖   推广链接

图 6-29　搜索引擎中百度排名

完成关键词统计后,接下来小李需要对网站收录情况进行记录。同样的,小李使用站长工具箱(http://www.flashplayer.cn/webmaster-toolbox/)对网站收录及 PR 进行查询并统计,如图 6-30 所示。

图 6-30　站长工具箱查询工具

网站收录量表现出网站被搜索引擎喜爱的程度。但收录量局限于现有的网页数量。

如一个网站总页面 200 个,在搜索引擎收录量方面表现到极致,也不过被独立收录 200 页。但收录量是反映下一步更新工作的依据。

同样,小李通过该工具可以查看到网站 PR 值及网站排名的情况,PR 是 Google 推出的页面权重定级指标,满级是 10。分值越高,意味着 Google 判定该页面的重要性也就越高,同时一定程度上影响着关键词在 Google 中的排名。PR 值的体现也为小李在日后进行友情交换时提供一个可参考的数据。从数据反馈的结果来看网站目前 PR=4,作为一个官方网站,还具有一定的提升。

2. 网站流量

小李在完成了网站关键词、网站收录等数据后,便开始要对网站访问量(IP/PV)进行统计。之前小李与研发人员沟通,在网站中添加了百度统计代码,通过百度统计后台,小李每周对网站访问数据进行查看,统计网站访问 IP/PV 等。同样,通过百度数据统计分析,小李也可以看到网站受访页面入口、关键词来源、受访页面,通过关键词来源的统计,方便日后准确挖掘关键词并制定 SEO 的目标,挖掘更多潜在客户,如图 6-31 所示。

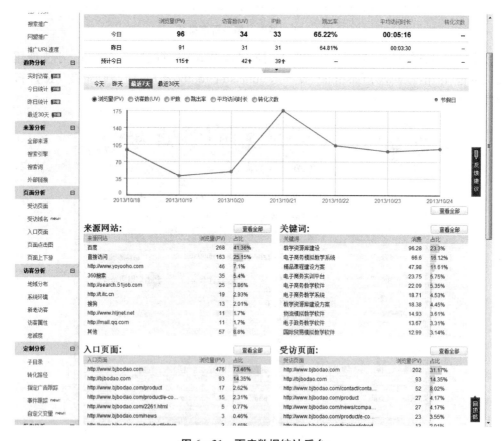

图 6-31　百度数据统计后台

小李通过该工具逐一对网站关键词、网站收录情况进行查询统计后,形成数据统计表格,如图 6-32 所示。

序号	关键字	百度 上周排名	百度 本周排名		Google 上周排名	Google 本周排名	描述
					www.bjbodao.com		
1	电子商务教学软件	6	1	↑	15	9	↑
2	电子商务教学实验软件	1	1	—	2	2	—
3	电子商务教学系统	2	2	—	56	56	—
4	电子商务教学实验系统	1	1	—	1	1	—
5	电子商务教学软件系统	2	2	—	8	3	↑
1	电子政务教学软件	1	1	—	7	6	↑
2	电子政务教学实验软件	8	8	—	2	2	—
3	电子政务教学系统	37	38		9	7	↑
4	电子政务教学实验系统	6	6	—	1	1	—
5	电子政务教学软件系统	7	7	—	3	2	↑
1	市场营销教学软件	2		↑	9	6	↑
2	市场营销教学实验软件	48	48	—	2	2	—
3	市场营销教学系统			—	28	26	↑
4	市场营销教学实验系统	22	24		1	1	—
5	市场营销教学软件系统	33	34		3	3	—
1	国际贸易教学软件			—	17	9	↑
2	国际贸易教学实验软件	70	72		19	11	↑
3	国际贸易教学系统			—			—
4	国际贸易教学实验系统	25	29		10		
5	国际贸易教学软件系统	51	51		12	10	↑

图 6－32　网站关键词排名统计

通过形成统计表格,查看关键词排名情况,对于动荡较大的关键词,重点分析其原因,为后期推广优化提供依据。

步骤三:搜索引擎营销策略部署

在搜索引擎营销上,为了更好地把握 SEM 资金投入比,小李在实施营销活动之前首先进行了 SEM 调研和分析,在综合分析之后并结合公司在此次营销中的投入金额,小李将预算划分到不同的关键词之中,并尝试对营销效果及关键词的表现进行跟踪和分析。

1. 百度推广账号注册

(1) 开通账户

确定好加入百度推广之后,小李决定注册账户。他打开百度推广页面(http://e.baidu.com)进行申请,如图 6－33(1)、图 6－33(2)、图 6－33(3)所示。

图 6－33(1)　注册百度推广账号

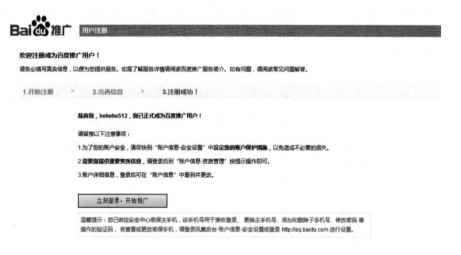

1.开始注册 > 2.完善信息 > 3.注册成功！

您的账户已生成，注册即将成功！请继续完善一下信息，以更快开始您的推广。

*联系人姓名：李逍遥

*公司名称：北京博导前程信息技术有限公司

*网站名称：博星卓越教学实验网

*网站URL地址：http://www.boxingzhuoyue.com

*电子邮件：hehehe512@126.com

*联系地址：陕西 西安 科技二路72号

邮政编码：

*电话号码：029 - 68510029

传真号码： -

填写完毕，下一步

图 6 - 33(2)　注册百度推广账号

Baidu推广　用户注册

欢迎注册成为百度推广用户！

请务必填写真实信息，以便为您提供服务。如需了解服务详情请阅读百度推广服务简介。如有问题，请阅读常见问题解答。

1.开始注册 > 2.完善信息 > 3.注册成功！

恭喜您，hehehe512，您已正式成为百度推广用户！

请留意以下注意事项：

1.为了您的账户安全，请尽快到"账户信息-安全设置"中设定您的账户保护措施，以免造成不必要的损失。

2.需要您提供重要资质信息，请登录后到"账户信息-资质管理"按提示操作即可。

3.账户详细信息，登录后可在"账户信息"中看到并更改。

立刻登录，开始推广

温馨提示：您已绑定安全中心密保主手机，该手机号用于接收登录、更换主手机号、添加和删除子手机号、修改密码等操作的验证码，若查看或更改密保手机，请登录凤巢后台-账户信息-安全设置或登录http://aq.baidu.com进行设置。

图 6 - 33(3)　注册百度推广账号

当看到提示成功的时候,表明账号注册完毕。

（2）账户充值

账户开通完毕,小李打开首页,使用刚刚注册成功的账户进行登录,如图 6 - 34(1)、图 6 - 34(2)所示。

图 6 - 34(1)　打开百度推广进行登录

图 6 - 34(2)　登录成功,进入主界面

　　小李使用账户登录成功,进入百度推广的主界面,里面一切都是空白的。下面了解下这个界面。

　　左上角是 logo,之后是三个主要导航,包括首页、用户信息及财务管理。

　　左侧是功能区,中部是信息展示区,右侧是服务区(消息、公告、搜索、客服),如图 6 - 35、图 6 - 36 所示。

图 6-35　用户信息能够修改账户的基本信息

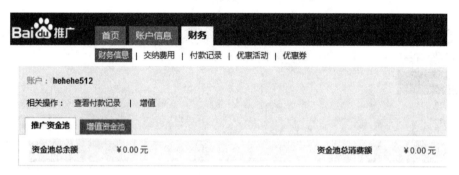

图 6-36　财务管理界面

在没有任何资金的前提下，小李发现他无法做任何事情，于是就需要联系百度服务商进行账户资金充值，如图 6-37 所示。

图 6-37　点击充值

点击充值之后,系统将会根据账户信息,调取出符合账户需要的当地百度代理商,来协助完成充值事宜,如图6-38所示。

图6-38　充值提示信息

不需要小李做太多工作,百度区域代理商就会主动联系小李,沟通充值事宜,包括资金金额、服务合同签订、发票提供等事情。

在代理商的帮助下,小李为公司开通了百度推广账户,并成功完成充值,至此就可真正开始关键词投放工作了。

(3)关键词推广部署

在充值成功后的界面中,小李能够看到当前账户内的剩余资金情况,如图6-39所示。

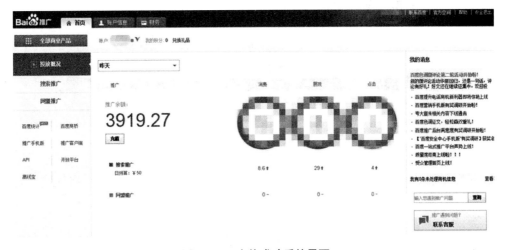

图6-39　充值成功后的界面

接下来他就需要动手部署推广了。百度推广分为关键词推广与网盟推广。前者就是常见的,表现在搜索结果页中的搜索推广,与Google Adwords一致,而后者是类似于广告联盟性质的推广方式,与Google Adsense一致,其表现如图6-40、6-41所示。

图 6 - 40　百度搜索推广

图 6 - 41　百度网盟推广

只要开通了账户,两种推广方式都可选取。小李考虑,为了配合 SEO 优化,占据更显著的优势价值,选择关键词推广一定程度上比网盟推广效果要好。因此,他着手从推广关键词开始。

将鼠标悬停至左侧功能项中搜索推广,界面中展示出当前搜索推广的相关结果,如图 6-42 所示。

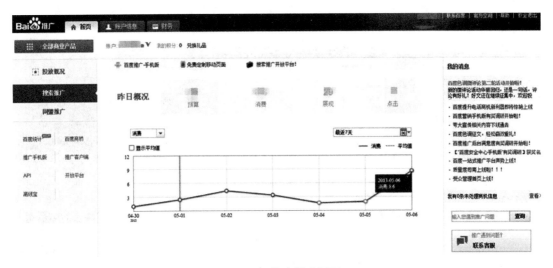

图 6-42　搜索推广界面

但这些只是常规的基础展示,在没有做任何推广计划的前提下,这里是不会有任何信息的。于是小李点击搜索推广,打开搜索推广的管理界面,如图 6-43 所示。

图 6-43　搜索推广管理界面

在搜索推广管理界面,小李发现,左侧是用户信息概述,右侧是核心内容展示。左侧集中了用户最为关心的账户余额、每日花费、可用时间等,右侧则集中了相关产品、日区间概况。在此,小李需要先选择导航中的推广管理,去建立推广计划,如图 6-44 所示。

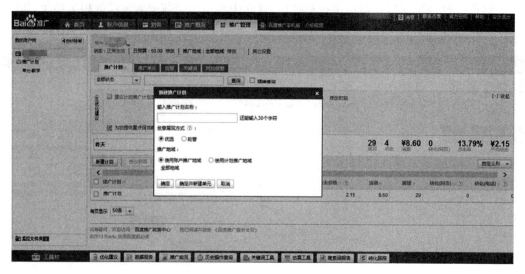

图 6-44 新建推广计划

在推广计划之中,可以对计划进行命名,并且选择创意的交替方式,一种是系统默认的优选,另一种是根据用户添加的创意进行轮替,同时可以为该推广计划设置展示区域。建立之后,就能够在左侧功能区及右侧信息区中看到新建立的推广计划,如图 6-45(1)、图 6-45(2)所示。

图 6-45(1) 左侧功能区新建的推广计划

推广计划	状态	点击	平均点击价格	消费	展现	转化(网页)	转化(电话)
计划2	有效	0	0.00	0.00	0	0	0

图 6-45(2) 右侧信息区新建的推广计划

建立好推广计划后,由于还没有设置任何关键词,因此所有的数据都是 0。接下来,小李就需要在该推广计划中,建立推广单元,如图 6-46 所示。

图 6‑46　新建推广单元

在建立了相应的推广单元后，小李能够直接管理该单元下所有关键词的出价与展示。当然，目前还没有任何关键词投放，于是小李需要在单元内添加关键词，如图 6‑47(1)、图 6‑47(2)所示。

图 6‑47(1)　在推广单元中添加关键词

图 6‑47(2)　关键词添加弹出层

在这样的关键词设置中,小李发现许多要注意的地方,看起来很复杂的样子,如图 6‑48 所示。

图 6‑48　关键词部署界面

最左侧是对已添加关键词的区域,可以编辑该关键词的相关属性;右侧分为了三个部分。第一部分是关键词的地域与设备推广,即将关键词在哪些省市才给予展示、哪些省市不用展示,而设备则表示关键词是展示在 pc 端还是移动设备端。第二部分是关键词搜索,帮助小李解决不知道选择何种关键词的问题。第三部分是对关键词的扩展,帮助小李了解都存在哪些可行关键词,每个关键词的日均搜索量及竞争激烈程度。

明确了这些基本设置,小李决定开始为网站和产品设置关键词。

所选择的关键词既可以与 SEO 中的关键词相同,也可以去竞争一些热门词汇,但后者往往要花费更高的成本,因此小李决定从最简单的"电子商务教学软件"入手。

在搜索框中键入"电子商务教学",了解当前百度扩展出的相关关键词竞争情况,如图 6－49 所示。

图 6－49　关键词扩展分析

从百度联想中,小李发现不少关键词,并且列出了这些关键词的竞争热度及平均搜索量。这帮助小李清理掉一些竞争热度高、搜索量不大的关键词,因为那样做无异于花更多的钱做更少的事。

小李马上添加了"电子商务教学软件"这个关键词,很快就看到了结果,如图 6－50 所示。

图 6－50　关键词添加后的结果

在这样的结果中,关键词正在被审核,基础出价为 1 元,质量度非常差,后续数据均为 0。关于该关键词的设置都没有进行完毕,小李需进一步完善。

于是他开始为关键词设置"创意"。创意可以理解为 SEO 中的 Description,只不过在百度 SEM 中成了另一种"命名方式"。它的好坏不仅决定了用户是否点击,而且也影响着关键词是否被展示、质量度以及点击价格。如图 6－51 所示,小李开始添加创意。

小李点击添加创意,能够设置标题(SEM 中的 Title)、创意(SEM 中的 Description),如图 6－51 所示。

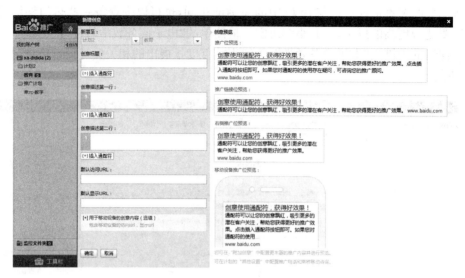

图 6-51　创意编辑界面

在创意阶段,小李不需要去过多考虑关键词在创意中的体现,尽管一定程度上这里的关键词密度会影响创意的质量度,但可以用提高竞价去弥补,选择上是比较多样的。

因此,小李完成了如下创意的编写,如图 6-52 所示。

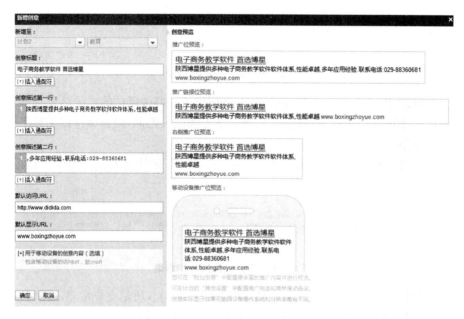

图 6-52　创意编写

小李之所以完成这样的创意,主要考虑的是,既然选择了采用竞价方式,从展示上可以通过出价来竞争,因此一定会有所展现,于是他将目光放在转换率上,即让用户能够最快时间进入销售漏斗表中,采用积极主动的方式获得用户,因此,他在创意中主动留下电话。

完成了创意之后,小李返回关键词列表,一旦创意经过审核,关键词的质量度会发生变化,再根据质量度判断是否继续调整策略,优化关键词创意。

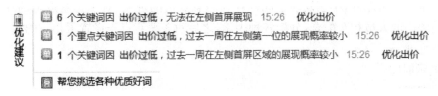

图 6-53　关键词表现

如图 6-53 所示,加载创意之后,关键词质量度迅速提升,3 星是最佳表现,意味着该关键词能够最大限度地展现在左侧搜索结果页及右侧推广区域之中。

接下来就是价格了。小李对该推广单元的默认出价为 1 元,即用户通过百度产生 1 次点击,最高要为百度支付 1 元,展示免费。

在出价 1 元的情况下,小李立刻通过百度搜索"电子商务教学软件",发现并没有出现刚才自己所添加的竞价关键词。百度会主动在页面内对关键词进行提示,提醒关键词该如何修改,才能更为精准,如图 6-54 所示。

图 6-54　百度优化建议

在这样的情况下,小李需要调整关键词出价,以确保将关键词进行展示。由于无法获悉其他竞争者对该关键词给出的价格,小李需要自己根据对关键词热度的判断,选择性地调整,他现将出价修改为较高的 3 元,马上通过百度进行搜索,发现自己的竞价产生了效果,如图 6-55 所示。

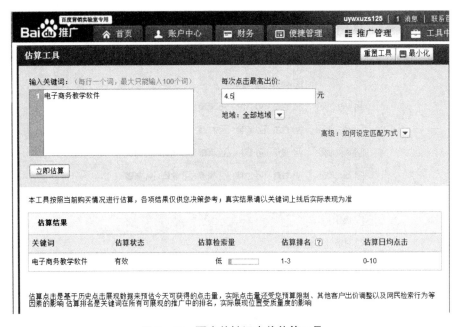

图 6-55　百度关键词出价估算工具

从排名来看,目前排在推广链接中的第二位,但这并不意味着 3 元的出价代表准确,需要小李在此基础上逐步降低出价,找到最合理的出价点。于是他将价格调整为 2.5 元。随后再次搜索,发现排名没有发生变化。这也就意味着,排名第一的对手出价是高于自己的,而排名第三的对手出价是低于自己的。

为了让价值最大化,小李再次细微调整出价,由 2.5 元变更为 2.4 元,排名依旧。调整为 2 元,小李发现排名降低到第三名,调整为 1.7 元,排名直接无法在左侧展示,会变更到右侧推广区域。

经过这样的反复调整,小李发现最合理的出价为 2.4 元。于是,他为该推广关键词定义为 2.4 元/次。

那么对其他关键词,也需要如此做工作,小李按照这种方法完成了对其他推广关键词的发布。

在正常的点击之外,小李发现也同样存在恶意点击的现象,对于恶意点击的现象,小李与营销中心的人员相互配合,分析各种因素,之后对于恶意点击设置了相应的属性。

- 展示地域
- 展示时间
- 每日预算

如下图 6-56(1)、图 6-56(2)、图 6-56(3)所示。

图 6-56(1) 设置推广地域

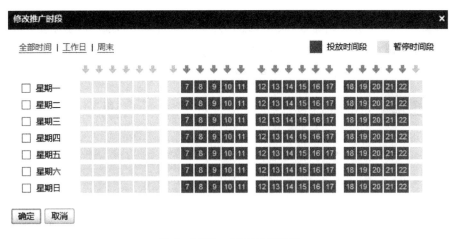

图 6‑56(2) 设置推广时段

计划预算

预算： ◉ 每日 ❓ ○ 不限定预算 ❓

目前日预算 50 元

到达预算下线时间： ❓

最近30天内，您的推广计划 **推广计划** 没有因超出推广计划预算而下线

确定 取消

图 6‑56(3) 设置推广日预算

之所以设置这些属性，小李可以尽可能地控制关键词展示情况，如：周六、周日并非客户对产品需求挖掘关键期，因此可以设置为周六、周日为不展示，即周六、周日使用推广关键词进行搜索，百度将不会展现其推广，一定程度上实现"节流"；每日凌晨1~6点，往往大家的习惯是睡觉，因此这段时间也不是核心展示期。就地域而言，可以根据公司销售热点地区进行分类，配合展示时段，组合展示，形成 SEM 价值最大化。

百度推广，这是一个力气活，每天都需要保持跟踪，经常调整关键词推广策略，来让花费有价值。

2. 百度推广效果分析

网络营销的优势在于可追踪、可评估，于是小李需要每天紧盯着数据。百度推广后台也提供了快速效果分析的可能性，如图 6‑57 所示。

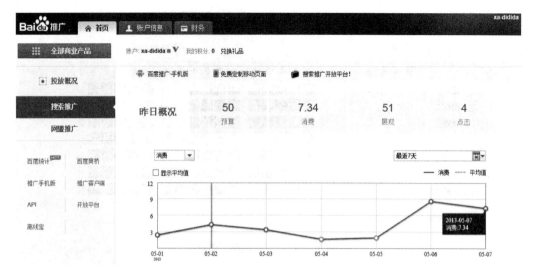

图 6 – 57　百度后台展示

百度后台每天都为小李提供了昨日概况,包括日预算,共花费金额,产生了展现数量与点击数量。

同时,在推广单元中,也集中展示了所有推广关键词的具体情况,如图 6 – 58 所示。

关键词	状态	出价	质量度	点击	消费	展现	转化(网页)	平均点击价格
电子商务模拟教学系统	有效	1.00	☆☆☆	1	0.97	20	0	
物流模拟教学软件	有效	2.00	☆☆☆	0	0.00	4	0	
物流管理教学软件	有效	1.80	☆☆☆	0	0.00	0	0	
电子商务教学系统	有效	2.40	☆☆☆	0	0.00	0	0	
市场营销教学软件	有效	1.00	☆☆☆	0	0.00	3	0	
电子商务模拟教学软件	有效	1.20	☆☆☆	0	0.00	1	0	
电子商务实验室软件	有效	2.00	☆☆☆	1	1.72	2	0	
市场营销教学模拟软件	有效	1.00	☆☆☆	0	0.00	0	0	
电子商务实验教学软件	有效	2.00	☆☆☆	0	0.00	0	0	
国际贸易模拟教学软件	有效	2.20	☆☆☆	0	0.00	0	0	
电子商务实验软件	有效	2.20	☆☆☆	0	0.00	0	0	
电子政务教学软件	有效	2.00	☆☆☆	0	0.00	2	0	
电子商务教学系统平台	有效	2.00	☆☆☆	0	0.00	0	0	
电子商务教学软件	有效	2.40	☆☆☆	2	4.65	18	0	
市场营销模拟教学软件	有效	2.00	☆☆☆	0	0.00	0	0	

图 6 – 58　关键词数据

当然,在数据报告中,百度也提供了更为便捷的查询方式,如图 6 – 59 所示。

图 6－59　数据报告

　　这些数据都是小李作为调整关键词推广策略必要的条件,他需要根据数据做出相应的判断:是提升出价还是修改创意等。

　　当然,最核心的还在于,这些推广关键词究竟为公司带来了多少利润。

　　除了每日查看数据报告外,小李还要积极与营销中心对接,咨询每日电话量,在这些电话咨询中有多少为意向客户,有多少为洽谈阶段,继而以线下的方式结合线上,形成效果评价。

6.2.4　支撑知识

　　1. 搜索引擎优化和网站优化的关系

　　网站优化包括三个方面的内容:对用户体验优化(UE)、对网站结构优化、针对搜索引擎友好性优化。

　　可见,网站优化思想认为网站优化与搜索引擎优化的关系是:网站优化设计并非只是搜索引擎优化,搜索引擎优化只是网站优化中的一部分。之所以很容易将网站优化等同于搜索引擎优化,主要原因在于网站设计因素对搜索引擎优化状况的影响非常明显和直接,因此更容易引起重视。同时应注意的是,网站设计优化不仅仅是为了搜索引擎优化,其核心仍然是对用户的优化,因此应坚持用户导向而不是搜索引擎导向,这也是网站优化与搜索引擎优化基本思想的重要区别之处。

　　网站优化基本思想之所以强调坚持以用户为导向的原则,是因为网站的内容和服务是否有价值最终是由用户来判断的,即使网站在搜索引擎中的表现很好,但如果用户使用感觉很不方便,同样不会产生理想的效果。而且,网站推广也并非完全依赖搜索引擎,还需要综合考虑各种相关因素。因此网站优化设计中三个层面的内容不能顾此失彼,应实现全面优化,尤其是对用户的优化应放在首位。

　　网站优化诊断分析方案首先都是出于对用户获取信息和服务的考虑,包括从内部获取信息和外部(搜索引擎)的便利性等方面。实际上,用户优化第一的原则与搜索引擎优化本质上是一致的,搜索引擎收录网页的排名规则也是从用户获取信息的习惯方面考虑,如果用户获取信息方便了,对于搜索引擎而言,也会将这样的网页视为高质量的网页,从而获得在搜索引擎中好的排名结果。

搜索引擎优化既是一项技术性较强的工作,也是一项同企业特点息息相关,需要经常分析和寻求外部合作的工作。实践证明,搜索引擎优化工作不仅能让网站在搜索引擎上有良好的表现,而且能让整个网站看上去轻松明快,页面高效简洁,目标客户能够直奔主题,网站发挥出了沟通企业与客户的最佳效果。

2. 关键字优化

(1) 关键字是否在<title>标签中

<title>标签是一个布置关键字最重要的地方,因为搜索引擎在收录的时候会用这个<title>标签中的内容作为标题。优化原则:标题要短,最多6~7个词语,关键词尽可能放在前面,对于中文来说,也是越短越好,对于很多 SEO 人员采取关键字堆砌的方式不宜提倡,效果肯定会有,但是过多堆砌是一种欺骗行为。

(2) 关键字是否在 URL 中

关键字在 URL 中对优化是非常有帮助的,比如"SEOTools"是想要提高排名的关键字,但是值得注意的是,如果在文档中并没有提到 URL 中的关键词的话就不行,所以一定要记得在文档中有相应的文字进行对应。当然对于英文来说就非常容易,可是对于中文来说就不太好办。使用 URL 重写技术产生中文路径是一个可以考虑的方法。比如这样的路径"www. chinacity. com/SEO 工具"这样对于中文来说才可能有用。

(3) 关键词密度是否合适

关键词密度也是一个非常重要的因数,检查主要的关键词的密度是否是在 3%~7% 的范围,检查关键词密度可以使用本站提供的关键词密度检查工具,加上主要关键词和 1~2个次要关键字。在关键词密度不够的时候要加上,但是不能让关键词密度超过 10%,如果超过 10%,设法降下来。因为超过 10% 很有可能被认定为关键词堆砌,将有可能会受到惩罚。

(4) 关键字是否在反向链接文本中

在反向链接文本中包含了关键字是非常有用的,相当于别的网站在这个关键词的排名上投了自己的网站一票,而且也会让关键词变得更热门。所以在添加反向链接的时候,尽量让别的网站使用包含关键字的链接文本,如果没有,则请对方进行一些调整。检查反向链接的文本可以通过本站提供的反向链接文本分析器进行检查,并根据结果进行优化和调整。

(5) 关键字是否在标题中(<H1>,<H2>等标签)

将关键字放在标题(h1)等标签中,能够起到加分的效果,所以尽量使用标题。另外加粗和突出的颜色也有类似的效果。

(6) 关键字是否在文档的开头部分

搜索引擎的索引是从前面开始的,所以关键词在文档的前面也是利于搜索优化的策略。

(7) 关键字是否在<alt>标签中

如果网页中不得不用图片,那么在图像标签的 ALT 属性中写上关键字是有利的。

（8）关键词在 Meta 标签中

对于 Google 来说，基本没有什么特别的用处。但是 Yahoo 和 MSN 等搜索引擎来说还是有用的。

（9）关键词之间的距离是否近

关键词距离是指在整个网页文本中关键词之间间隔的词语多少。最好能够越近越好。

（10）将关键词分成关键词短语

为了补充关键词，可以将关键词进行拆分，将每个词用其他短语来表达，分成不同的表达的方法，这样的匹配度会比较高。比如"SEO 工具"可以加成"SEO 常用工具大全"，当然是加在合适的地方。

（11）次要关键词

次要关键词可以是一些不那么热门的关键词，因为大家都去优化热门的关键词，次要关键词可能不是那么热门，但是同样可能点击率不小。适当选择一些次要关键词也是一个比较好的优化策略。

（12）关键词

对于英文来说有词干一说，比如"test"，那么用户搜索"tester""testing"的时候同样可以找到关键词为"test"的网页。但是对于中文来说就不是那么回事情了，比如 SEO 和 SEO 工具就肯定是两个词，再比如"工具"和"工具集"也是不同的，优化的时候根据需要将所有的形式都写出。

（13）是否存在关键字同义词

优化的时候尽可能为关键词添加一些同义词。这对于搜索匹配也是必要的。

（14）检查关键词是否拼写错误（有无错别字）

关键词有错别字这个问题的影响程度基本上是对半开，一方面写错了后会影响到正常的搜索，但是客户也有写错的时候，那么就刚好能够搜索到。但是优化的时候还是尽量排除错别字，因为毕竟那不是客户想要的东西，毕竟内容不仅仅为搜索引擎准备的，而最终客户才是重点。在优化产品名称的时候，尽可能把俗称、别名用上，那样才能起到良好效果。

（15）主要关键词是否被稀释

关键词稀释的问题其实各个站都会存在，尤其是中国的网站，拷贝的东西多，看到什么主题好就拷贝什么，就加一个类别，似乎为了流量，什么东西都往自己的网站上贴，事实证明那并不是一个好方法，专注才是对客户有用的，自然搜索引擎比较青睐。所以做新闻的就做新闻，做体育新闻的就做体育新闻，至少要有主次。所以优化的时候删除无用内容也是一个比较重要的措施。

3. URL 优化

（1）定义

URL 优化是指对 URL 进行适当的调整，以提高 URL 对搜索引擎的友好性，对 URL 的优化是网站优化的重要环节之一，占据很重要的位置，在决定页面相关性方面起着重要的作用，更重要的是它会直接影响搜索引擎对页面的收录。

（2）URL 的结构

① 物理结构

网站物理结构指的是网站真实的目录及文件所存在的位置所决定的结构,物理结构又分为(扁平式)跟(树形)结构。

扁平式:也就是所有网页都存在网站根目录下。例如:

http://www.xxxx.com/pageA.html

http://www.xxxx.com/pageb.html

所有的页面都是在根目录下的一级目录级别,形成一个扁平的物理结构,这种结构一般适合小站。

树型结构:也就是根目录下分成多个频道,或者叫类别、目录等,然后在每一个频道下面再放上属于这个频道的网页。比如频道分为:

http://www.xxxx.com/cat1/

http://www.xxxx.com/cat2/

在频道下再放入具体的内容网页如:

http://www.xxxx.com/cat1/pageA.html

http://www.xxxx.com/cat1/pageB.html

② 逻辑结构

逻辑结构或链接结构,也就是由网页内部链接所形成的逻辑链接网络图。一个好的网站 URL 结构是将逻辑结构与树型物理结构相吻合。

（3）URL 的优化方法

① URL 越短越好

无论是用户还是搜索引擎都喜欢简短的 URL,对于用户来说,觉得简单、容易记。URL 的层次也不宜过多。

② URL 中包含关键词

URL 中的关键词有助于告诉爬虫网页与哪些内容有关。显然与 SEO 内容有关,URL 中的关键词就像给爬虫的另外一个信号。对可用性的影响:MarketingSherpastudy(和许多观点一样)指出,用户更喜欢用简短、明确的 URL,这会帮助他们在点击之前就能预先了解这些网页的内容。

③ 使用"-"分割关键词

有些网站在 URL 中使用下划线"_"来分割单词,但对于搜索引擎而言,"-"为连字符,而不是分割符。因此我们要尽量使用中横线"-"来分割单词。在使用中尽量避免此类的发生,每一点都要做好。

④ 大小写一致

部分网站在 URL 中,有的时候会出现大小写混写,这样给用户感觉是不美观的,我们需要大小写统一。

⑤ URL 静态化

虽然当今的搜索引擎完全可以抓取动态的 URL,但包含关键词、长度适中的静态 URL 更为适宜。在条件适合的情况下,如发布一个新的网站或新的页面,还是应该尽量把包含很多参数的动态 URL,根据上述的 URL 优化规则进行静态的重写。当然 URL 的重写是个相对复杂的过程,在实施过程中应该尽量避免出现错误,以免造成更加不利的情况。

⑥ 域名 URL 统一

我们在打开不带 www 的和带 www 的 URL 时要进行统一,如果不带 www 的能够打开,但是要做 301 跳转到带 www 的。域名的统一减少重复收录和权重分散,对用户更友善。

⑦ URL 进行 301 跳转

如果 URL 发生改变,使用 301 重定向方法,将旧的 URL 指向到新 URL。如果你必须更改你的 URL,使用 301 重定向从每个旧 URL 指向到相匹配的新 URL,可以尽量减少影响。不要用 301 将所有旧 URL 重定向到新首页。这既对搜索引擎爬虫不友好,也对用户不友好。对搜索引擎优化的影响:使用 301 重定向是告诉爬虫,旧的 URL 已被新网址永久取代。这样做的影响是,所有的站外链接将通过此方法完成新旧 URL 的过渡,使它具有更好的机会取代旧的网址,在搜索引擎结果中更干净。对可用性的影响:301 重定向也将帮助你的网站访客直接到达新 URL。

4. 竞价排名

(1) 定义

竞价排名就是按点击付费,推广信息出现在搜索结果中(一般是靠前的位置),如果没有被用户点击,则不收取推广费。

竞价排名的特点按效果付费,费用相对较低;出现在搜索结果页面,与用户检索内容高度相关,增加了推广的定位程度;竞价结果出现在搜索结果靠前的位置,容易引起用户的关注和点击,因而效果比较显著;搜索引擎自然搜索结果排名的推广效果是有限的,尤其对于自然排名效果不好的网站,采用竞价排名可以很好弥补这种劣势;企业可以自己控制点击价格和推广费用;企业可以对用户点击情况进行统计分析。竞价排名用少量的投入就可以给企业带来大量潜在客户,有效提升企业销售额和品牌知名度。竞价排名按照给企业带来的潜在客户访问数量计费,企业可以灵活控制网络推广投入,获得最大回报。

竞价排名优点:见效快,充值后设置关键词价格后即刻就可以进入;关键词数量无限制:可以在后台设置无数的关键词进行推广,数量自己控制,没有任何限制;关键词不分难易程度:不论多么热门的关键词,只要想做,都可以进入前三甚至第一等优点。

(2) 竞价排名具体步骤

第一步:对整理出来的关键词数据进行剖析养成每天对推广的数据进行分析的习惯,数据计算、处置和剖析能够帮助、指导企业下一步怎么做。

第二步:关键字的删去、整理关键字的数量过多会导致用户被误导,关键字数量并不是越多越好,关键字过多会导致关键字重复的状况发生,并且长尾关键字也会有局限性的。所以在整理关键字时,把一些没用的关键字删去掉,有利于对关键词的管理。

第三步:调整关键字的出价和质量

关键字的出价下降或者提高必须根据对关键字的作用计算和分析后再做出的调整,推广人员需要将目光转移到作用非常好、性价比更高的关键字身上,删除那些作用不明显的关键字或降低出价。

第四步:账户结构的优化

通过账户结构的梳理和优化,企业竞价推广的效果可能得到数倍提升。设计账户结构的过程,也是企业对推广目的进行重新梳理的过程。特别是随着企业的产品/业务的调整和关键词的增删变动,可能需要我们不断重组企业的账户结构,以获得最佳的推广效果。根据实践经验,我们发现推广效果较好的账户在结构上一般都符合以下数量比例。

① 每个账户内推广计划的数量不少于 2 个

一般来说,较多的推广计划和推广单元意味着我们对关键词的细分更透彻,能够以更精准的方式定位更多的潜在客户。即便企业只在一个地区推广一种产品或业务,也可以从多个角度对关键词进行分类,并搭配更有针对性的创意,通过提升关键词与创意的相关性来提升点击率与质量度,优化推广效果。

② 每个推广单元内的关键词数量不超过 30,建议保持在 5—15 之间

如果关键词数量太少,可能导致该推广单元缺乏展现机会,不能定位更多的潜在客户,起不到推广效果。如果关键词太多,可能无法保证每个关键词与创意之间都有较高的相关性,无法吸引网民关注,造成点击率较低,进一步影响推广的质量度。将意义相近、结构相同的关键词纳入同一推广单元,并将每个推广单元内关键词的数量保持在 5—15 之间,如超过 30,利用关键词转移功能尽可能地予以拆分。

③ 每个推广单元内至少有与关键词密切相关的 2 条创意

在不同的展现位置,创意的展现效果有所不同,请注意创意中描述的完整性。对于同一组关键词,可以在不同的创意中尝试不同的产品卖点、风格和表达方式,并通过创意报告来对比评估不同创意对网民的吸引力,不断优化创意质量。

6.2.5 同步训练

以某企业为案例,从搜索引擎优化角度分析网站搜索引擎营销效果设置是否合理,见表 6-6。

表 6-6 企业网站搜索引擎优化方案

企业网站搜索引擎优化方案策划体验		
企业名称	概要	
站内搜索引擎优化分析	网站域名	
	页面布局	
	栏目划分	
	网站 META 设置	
	详情页面分析	
总结做搜索引擎优化需要考虑的内容		

6.2.6 综合评价

表 6 - 7 综合评价表

任务编号	0602		任务名称	搜索引擎优化
任务完成方式	☐ 小组协作完成 ☐ 个人独立完成			
评价点				分值
站内搜索引擎优化分析是否得当				25
搜索引擎优化实施、监控及评估是否合理				25
搜索引擎营销分析及实施是否全面				25
SEM 效果监控与分析是否准确				25
本主题学习单元成绩：				
自我评价	（20%）	小组评价	（20%）	教师评价 （60%）
存在的主要问题				

6.2.7 拓展任务

以小组为单位，模拟建立一个企业网站，为其选定一个合适的域名，并完成栏目划分、页面结构布局，针对不同栏目页面设置标题、关键词以及描述信息，并结合网站为其建立友情链接。

学习单元七　网络营销效果评价

能力目标

◇ 能够评估网络营销效益
◇ 能够对网站流量及访问行为进行分析
◇ 能够利用合适方法管理网络顾客关系
◇ 能够掌握网络顾客关系管理工具

知识内容

◇ 网络营销效益评估目的
◇ 网络营销效益评估指标体系
◇ 网络营销效益评估方法
◇ 网站流量分析指标
◇ 顾客关系管理方法

> 本项目包含了一个学习任务,具体为:
>
> 任务:西安欢畅国际旅行社网络营销效果评价。
>
> 通过对西安欢畅国际旅行社开展的网络营销进行效果评估,对其提出发展性建议,帮助其对网络营销方式进行有效的改进,进而更好地帮助该网站达到预期营销目标。

任务　西安欢畅国际旅行社网络营销效果评价

7.1.1　任务引导

随着社会经济的不断发展,互联网带来的网络时代为企业的市场营销活动提供了一个新的市场环境。企业在进行一系列的网络推广之后,就要对所开展的网络营销进行效果评估,选择出最有效的网络营销方式,以求更好满足消费者日益提高和多样化的消费需求,节约消费者的时间,进而更好地达到预期目标。

西安欢畅国际旅行社(后文简称:欢畅国旅)官网成立不久,小李作为刚入职员工,需要对目前的网络营销状况进行分析,分析其在网络营销中存在的问题以便于对后续开展的网络营销优化提供参考依据。

7.1.2 任务分析

- ☑ 网站设计评估
- ☑ 网站推广评估
- ☑ 流量统计分析
- ☑ 顾客关系管理

7.1.3 任务实施

欢畅国旅官网处于建设初期,因此欢畅国旅网络营销效果的评价将依据网站建设初期阶段目标展开分析,从欢畅国旅网站的结构、内容、服务、功能以及企业开展其他网络营销方式等方面做分析,找出其中不足与劣势。对网络营销效果的评价将从网站设计、网站推广以及网站流量三个方面进行评估。

步骤一:网站设计评估

网站设计的评估可以划分为网站设计评估及网站功能评估。

1. 网站设计评估

网站设计的评估包含网站结构、网站布局。图 7-1 为欢畅国旅网站首页。

图 7-1　欢畅国旅网站首页

（1）网站结构

打开"www. huanchang99. com"欢畅国旅首页,其页面的设计遵从了简洁、重点突出的原则,网站首页就是要向民众做展示广告,这是欢畅国旅建立网站的目的,因为好的展示广告是网络营销之主题。欢畅国旅的首页整体布局严谨,层次分明,且只有公司名称、三个大的分类以及免费电话咨询窗口,整幅画面简洁明快,"一幅画面,三个主题"是其首页的设计原则,便于顾客更快地进入相应网站或者获得及时的帮助。

图7-2　欢畅国旅官网首页(1)

图 7-3　欢畅国旅官网首页（2）

　　点击进入欢畅国旅网站的官网首页,根据人们的视线是"F"型的浏览次序来看,欢畅国旅的标志放在网页的最左上角,上方的横条显示了网页的整体分类,左方是旅游产品的细小分类,首页的中下方是热门标签与热点旅游排行榜等,下方是公司旗下的各类互动平台。如图 7-2、7-3 所示。

（2）网站设计对用户阅读习惯的合理性

就内容的结构而言，欢畅国旅的首页做得很好，按照"F"型结构，即浏览者的视线走向的方向。根据人们的视线是"F"型的浏览次序来看，中间部位是广告宣传页，画面简洁，重点突出，每帧页面均按照平面广告的要求设计制作。在页面设计上，每帧首页只有一个兴趣中心，且按照经典平面广告技法使之位于黄金分割处。兴趣中心一般都是与产品相关的图片特写，这种着重从视觉效果出发，将网站做成系统屏幕广告的做法。使各类广告页面在不同的变化中，达到了宣传各类产品的效果。总体上说该网站布局合理，内容丰富、功能基本齐全。

（3）网站结构有利于搜索引擎查询合理的信息

① 在网页的左侧是栏目页，热点的栏目分类都在这里被罗列出来，用户点击都可以链接到其产品的详细介绍上。

② 网站内容是用户通过企业网站可以看到的所有信息，也就是企业希望通过网站向用户传递的所有信息。欢畅国旅向用户推荐热卖路线、推荐酒店、促销门票、超值团购等，这些热门栏目在首页第一屏出现，通过栏目关键词布局以及顾客浏览网站习惯，使得热门栏目点击率大幅提高，为网站导入大量流量。

③ 有网站导航、网站帮助、网站地图，如图 7-4 所示。普通 Html 格式的网站地图，它的目的是帮助用户对站点的整体有个把握。Html 格式的网站地图根据网站结构特征制定，尽量把网站的功能结构和服务内容富有条理地列出来。一般来说，网站首页有一个链接指向该格式的网站地图。

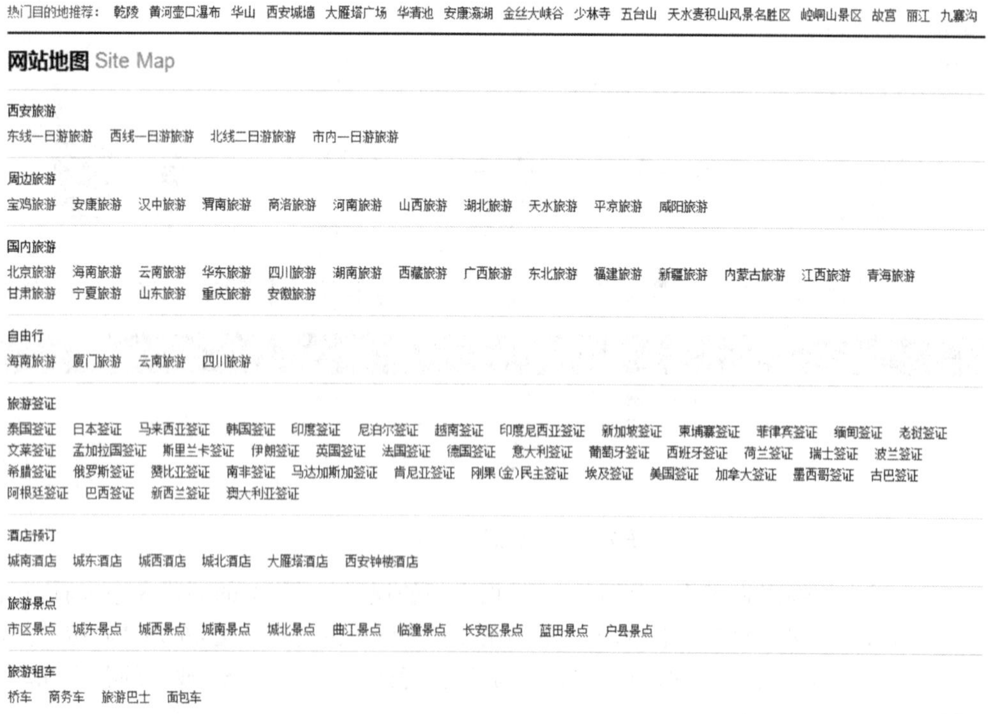

图 7-4　网站地图

（4）网站栏目设置

网站栏目设置划分是否明确合理是反映一个企业网站优化效果的标志。欢畅国旅网站建设的栏目分类非常详尽，根据企业业务类型，欢畅国旅将网站栏目分为西安旅游、周边旅游、国内旅游、签证、酒店、景点、目的地、新闻，必要的栏目都已建立，而且不含无必要的栏目链接，导航栏设置合理，层次分明，如图7-5所示。

图7-5 欢畅国旅首页导航

（5）网页访问速度

如果一个网站访问速度过慢，那么就会降低用户兴趣，容易流失用户。大多数阅读者都不愿花太多的时间在访问页面上，更不愿花太多的时间去等待。导致网站访问速度过慢的一个原因是网站存放的服务器带宽问题，另一个便是企业网站内容，过多的 Flash 或视频文件会导致网站访问过慢，因此欢畅国旅在网站结构方面并未引入过多 Flash 及视频文件。

（6）每个网页是否都有合适的标题

每个网页都有合适的标题。各个栏目之间的链接关系正确，信息分类详细，内容不重复冗余，每一个页面的内容也与栏目的标题相贴切，布局合理。

（7）静态网页与动态网页的应用是否合理

静态网页与动态网页的应用较合理。动态网页只限于在首页的展示，子页都是以静态网页的形式，这样有利于用户的查看，可避免影响用户查看信息。

2. 网站功能评价

(1) 欢畅国旅网站基本信息完整、产品信息详尽

网站内容丰富,页面完整。内容除了图片,还有详尽的文字信息描述,让用户得到更多的信息。网站旅游产品信息基本以图片介绍为主,少数的文字介绍为辅。

(2) 欢畅国旅网站没有达到及时、有效地更新信息

网站更新维护有所欠缺,并且首页改变比较少,哪怕是换个动画广告也没有。到如今中国国际发生许多大事,中国飞天宇航还有最近风靡世界的足球世界杯,商机无处不在,该网站却没有做任何调整和变化。

(3) 欢畅国旅网站查找产品信息方便

欢畅国旅网站栏目分类非常详尽,必要的栏目都已建立。导航栏设置合理,层次分明,各个栏目之间的链接关系正确,信息分类详细,每一个页面的内容也与栏目的标题相贴切。

网站设计以用户为导向,通过最简单、醒目、易用的网站要素设计,每一个一级栏目都有其二级栏目,只要想了解相关信息,都可以方便地通过选择相关栏目来进行进一步的了解。

(4) 欢畅国旅网站的功能都能正常运行

欢畅国旅网站的栏目分类非常详尽,必要的栏目都已建立,而且不含无必要的栏目链接,各个栏目之间的链接关系正确。

(5) 用户注册/退出是否方便

欢畅国旅网站用户注册与退出较麻烦。因为需填写的信息较多,这样容易流失更多的会员,一般人不愿花太多的时间在这些事上,因此会因不愿注册而选择放弃,这样会导致没能达到营销效果。

(6) 是否能体现出网站的促销功能

欢畅国旅网站很好地体现了网站的促销功能。页面中央有各种热门促销活动,并且可以在线支付或者预约。

(7) 是否具备网站的各项网络营销功能

欢畅国旅网站有很强的促销意识,通过网站向访问者展示产品、对销售提供支持,有多种具体表现方式,如主要页面的产品图片、介绍、通过页面广告较好体现出企业形象或者新产品信息、列出销售机构联系方式、销售网店信息等,或者具有积累内部网络营销资源和拓展外部网络营销资源的作用。

3. 关于网站服务有效性方面的评价

(1) 网站帮助系统

欢畅国旅网站拥有帮助系统,顾客服务信息的总体状况比较良好,在线服务手段多样,尤其是对在线顾客服务有足够的重视。网络营销的在线顾客服务功能得到了充分发挥。

(2) 详尽的FAQ

欢畅国旅网站有详尽的FAQ。网站通过FAQ可以为顾客提供各种在线服务和帮助信息,通过即时信息实时回答顾客的咨询等。一个设计水平较高的常见问题的解答,应该可以满足80%以上顾客关心的问题,这样不仅为顾客提供了方便,也提高了顾客服务效率、节省了服务成本。

（3）网站公布多渠道客户咨询方式

欢畅国旅网站公布了多渠道的客户咨询方式,用户可通过网站获得适时帮助(如在线拨号或聊天系统)。网站有在线联系,访问者能通过 E-mail 与企业取得联系。唯一不足是网站没有通往相关信息的互补性资源的链接。

步骤二:网站推广评估

1. 关键词网站排名

关键词排名是一种在搜索引擎搜索结果中以相关字、词、词组体现网页排名的方式。可以分为关键词自然排名以及各搜索引擎提供的关键词竞价排名服务两种。自然排名是搜索引擎根据自己的排名规则,对相关网页抓取后,通过用户的搜索词,对抓取结果进行收录,排序后呈现出搜索结果。

在本案例中,常用的关键词是"西安旅游""西安旅行社",接下来就用站长工具对这两个关键词进行分析。

请输入关键词:	西安旅游,西安旅行社	查 询

多个关键词用逗号(,)号隔开,最多支持3个关键词

分析结果		
关键词	西安旅游	西安旅行社
长尾关键词	西安旅游攻略,西安旅游景点大全,西安旅游景点	西安旅行社报价,西安旅行社排名,西安旅行社
指数	2146	874
收录量	9710万	2790万
首页网站(前50名)	2	41
排名前10网站分析	权重>=4的网站有7个 其中属于首页的有1个 内页或目录页的有6个 权重<4的网站有2个 其中属于首页的有1个 内页或目录页的有1个	权重>=4的网站有5个 其中属于首页的有4个 内页或目录页的有1个 权重<4的网站有5个 其中属于首页的有5个 内页或目录页的有0个
竞价网站数量	8(竞价量时刻在变化)	8(竞价量时刻在变化)
优化难度	竞争度　高难度	竞争度　中等偏上
优化估价(仅供参考)	12000-40000元/年	8000-12000元/年

图 7-6　关键词分析页面

关键词搜索次数数值反映了关键词的用户搜索频率,日搜索量越大,说明该词商业价值越高(以百度指数为参考)。

关键词搜索量是我们在用搜索引擎搜索某个关键词时,搜索引擎搜索出来的相关结果数量,少则说明竞争度小,多则说明竞争度高。

首页网站是指查出来的结果中属于首页的而非内页或者目录页的。首页网站数量数值反映了竞争网站的整体实力,搜索结果中出现首页网站量越多,说明优化这个词的竞争网站越多,优化难度也就越大。

百度第一页竞争对手网站分析,对前 10 排名的网站进行分析,通过权重、首页、内页

及目录页的数量进行综合分析。

竞价排名网站的数量可以反映出该词商业价值度的高低,竞争者越多商业价值越高,相对应的难度也会更大。

关键词分析结果如图 7-6 所示,这两个关键词竞争激烈度都很高,欢畅国旅很聪明地避开这些词,选择了西安旅行社报价、西安旅行团这类相关词,然后通过网站分析工具进行分析,分析结果如图 7-7 所示。欢畅国旅在关键词优化上做得还是不错的,"西安旅行社、西安旅游团、西安旅游报价、西安的旅行社"等关键词都排在第一页,而且这些关键词都拥有较高的商业价值。

图 7-7 百度权重查询页面

2. 外链与反链

外链就是指从别的网站导入到自己网站的链接,即能够给网站带来蜘蛛爬行访问的链接就叫作外链,也就是说从网站外部的其他网页链接到当前网站的链接。导入链接对于网站优化来说是非常重要的一个过程。一个网站是很难做到面面俱到的,因此需要链接到别的网站,将其他网站所能补充的信息吸收过来。发出的外链不在于数量,而是在于发出去外链的质量。

导入链接的质量(即导入链接所在页面的权重)直接决定了我们的网站在搜索引擎中的权重。如图 7-8 所示,我们可以看到欢畅国旅网站外链并不多,这是因为欢畅国旅的网站是全新的网站,对于全新的网站而言,如果在短时间内做了大量反链,可能导致搜索引擎认为网站作弊,而对网站降权,并不再收录网站。因此,为了避免这个问题,新网站在做反链时只需要适当地做一些链接,每日增加,日积月累。

图 7-8　反链接

3. PR 值

根据 PR 值查询所得,欢畅国旅网站的 PR 值为 2,如图 7-9 所示。

图 7-9　PR 值

PR 值,即 PageRank,网页的级别技术,用来标识网页的等级/重要性。级别从 0 到 10 级,10 级为满分。PR 值越高说明该网页越受欢迎(越重要)。作为新网站,欢畅国旅网站 PR 值页面评定结果是 2,处于比较低的水平,可以通过外部链接和 SEO 来提高 PR 值。

4. 其他

Alexa 的流量排名是以三个月内数百万个安装了 Alexa 工具栏的用户的流量数据汇总为基础的,也是页面浏览次数和用户数的综合测量方式。所以,一个网站的排名既反映了访问网站的用户数量,也反映出了这些用户浏览网站的页面数。大多数人把它当作当前较为权威的网站访问量评价指标。

根据站长工具得知,欢畅国旅网站的 Alexa 排名如图 7 - 10 所示。

欢畅国旅官网,作为一个目前还是刚刚起步的网站,在亚马逊分类目录中都没有收录记录,作为一个以后要往网络营销方面长期发展的网站,其主站点的 Alexa 排名还是很重要的,这对于他们的对外宣传、网站价值,是金子般的珍贵。

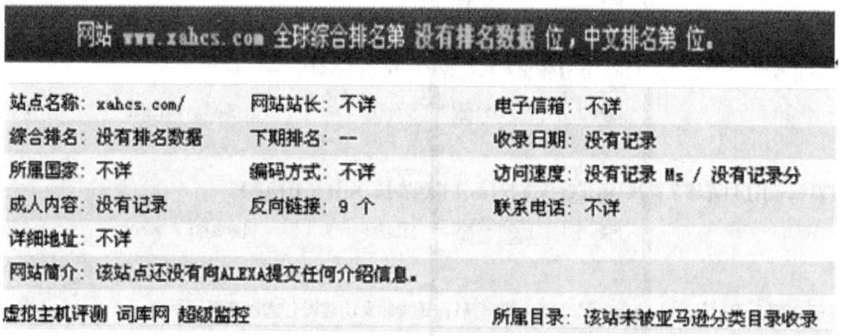

图 7 - 10　Alexa 的流量排名

步骤三:流量统计分析

流量统计分析,是指在获得网站访问量基本数据的情况下,对有关数据进行统计、分析,以了解网站当前的访问效果和访问用户行为并发现当前网络营销活动中存在的问题,并为进一步修正或重新制定网络营销策略提供依据。

接下来就从流量统计分析角度来评价网络营销效果。分别从流量分析、网站访问数据分析来看。

1. 流量监控

网站流量是一个可以反馈网站网络营销效果的一个重要标准,通过网站访问数据我们可以对网站进行诊断等,通过做好访客地区分布的数据分析,可以更有效地推广网站,而且更利于自己挖掘网站的潜在用户。常见的流量(访问量)统计工具有 CNZZ 统计、百度统计、51la 统计、谷歌统计软件、Coremetrics、SiteFlow 统计、维析。通过这些统计工具,用户可以查看一段时间内用户网站的流量变化趋势,及时了解一段时间内网民对用户网站的关注情况及各种推广活动的效果。这里以最常用的 CNZZ 统计为例来讲解如何对网站访问数据进行统计与分析。CNZZ 统计工具安装方法如图 7 - 11 所示,步骤如下:

（1）注册 CNZZ 账户，并登录站长统计；

（2）根据页面提示添加站点、录入站点信息；

（3）获取代码，并将代码部署至要统计的网站页面中。

图 7 - 11　CNZZ 统计安装流程图

图 7 - 12　CNZZ 统计后台页面

代码正确添加后，进入 CNZZ 统计，如图 7 - 12 所示为网站数据概况页，提供了网站最重要的流量报告，更方便从全局了解网站流量情况。通过优化分析还可以发现目前网络营销活动中可能存在的问题，并为进一步修正或重新制定网络营销策略提供依据。

2. 网站访问数据分析

点击网站底部 CNZZ 统计 Logo，进入 CNZZ 统计界面，如图 7 - 12 所示为网站统计后台概括界面。点击"流量分析"→"对比分析"，选择最近 7 日，并选定对比时间段，如图 7 - 13 所示。

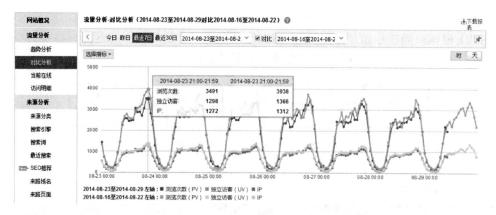

图 7 - 13　网站访问流量对比分析

通过网站访问趋势可以看到,访问网站的用户上网时间基本在早上 10 点到 22 点,并且一周内,周末访问人数较高,这符合用户上网习惯。根据这些数据,对 SEM 竞价排名推广结果呈现时段提供参考并设置。

点击"来源分析"→"来源分类",如图 7 - 14 所示,可以看到网站访问的流量来自哪里。从结果中可以看到,大部分流量来自搜索引擎,这一部分流量肯定了网站本身在搜索引擎中的收录量表现。其次,也说明之前的搜索引擎优化工作效果已经显著,用户通过在搜索引擎中输入搜索词,查询并访问了网站。除此之外,其中一部分流量来自用户直接输入网站访问,对于这类直接流量则是非常宝贵的流量,说明网站已经被用户放入了收藏夹,或者用户记住了网站的域名,这都是值得高兴的事情。

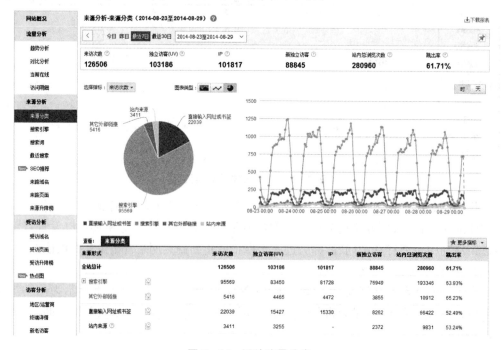

图 7 - 14　网站流量分类

同样的,通过"搜索词"栏目,我们可以看到,访问网站的用户是通过哪些搜索词访问网站的,并且通过 CNZZ 的"SEO 推荐"可以帮助企业了解搜索量高的关键词,通过图 7 - 15 所示可以了解到用户的搜索热词。通过查看,判断企业的关键词 META 设置是否合适,可以看到搜索词为"西安旅行团、西安旅行社报价"等,和欢畅国旅本身的关键词定位十分吻合,对应的可以将网页 META 中搜索量低、无价值的关键词进行替换。

之后,通过 SEO 推荐栏目,如图 7 - 16 所示,可以看到"西安一日游、西安临潼游"等热门搜索词,在后期的网站关键词优化中,可以将其归纳到关键词优化中。

图 7 - 15　网站搜索词

图 7 - 16　SEO 推荐栏目

点击"受访分析"→"受访页面",如图 7 - 17 所示,数据统计会罗列出网站的页面受访情况,根据这些页面的浏览次数、独立访客数,可以对用户的行为意图进行分析,如用户偏好景点、偏好栏目,之后可根据这些访问数据将访问量大的栏目放置于网站最优展现位置或设立"最热路线、最热搜索"栏目,提升用户体验。除此之外,通过人均访问页面数,可以了解网站页面内容呈现情况、网站呈现内容是否具有价值。此外通过对平均页面停留时间分析,如果页面停留时间过短,说明用户在该页面难以找到他们所需的具体内容,也有可能表示网站载入时间过长,用户失去兴趣,工作人员通过对用户在网站的停留时间以及访问路径分析,可以帮助网站优化人员确定网站结构是否合理。

图 7-17 网站页面访问情况

步骤四:顾客关系管理

互联网提供了更加方便的在线顾客服务手段,从形式最简单的 FAQ(常见问题解答)到邮件列表(促销、调研问卷),以及 BBS、聊天室等各种即时通信服务,顾客服务的质量对于网络营销效果具有重要影响。

欢畅国旅网站用的在线顾客服务方式主要有:FAQ、论坛、电子邮件、在线表单、即时信息、聊天室等。如图 7-18 所示,在首页上有多种在线服务方式可供选择。

图 7-18 在线顾客服务方式

1. 常见问题解答(FAQ)

如同 Windows 操作系统的帮助一样,常见问题解答也是网上顾客服务的一种重要方式,是一般网站都不可缺少的内容。在利用一些网站的功能或者服务时往往会遇到一些看似很简单但不经过说明可能很难搞清楚的问题,有时甚至会因为这些细节问题的影响而失去用户。

欢畅国旅网站对 FAQ 做得特别好,在帮助中心中列出了一些用户在使用本网站时可能出现的问题。其实在很多情况下,只要经过简单的解释就可以解决这些问题,同时这种服务方式极大地分担了人工服务的负担,这就是 FAQ 的价值体现,如图 7-19 所示。

图 7-19　帮助中心页面

2. 即时信息(IM)

越来越多的用户希望得到即时顾客服务,因此以聊天工具(如 ICQ、QQ、MSN Messenger 等)为代表的即时信息已经成为一种不可忽视而且是最受欢迎的在线顾客服务手段。欢畅国旅网站在这方面也做得很完善,如图 7-20 所示有 24 小时在线的即时人工服务,只要点开链接图片,就有客服人员第一时间回复,从而给顾客一个良好的企业印象。

图 7-20　24 小时咨询服务页面

3. 社会化媒体

欢畅国旅通过自己的微信、微博平台向广大用户推送有价值的旅游信息的同时,通过两种平台与客户进行沟通,在进行推广的同时赢得了用户的信任,如图 7-21 所示。

图 7-21 欢畅国旅微博、微信

4. 电子邮件

作为一种主要的在线交流手段,电子邮件在顾客服务中的地位非常重要,担负着主要的顾客服务功能,不仅表现在一对一的顾客咨询,更多情况下是作为长期维持顾客关系的工具,如各种邮件列表等。随着顾客对服务的要求越来越高,回复顾客 E-mail 咨询的时间已经成为衡量一个公司的整体顾客服务水平的重要指标。客户注册账号后,欢畅国旅网站定期会投递商城促销邮件,给顾客带来最新的优惠消息。

总体来说欢畅国旅在线服务手段很多,并且还在不断发展中,但要注意的是,在强调在线顾客服务的同时,也应保持对传统工具作用的重视,比如电话和普通邮件,在增进顾客关系和实现顾客服务方面有时效果更加显著。选择顾客服务手段最重要的不是区分网上还是网下,而是综合考虑效率和顾客满意,最理想的方式是根据顾客需求特点,采取网上网下顾客服务手段相结合。优秀的在线服务可以节省大量的服务成本,同时增加了顾客满意度,一个网站应该采用哪些在线服务方式取决于网站的具体情况,只要能最大限度满足顾客的需要,在线服务就是成功的。

步骤五:提出建议

在完成对网站的分析之后,需要针对问题提出修改建议、指导,具有针对性的建议才会引导网站进行的改善并重新组合,从而达到更好的网络营销效果。

欢畅国旅官网目前还是一个刚刚起步的网站,对于网站运营初期,网民关注度不高时,需要通过各种渠道,提高网站的收录量、影响力。因此针对这个问题,需要制定合理的推广计划,如通过各种网站旅游栏目新闻的高效应将品牌推广出去,在一定范围内制造影响力。其次,适当的以百度竞价排名作为网站流量主要来源。欢畅国旅创建了自己的官方微博、博客以及微信等,这是一个很聪明的决定。除此之外还可以采用问答类知识点作为口碑呼应,并建立相关知识文库,利用百度等搜索引擎或门户网站影响权重。具体推广计划见表 7-1 所示。

表 7-1 网站推广计划表

内容	说明
百度 Google SOSO	关键词竞价,通过首期关键词竞价提升排名,利用产品优势强势打入市场。普通关键词在前三名,热门词在首页右上居中
	网盟,根据目标人群设定投放,可进行用户追踪投放
品牌传播	百度知识文库、百度百科等,设定相关关键词,提高权重比
	MBA 智库,设定相关关键词,提高品牌宣传力度
	新浪文库等,设定相关关键词,提高权重比
口碑传播	百度问答、新浪问答、SOSO 问答、雅虎问答、天涯问答、搜狐问答,利用关键词覆盖,提升品牌形象及口碑传播力度
新闻传播	利用具有新闻价值的事件,或者有计划的策划、组织各种形式的活动,借此制造"新闻热点"来吸引媒体和社会公众的注意与兴趣,以达到提高社会知名度、塑造企业良好形象并最终促进产品或销售服务的目的。同时在各大旅游门户栏目投放各种旅游攻略、资讯等
论坛社区	在相关行业论坛或知名度较高的论坛,通过文字、图片、视频等方式发布产品和服务的信息,让目标客户更加深刻地了解企业的产品和服务
	利用社区网站的分享和共享的功能,在六维理论基础上实现品牌及产品的推广,主要为开心、人人等,快速打开知名度
外链	新网站建立之初,需要通过外链快速带来流量,提高网站权重

(2)网上调查:通过网站上的在线调查表,或电子邮件、论坛、实时信息等方面来征求顾客的意见,可以获得有价值的用户反馈,有助于了解客户,在产品研制方面能提供很多的灵感,从而为市场提供更好的产品。

(3)进行资源合作:要想很好地发挥网站的作用,必须与经销商、客户网站以及行业网站、相关企业建立资源合作关系,例如,与其他网站的交换链接、交换广告等方式。

总体上讲,欢畅国旅网站在结构、内容、服务、功能四个方面做得还是相当不错的,考虑到以后企业的发展,网站要注意维护和更新升级、优化这些企业自身的服务。

7.1.4 支撑知识

1. 什么是网络营销效果评价

网络营销评价是指通过借助一定的定量和定性的指标,对开展网络营销网站的各个方面(包括网站访问量、个人信息政策、顾客服务和产品价格等)进行评价,从而总结和改善企业的网络营销活动。

网络营销效果评价是指网络营销活动实施以后,通过对营销活动过程的分析、评价及效果反馈,以检验营销活动是否取得了预期效果的行为。

网络营销效果评价是一个系统工程,需要企业的网络部门和销售部门共同参与。网络营销效果评估可以使企业充分把握企业网络营销推广费用的流向,并能在众多推广平台中选择出最好的、最适合企业发展需要的网络营销推广平台。

2. 明确网络营销效果评价体系

正确评价一个项目是否合理的前提是评价指标的体系,对于欢畅国旅这类初建网站开展网络营销的企业,网络营销的效果评价并不是直接带来的销售转化,网络营销是一个综合性的经营策略,如销售促进、顾客关系、网上调查等。网上销售只是其中的部分内容。

网络营销效果评价是对一个时期网络营销活动的总结,也为制定下一阶段网络营销策略提供了依据。同时,通过对网站访问数据的分析,也可以提供很多有助于增强网络营销效果的信息。

因此,对网络营销效果的评价体系应包含以下三个标准。

(1) 网站设计评估

网站设计指标是基于网站用户体验角度出发,网站的功能、布局是否合理,同时对于搜索引擎而言是否具有较好的友好性,表现为网站访问的响应速度、网站兼容性以及各页面 META 标签使用是否合理。

(2) 网站推广评估指标

网站推广评估包括网站的搜索引擎排名以及与企业相关的其他推广工具的使用情况,如与相关重要网站的链接、外链软文等。

网站推广的力度在一定程度上说明了网络营销人员为之付出劳动的多少,而且可以进行量化,这些指标主要有:

① 登记搜索引擎的数量和排名:一般来说,登记的搜索引擎越多,对增加访问量越有效果,同时,搜索引擎的排名也很重要,排在搜索引擎前三页具有更高的点击率。

② 被其他网站链接的数量:在其他网站链接的数量越多,对搜索结果排名越有利,而且访问者还可以直接从链接的网页进入网站。

③ 用户数量:用户数量是一个网站价值的重要体现,在一定程度上反映了网站的内容为用户提供的价值,而且用户也就是潜在的顾客,因此,用户数量直接反映了一个网站的潜在价值。

(3) 网站流量评价指标

网站访问量指标可以根据网站流量统计报告获得,通过访问数据的分析,我们可以为下阶段的网络营销方向制定策略。网站访问数据中最有价值的指标包含独立访问者数量、页面浏览量、注册用户数量、用户访问时间、访问深度等。

此外,企业网络营销效果的评价标准最根本的仍是要结合企业的阶段目标来判定,不同阶段的效果能够有效地反映当下网络营销方式、目标、受众及侧重点是否正确。

3. 网络营销效益评估目的

(1) 通过对网络营销系统的执行过程的评价,了解网络营销实施的效果,网络营销战略与公司目标战略是否匹配,形成对系统的各个执行部分的监督和检查,激励系统正常持续的发展。

(2) 通过对网络营销系统运行状况的评价,检查网络营销系统运行状况与系统标准之间的差异、网络营销的目标是否达到,并且及时修正,以确保网络营销系统的正常运转,网络营销计划中制定的营销沟通目标的实现和网络营销企业的可持续发展。

(3) 通过专门机构的评价,检查用于吸引访问者访问网站的各种推广技术的运用效果,收集、分析、发布和得到网络营销实施结果,检查网站的普及程度和网站满足顾客需求的能力。

4. 网站的评价指标

(1) 网站的评价指标

不同类型的企业网站,有不同的目的,所以不同的网站有不同的评价指标。但是在网站的设计上,有一些通用的指标,主要有页面下载时间、有无死链接、对浏览器的兼容性、搜索引擎识别代码、Html 代码的设计、Java 程序设计等。一些第三方的评测网站提供评测的结果可分为四个等级:优、好、一般、差,也可量化评分(评测指标具体问题具体分析)。

(2) 网站推广指标

网站推广指标是指企业在经过网站推广之后,有多少网民知晓,能否被搜索引擎搜索到,而且也可以进行量化。指标如下:

① 被其他网站链接的数量;

② 注册用户的数量;

③ 网站的实际知名度;

④ 登记搜索引擎的数量和排名。

(3) 网站流量指标

网站流量指标能反映出网站上网者的数量,也就反映网站受欢迎的程度。

① 页面浏览数和访问的次数;

② 访问者的人数;

③ 每个访问者的平均页面浏览数;

④ 用户在网站的平均停留时间;

⑤ 页面的平均停留时间。

5. 流量统计分析

(1) 基础指标

访问量(Visitors):指某段时间内网站被访问的总人数。

绝对唯一访问者数(Absolute Unique Visitors):指在某段时间内访问网站的来自不同 IP 地址的人数。

页面访问数(Pageview):某段时间内被访问或打开的页面总数。

平均页面访问数:页面访问数除以访问量。

网站停留时间:指用户每次访问在网站上所花的时间。网站停留时间代表了网站的黏度。

文件访问数(Hits):指在一段时间内所调用文件的次数。

弹出率(Bounce Rate):指浏览者来到网站,只看了一个网页就离开的比例,是衡量网站是否满足用户需要的重要指标。

访问深度(Depth of Visit):指用户在网站上访问了多少个页面,访问页面越多,深度越高。

用户浏览器及电脑信息:包括浏览器类型、版本、用户计算机操作系统、显示器分辨率、是否支持 Java 等。

用户地理位置：根据用户 IP 地址判断出其所在的地理位置。

流量来源：显示三种主要的流量来源所占的比例、各自的流量情况以及随时间的变化趋势。这三种主要的流量来源是：

① 直接访问者，用户通过浏览器书签，或在地址框中打入网址访问网站；

② 来自其他网站的点击流量，用户点击其他网站的链接访问网站；

③ 搜索流量，用户通过搜索引擎检索关键词，点击搜索结果后访问网站。

访问最多页面：被访问次数最多的网页；

最热门着陆页面：用户来到网站时首先访问的哪个页面；

最热门退出页面：显示用户离开网站前访问的最后一个网页；

转化率：首先设定目标完成页面，用户达到这个特定页面就计算完成一个转化；

销售通路：即用户在网站购物时必须完成的每一个步骤。流量统计软件以图形方式显示出在这个销售通路上每一步多少用户完成，又有多少用户停留在某一步骤上。

（2）优化数据依据

网站概况：全局了解网站情况，了解感兴趣的数据指标。

流量分析：提供全站流量状况及历史比较功能，及时从流量涨跌中发现问题；提供当前在线实时流量，监控最新网站流量详情。

来源分析：提供搜索引擎（及其子引擎、关键词）、外链等引入流量的详细情况，及时了解网站来源的类型、数量及质量。

受访分析：提供各受访页面的访问情况，了解哪些内容受访客欢迎、哪些内容易导致访客流失、页面设计是否合理、是否达到预期。

访客分析：提供访客终端特征和访客行为特征，揭示不同类型访客的浏览行为差异，对不同访客类型的网站深度优化提供丰富的数据依据。

转化路径分析：分析指定目标页面被完成的情况，了解页面流程是否顺畅、推广活动是否达到预期目标。

（3）网站访问数据分析

网站访问数据分析主要指的是基于网站的用户浏览行为和网站运营状况，对网站的点击数据和运营数据进行分析，以监控网站的运营状况，实现网站的优化。网站访问数据分析从用户的行为角度进行分析，充分体现了"以用户为中心"的理念，对提高网站的质量和用户体验提供了有效的决策依据。

网站访问数据分析的价值主要体现在：通过统计网站日常的 PV、UV，监控网站的运营状况；通过转化率和跳出率等指标优化网站的交互流程和页面设计；通过分析用户的行为帮助网站定位目标市场和目标用户，实行有针对地推广策略，通过来源和搜索关键词分析优化 SEO 和 SEM 策略。

6. 网络营销评价的实施

（1）网络营销的评价方法

① 消费者调查

在网站上调查问卷，直接向消费者调查，或者向消费者发送调查问卷的电子邮件，询问他们对某个商务网站的看法,听取他们的意见。

对于如网站的排名、欢迎的程度等简单的信息进行评价,可以采用投票的方法,也直接采取数字信息。

优点:向消费者调查,可以掌握第一手资料,了解消费者的需求。

注意的问题:

A. 调查的样本的选择;

B. 要根据评价指标精心组织调查问卷的题目;

C. 这种调查方式不要涉及消费者不掌握的内容,或无法予以回答的内容;

D. 采用投票的方式采集数据的时候,要防止舞弊行为的发生。

② 专家评审

专家评审可以从专业的角度出发,对企业的网络营销做出专业的评价。

在专家的评审中,企业要提供有关的数据,或请专家采集数据,通过一定的数学方式,对数据进行处理、分析,得出结论。

③ 消费者与专家评审相结合

二者相互结合,取长补短,更真实地反映企业网络营销的现状,具有如下优点:

A. 有效地评测出哪个推广平台更适合企业的发展;

B. 通过网络营销效果评估评测出哪个营销活动更有效;

C. 对所有数据进行统计分析得出月度、季度、年度投资收益率;

D. 通过网络营销效果评估评测出哪些产品销量好、哪些产品销量不好。

(2) 网络营销评价的实施

① 网站设计指标统计,如图 7-22 所示。

设计特征	A. 色彩搭配　　B. 布局 C. 网站导航　　D. 兼容性 E. 交互性
信息特征	A. 时效性　　　B. 可靠性 C. 分类搜索　　D. 多媒体 E. 数据库
网络特征	A. 网页下载速度　B. 链接 C. 网络安全

图 7-22　网站设计指标

② 客户流量统计

最简单的用户数量统计,是在网页上安装计数器,但是这种方法不可靠。现在大多采用一些专门的流量统计分析软件,可以自动跟踪,记录用户活动。

③ 收集用户反馈信息

可以通过电子邮件、调查问卷表等获取。

④ 投资收益统计

(3) 网络营销评价的指标分析,如图 7-23 所示。

	网站设计指标	网站推广指标	网站流量指标	网络营销成本效益指标
入门型网络营销	低	低	低	低
初级型网络营销	低	中	中	低
中级型网络营销	高	高	中	中
高级型网络营销	高	高	高	高

图 7 - 23 网络营销评价的指标分析

（4）网络营销效果评测的一般模式

① 确定营销目标

一个网站必须明确定义网站目标。这个目标是单一的，可以测量的。

② 计算网站目标的价值

明确了网站目标后，还要计算出网站目标达成时对网站的价值。

③ 记录网站目标达成次数

④ 计算网站目标达成的成本，最容易的是使用竞价排名 PPC。

7. 顾客关系管理

顾客关系管理（CRM，Customer Relationship Management）是企业电子化工作中很重要的一环，其宗旨是企业以满足顾客满意为目标，使其能在市场上维持竞争力。

顾客关系管理是成长型和盈利型企业必须关注的。企业最有价值的资产是顾客，这里顾客是指广义的顾客，既包含了最终的用户，也包含了合作伙伴和企业内部的用户。实现顾客关系管理必须从企业的文化建设起，没有以顾客为中心的企业文化，是很难实现较高意义上的顾客关系管理。其次顾客关系管理是一个管理流程，而不是能够在一段时间范围内就可以完成的项目。最后需要说明一点，在信息社会，对于一些拥有客户群体较大的企业，没有 IT 技术的帮助，很难深入地进行顾客关系管理。

在线顾客服务中的主要问题表现在下列八个方面：

（1）回应顾客询问时间加长甚至不予回复；

（2）不愿意为用户开设新的使用或者访问权限；

（3）缺乏面对面的接触，尽管有些问题很容易当面解决；

（4）承诺的顾客服务难以实现；

（5）顾客通常需要将投诉意见用文字形式表达出来；

（6）网站"临时性关闭"或者下载速度极为缓慢；

（7）顾客服务联系信息不完善，可能只有一个通用的 E-mail 地址；

（8）顾客服务人员不称职或者缺乏责任感。

7.1.5 同步训练

一个企业建立了自己的网站，并且开展了一定的推广之后，怎么知道网络营销是否有效果呢？本任务要求学生以某企业为案例，对其网络营销效果进行分析评价，加深对网络营销效果评价阶段的认知，见表 7 - 2。

表7-2 企业网络营销效果分析评价

网络营销效果分析评价调研		
企业名称		概要
	企业网络营销目标	
	企业网络营销的评价标准	
	网站设计评价	
	网站功能评价	
	网站服务有效性方面的评价	
	流量统计分析	
	在线顾客服务方式	
	建议	
总结		

7.1.6 综合评价

表7-3 综合评价表

任务编号	0701	任务名称	案例剖析
任务完成方式	☐ 小组协作完成 ☐ 个人独立完成		

评价点	分值
网络营销效果评估目的是否明确	25
网络营销效果评估指标体系是否全面	25
是否能准确使用流量分析指标	25
是否有健全的顾客服务体系	15
是否提出了有效性改进建议	10

本主题学习单元成绩：

自我评价	（20%）	小组评价	（20%）	教师评价	（60%）
存在的主要问题					

7.1.7 拓展任务

以小组为单位,寻找身边的一些企业,详细了解企业的网络营销现状,分析评价并给出其改进建议。

学习单元八　网络推广方案策划

能力目标

◇ 能够根据企业情况制定网络推广策划
◇ 掌握常见网络推广方式的实施流程
◇ 能够实施和协调网络推广方案
◇ 能够预算和控制推广方案投入资金
◇ 能够预估网络推广效果

知识内容

◇ 网络推广目标
◇ "4S"营销策略新模式
◇ 论坛推广
◇ 社会化媒体推广
◇ 活动推广

本项目包含了三个学习任务,具体为:

任务1:网络推广方案制定;

任务2:网络推广方案实施;

任务3:费用预算和效果预估。

在理解推广策划基础上,研究与分析企业特点,明确企业资源优势,撰写网络推广策划。

任务 1　网络推广方案制定

8.1.1　任务引导

在线教育即 e-Learning,或称远程教育、在线学习,现行概念中一般指的是一种基于网络的学习行为,与网络培训概念相似。在线教育是通过应用信息科技和互联网技术进行内容传播和快速学习的方法。毫无疑问,在线教育必将颠覆传统的线下教育,几乎所有的互联网巨头都看到了在线教育的大好前景,纷纷进军这一领域,这也充分折射出当前教育信息化市场的巨大潜力。

C实习公司是一家以提升国内大学生实践技能,联系老师、行业及企业专家,对接学校、企业的平台型在线教育网站,隶属于北京博导前程信息技术有限公司。C实习公司是以具体实践任务、企业真实工作项目为核心内涵锻炼学生技能。

项目刚刚成立,作为C实习项目主管,面对竞争如此激烈的市场环境,需要借助网络平台对C实习项目进行推广,那么进行推广的首要工作便是制定网络推广方案。

网络推广方案不仅是推广的行动指南,同时也是检验推广效果是否达到预期目标的衡量标准。所以合理的网络推广方案也就成为网站推广策略中必不可少的内容。

8.1.2　任务分析

- ☑ 规划推广目标
- ☑ 竞争对手分析
- ☑ 确定网络推广目标市场
- ☑ 选择网络推广方式

8.1.3　任务实施

网络推广方案制定包含的内容比较多,如推广目标的确认、竞争对手分析、目标市场确认以及网络推广策略等,一份好的网络推广方案在网站正式建设之前就已完成,并且为实际操作提供总体指导。下面我们来了解一下,制定网络推广方案的一般步骤。

步骤一:规划网络推广目标

在互联网发展如火如荼的今天,对于传统教育来说网络在线教育的颠覆性使得学习行为发生了翻天覆地的变化。对于C实习项目而言,如何更好地推广其项目成为首要面对的问题之一。

从C实习项目自身优势出发,其没有选择常规的课程教育作为切入点,而是从大学生群体对实践技能的需求入手,重点关注技能在实践、指导、帮助下的获得,继而融合教师、学校与企业,从定位上避免了与先行者的冲突,确保自身专注领域的独占性。

此外,2013年的首版C实习项目已经经历了近1年的运营过程,承担了教育部电子商务职业教育教学指导委员会主办的电子商务运营技能竞赛,发展至今已积累了18 000名学生用户、500名教师用户、33家企业与276所高职、中职院校用户。其中2 800名电子商务学生与150名教师已经成了种子用户。

C实习项目力求通过互联网手段改造实践教学,通过课程、任务、评价、测评等方式,切实提升学生技能,并且通过有效的网络营销活动,提升、拓展、纵深平台形象,体现平台价值及外延。基于上述优势,C实习项目的近期目标见表8-1。

表 8-1　C 实习目标

近期目标:2014 年
学生注册用户:80 000
活跃学生用户:6 000
教师注册用户:1 500
活跃教师用户:800
活跃企业用户:300
活跃院校用户:500
付费院校增值服务费:10—20 万
付费学生增值服务费:3—5 万

从近期的目标数据可以看出,C 实习项目此次预期目标的达成,必然需要在原有的运营基础上加以推广。那么,这里可以将推广的目标分为三级,即初级目标、中级目标以及高级目标。初级目标主要是如何将用户吸引到 C 实习的平台上,如何使用户在众多的教育平台中,选择 C 实习平台,从而扩大平台的流量。中级目标是,在得到用户的关注后,如何让用户相信 C 实习平台,进一步深化用户对 C 实习平台的认识,让用户去愿意"留在"C实习平台。高级目标是营销的转化,达到企业的根本目的。

步骤二:分析竞争对手网站及推广方式

从在线教育领域来看,2013 年被誉为"在线教育元年",除众多新兴在线教育网站的成立外,还有线下传统教育机构的试水,而精于谋篇布局的 BAT 三巨头及 360 也踏入这一领域。

2013 年 7 月 8 日阿里正式推出淘宝同学(xue. taobao. com),被称为"淘宝大学的进阶版"。淘宝大学是阿里推出的官方的网络营销培训机构,专门培养淘宝电商运营人才。而淘宝同学的定位为精品在线互动课堂,前者生产内容,后者做在线平台,正好可以互补。

2013 年 8 月百度教育(jiaoyu. baidu. com)低调上线,目前涵盖 4165 门学习、4777 门工作、1066 门生活及其他四大类课程,收费从几百到上万不等。

2013 年 360 教育上线。360 教育的目的是做最安全便捷的学习与课程查询平台,其主要以搜索+网址导航+在线学习(所谓的网校)的模式展开,但本质上和百度教育一样,承担"流量桥梁"的角色。另外还有腾讯精品课、多贝、梯子网、爱班网、微课网、MOOC 学院、网易/新浪/搜狐公开课以及大学公开课对在线教育虎视眈眈。

在上述这些综合在线教育类网站中,就目前而言,百度教育、360 教育更多承担起中间页的作用,并没有深入进去。而其他网站则偏重于通过视频方式组织学习,原题库之类的更倾向于在线答题的方式。

目前,各大巨头、中小企业无疑都在画圈耕地,占领这片领域。所以,为了更好地塑造 C 实习平台的亮点,需要针对竞争对手进行分析,明确竞争对手的行业定位、商业模式、推广方案并分析其优势劣势,只有知彼知己,才能达到事半功倍。因此就从"淘宝同学"入手,展开分析。

1. "淘宝同学"定位与模式分析

"淘宝同学"是一个知识兴趣教学交易平台,其主要提供给机构和优质个人一个在线教学和招生的经营场所,其定位仍然是延续平台的观念,通过"同学会"扩展到基于知识兴趣的 SNS 社区,在原有较为薄弱的用户关系上,叠加一层黏性更强的"同学"关系,最终实现增强用户黏度进而促进销售。

假设来说,新东方开了一家店,消费者将不会仅如常规的收货、评价一样反馈,而是淘宝会想办法将他们引到"淘宝同学"来,对新东方的课程学习进行分享、交流、评价。但如果是纯粹的售卖交易模式的话,是无法满足卖家和买家的更多需求的。所以,"淘宝同学"将把产品、学习过程、课后评价融合在一起,搭建起"O2O+在线直播+视频课程交易+评级评价体系+SNS"的平台框架,通过教学双方的关系,如老师和学生、学生和学生、老师和老师。最终形成自主能力,通过 SNS 的一些模式来推动平台自己的发展,更多元化和紧密地为买卖双方做好服务。

2. 分析优劣势,制定推广方案

淘宝同学自身具有三大方面的优势,分别是淘宝评价体系优势、淘宝同学互动性优势和流量成本优势,但在这三大优势下,伴随着的问题也不少,如线下大机构的疑虑和排斥、教学质量的保证、百度和腾讯这两座大山的竞争、淘宝自身流量的有效转化和用户习惯的建立、在线内容的版权交易管理和内容的质量把控以及 O2O 在教育行业的模式创新是否能有效实现等问题。为了解决这一系问题,"淘宝同学"根据自身的优劣势,整体分析并制定出相关的推广方式。

(1) 明星效应,"直播"出击

"淘宝同学"前期进行的是明星推广路线。其在试运行期间推出了名师直播课,包括延参法师开讲《禅说幸福人生》、袁腾飞主讲《历史上的起名学问》等内容。当天一共吸引 15 万人登陆淘宝同学,并实现千人在线的直播课堂授课。

不但如此,为了更好地促进"淘宝同学"的发展,淘宝同学将业务方向调整为线上电子课堂。阿里方面表示,"淘宝同学"将与原有的淘宝教育类目完全区隔,其将专注于在线教育,主要通过直播互动和录播视频两种方式进行在线授课。其以平台商的身份建立市场准入(审核)和用户评价体系,为培训机构和内容商提供课程的直播和点播服务,辅以在线招生。换言之,淘宝的野心在教育最有价值的课程实施环节,而不是前端的营销、招生,这和百度教育的流量分发、贩售思路有本质区别,决定了推广方式的完全不同。

从商业化角度来看,直播间分会场具备收费功能,单一会场最高可支撑十万人,这就已经为商业化埋好伏笔。好平台要给内容商带来足够收入,直播比录播更有卖点,用户愿意买单。

按"淘宝同学"的规划,淘宝的推广路线是内容分发渠道——阿里盒子——智能电视,抢占客厅是终极目标。年底前盒子+电视有 500 万左右的出货量,届时盒子也会和旺旺打通。电视是典型的单向传输载体,弱交互,录播形式更合适。如果智能客厅概念落地,淘宝同学想从里面分杯羹,通过录播的机会更大,并且视频直播还原了课堂教学情景。

（2）功能多样化

淘宝同学还运用了自身多样齐全的功能作为推广的"卖点"。其功能具有：知识问答，即答疑功能；在线测评，可理解为类题库产品（根据学生成绩和答题特点生成不同试卷），大数据会有用武之地；分享功能（某个知识点、某套试卷分数、有意思的老师、课程等）。这些功能的触发点就在于可以增加学生间的黏性，这和淘宝同学会（SNS）是相通的，其中"我想学"模块，由用户提学习需求，机构按需定制服务，即 C2B 模式——这点淘宝早已轻车熟路，如去年年中淘宝旅游就玩过"百万淘友团丽江"活动，这是国内在线旅游第一次做反向定制服务。这一系列的功能推广都能更好地增加旧客户的黏度，同时也能让新客户更加期待其的下一步动向，从而使其达到更多更理想的转化。

步骤三：确定网络推广目标市场

在了解了"淘宝同学"后，回归 C 实习平台，从受众群体和阶段分析，目前绝大多数的在线教育平台或网站重点关注两个层面，其一幼儿园、小学、中学这三个年龄段的孩子的线上教育；其二为职业（职场）阶段线上教育或培训。但无疑在二者之间还有一个阶段，就是大学教育阶段。

对 C 实习平台而言，所关注的正是这一点。所以，C 实习平台受众主要包含学生/个人、院校、教师、企业及行业专家五种角色。就学生/个人而言，分为两个层面，一为全国各本科院校、职业院校在校学生；二为已毕业进入工作的社会个人与工作团体。院校可分为全国各本科院校和职业院校；教师可分为全国各本科院校、职业院校专业教师和实训教师；企业可分为愿意依托 C 实习平台分摊部分工作内容及愿意发现并接收应届人才的各类企业；而专家则可分为 C 实习平台相关培养方向下的各行业专家，如电子商务方向、职场应用方向等。

大学生临近毕业之前的实习环节，是学生步入社会、院校寻找机会以及企业挖掘人才的共通阶段，然而目前国内的实习普遍表现出显而易见的"空虚"，即绝大多数的学生没有良好的渠道得到实践实习的机会及获得技能提升的平台，这对大量学生而言就丧失了寻找自身差距的条件。

就院校和教师而言，学生基于学校如同产品基于企业，培养出的学生不能得到社会的认可或企业的需要，那么不得不说是对"产品"、院校、教师、企业的四重悲哀。于是，院校方面无不急切地企盼能够与企业合作创造实习的机会。然而多年的经验表示，完美的校企合作并不那么容易实现，所以院校或教师也希望能有更符合需要的平台来给出答案。

就企业而言，企业是以利润最大化为目标的，他们的用人一向更加冷静和直接，面对"实习"这种具有社会责任的事情，企业往往表现出徘徊，既想回报社会，又担心这种回报会增加企业负担。不过，现实表明，面对较低廉的实习生和低廉的实习薪资，他们更倾向于一般化的实习生与能够完备表现出专业人才的可能性。也就是说，当企业发现来自院校的学生在实习过程中已经不再"一清二白"，而是"有所顿悟"，那么企业还是非常欢迎的，不仅能够降低企业成本，还能培养和挖掘、储备人才，这对企业而言是很乐意去做的事情。

C 实习平台借助对国内高校市场的了解与资源,能够有效地包含电子商务、市场营销、国际贸易、物流在内的经济管理专业的线上技能实践过程,覆盖 2 000 余所本科、高职、中职院校的 20 余万学生。尽管不可能占有在线教育市场的全部,但切实发现自身优势,从细分领域入手,抢占可能被互联网化的技能实践领域才是关键。

步骤四:网络推广方式选择

在明确了自身的网络推广目标以及优势后,C 实习项目在网络推广方式的方面就选择了线上与线下相结合的方式。线上方式选择有以下几点:

(1) 对站点进行系统搜索引擎优化,使之符合搜索引擎偏好,获取自然流量;

(2) 突出打造项目优势,积极寻求科技媒体对 C 实习平台模式曝光;

(3) 新闻发布,依托 C 实习平台模式在受众偏好的网络媒体中予以新闻发布;

(4) 邮件营销,建立针对用户的黏性邮件营销体系,包括交互邮件与电子杂志月刊;

(5) 微信营销,依托 C 实习官网及 C 实习小助手微信积极展开用户营销;

(6) 微博营销,依托 C 实习微博及矩阵微博账号,以热点事件、目标受众关注点获得用户;

(7) 游戏化病毒营销,依托 C 实习平台功能,建立分享机制与游戏化进程,让用户自身成为传播源;

(8) 付费站外广告,对目标受众的付费广告;

(9) 线上活动,针对不同用户组的线上活动组织;竞赛活动,依托相关部门展开的线上竞赛;

(10) 其他互联网营销方式。

而线下推广方式则有线下活动,包括针对校园学生层及企业层的主题活动,院校营销,以营销人员为主体,直面院校教师与领导层的线下营销和传统纸质媒体与户外媒体宣传。

8.1.4 支撑知识

1. 网络推广方案制定的一般步骤

(1) 从产品出发,做足特色

他人为什么选择你的产品?为什么选择浏览你的网站?为什么选择从你的网站购买物品?因为你的产品必须是适合大众的,是大众需要的。而更重要的是你的产品给顾客的用户体验要好,只有用户体验才是根本,当一个网站或者产品都没有建设完备就开始做推广,那是徒劳无功的,甚至有时会适得其反。网络推广只是将目标人群通过一定的方式引导到自己的产品面前,而最终决定用户做什么、评价如何、是否会再次光临等都是建立在产品的基础之上。

(2) 分析目标人群

网络推广方案的制定实际上是市场营销方案制定的一部分,正如市场营销一样,网络推广方案必须建立在对自身产品的定位分析和对目标人群的细分与充分了解之后才能开始。只有对目标人群进行细分,才能选择适合不同人群的推广方法。比如推广女性服装网店,你需要对自己的产品进行分类,如 90 后爱穿的、韩版的、成年女性的等,然后针对这些不同的种类细分目标客户,就可以细分出 90 后、上班一族、成年女性、时尚女性等类别,然后通过对不同类别的人群的网络习惯进行分析,进而选择合适的网络推广方法。

（3）选择适合的推广方法

这一步离不开第二步的支持,只有对目标人群细分、锁定之后,才能开始选择合适的网络推广方法。有的适合借助搜索引擎(SEO 或者 SEM),有的适合网站品牌广告,有的适合植入式广告,有的适合 SNS 的互助推广等。网络推广的方法很多,但并不是每一种方法都能给你带来最直接的效果。你可以列出所有可行的网络推广方法,然后多方对比,对效果进行预估,最终选择你认为最合适、最有效的 2～3 种方法去进行下面的步骤。

（4）制定网络推广计划

方法只是一种思路,而计划则是指导整个推广正常有效进行的关键,推广计划要求为你的推广方案实行有效的时间预期和成本预估。设定阶段性目标很关键,只有这样才能检验你的推广方案是否真的有效,才能将整个推广有效地实现时间管理与成本控制,同时也才能不断发现新的目标和捷径。

（5）成本预估与控制

有效的网络推广应该是利用尽可能少的成本获取最大的回报,所以在正式开始推广方案之前,必须对推广成本进行预估,钱花在刀刃上,不必要的或者可以通过其他办法弥补的都需要完善到推广方案中去。对耗资巨大、砸钱式的推广方法应该坚决放弃。

（6）完善网络推广方案

一份优秀的网络推广方案应该对自身产品和目标人群都有详尽的分析,需要包含时间控制与成本控制和执行计划与效果预期等内容。最后,你还需要将方案书进行认真的检查和分析,修改纰漏和添加补充说明,要站在执行者的角度来考虑所有问题,对有可能出现的问题进行预期并补充解决方案等。

2. 如何形成可执行的网络推广方案

网络营销的成功与否更多是取决于网络推广这个因素,网络推广是网络营销成功的关键所在。如何更好地策划网络推广方案,形成真正可执行的网络推广方案。

（1）分析自身与竞争对手的网络营销现状

知己知彼,百战不殆。在做任何网络推广方案之前,都必须对自身与竞争对手有一个详细了解。自己优势在哪里？ 自己哪些方面不如竞争对手？ 竞争对手做了什么？ 竞争对手正在做什么？ 他们下一步又想做什么？

如:分析双方在哪些媒介上进行网络推广,使用的具体推广方式,实际效果评估,搜索收录情况、链接、PR 值、IP、PV 等数据查询。

（2）列出潜在客户群体

哪些是我们潜在的客户群体？ 对相关群体进一步的细化,如年龄大小、性别、数量、学历、收入情况、兴趣爱好、上网习惯等,根据目标人群的习惯等来制订网络推广方案。

（3）选择网络推广方法及策略

根据收集资料分析、确定网络推广方法及策略,详细列出将使用哪些网络推广方法,如搜索引擎推广、博客推广、邮件群发营销、QQ 群通讯、论坛社区发帖、撰写软文宣传、活动推广、网络广告投放等,对每一种网络推广方法的优劣及效果等做分析及具体如何实施。

（4）明确每一阶段目标

① 每天 IP 访问量、PV 浏览量；

② 各搜索引擎收录多少；

③ 外部链接每阶段完成多少；

④ 网站的排名、PR 值权重多少；

⑤ 关键词多少、各搜索引擎排名情况如何；

⑥ 网络推广实际转化的客户多少；

⑦ 网络品牌形象如何。

（5）工作进度及人员安排

好的方案还要有好的执行团队，依据方案制作详细的计划进度表，控制方案执行的进程，对推广活动进行详细罗列，安排具体的人员来负责落实，确保方案得到有效的执行。

（6）确认网络广告预算

网络推广方案的实施，必然会有广告预算，要通过规划控制让广告费用发挥最大的网络推广效果，定期分析优化账户结构，减少资金浪费，让推广的效果达到最大化。

（7）效果评估监测

安装监控工具，对数据来源、点击等进行监测跟踪，帮助企业及时调整推广的策略，并对每一阶段进行效果评估。

（8）预备网络推广方案

市场并非一成不变，当计划跟不上变化时，就不能依照原来网络推广方案完完全全执行下去。如果提前制作风险预备方案，当市场变化时，才不至于手忙脚乱。

计划没有变化快，真正可执行的网站推广方案不是一成不变的。作为网络营销的策划者要时刻关注这些变化。针对市场的变化、行业的变化、企业的变化实时调整、优化自己的方案，让自己的网络推广效果达到最大化，好的网络推广方案加上有效的执行团队方能达到自己的预期效果。

8.1.5 同步训练

VANCL，互联网时尚生活品牌，提倡简单得体的生活方式，坚持国际一线品质、平民价位，致力于为互联网新兴族群提供高品质的精致生活。目标顾客主要以 80 后、90 后，熟悉网络、喜欢网购，崇尚简单、时尚、高品质生活的年轻人为主。根据情景设置，搜索并分析实施的目的、受众、创意以及相关资源，并制定网络推广策划方案，见表 8－2。

表 8－2　企业网络推广方案制定

营销主题	营销的品牌或核心要素
实施整合营销目的	促进产品销售，提升品牌知名度，提高站点访问量等
实施整合营销原因	获得可观业绩等相关
实施整合营销受众	受众是谁，主要针对人群
整合营销目标	目的是什么

（续表）

1. 推广方式选择			
营销方式	实施原因	是否可行性	
邮件推广			
微博推广			
微信推广			
…			

2. 推广计划实施规划					
序号	实施阶段	主要任务	具体内容	落实人	时间段
1					
2					
3					
…					
总结					

8.1.6 综合评价

表 8 - 3 综合评价表

任务编号	0801	任务名称	制定网络推广方案
任务完成方式	☐ 小组协作完成 ☐ 个人独立完成		
评价点			分值
对企业分析是否完善			40
推广方式选择是否合理			40
推广方案实施计划是否妥当			20
本主题学习单元成绩：			

自我评价	（20%）	小组评价	（20%）	教师评价	（60%）
存在的主要问题					

8.1.7 拓展任务

以小组为单位,寻找身边的一些企业,详细了解企业的官网运营现状,分析并了解其网站受众及企业背景。

任务2 网络推广方案实施

8.2.1 任务引导

对于任何一个新建网站,其推广阶段主要分为初期与发展期。

C实习项目初期主要是建立搜索引擎的路径,使得用户可以查找到网站,到了发展期则将侧重点放在核心关键字优化,围绕网站用户群体精准推广实施一系列的营销手段,从而使得网站整体排名及搜索结果更加突出。

8.2.2 任务分析

☑ 搜索引擎优化
☑ 网站交换链接
☑ 论坛推广策划
☑ 社会化媒体推广策划
☑ 活动营销策划
☑ 其他推广选择

8.2.3 任务实施

在确定好了网络推广方案之后,那么对于网络推广方案的实施就显得尤为重要。它不仅是针对前期推广方案制定的考量,更是检验推广方式的真伪性。因此对于C实习项目来说,需要在实施过程中切实有效的结合自身特点,使其营销推广效果更佳显著。下面我们来具体地学习一下网络推广方案的实施过程。

对C实习项目来说,其网站属于新建网站,因此综合新网站推广的方法,大致将其分为两个阶段内容,第一阶段为网站初步上线的时间,其推广方式主要为搜索引擎、代码优化、新媒体微博的开通等,通过初步的推广给网站引来流量。在第二阶段则为网站的发展阶段,其推广的重点主要为关键字的优化与网盟结合、企业新闻的造势及精准的问答推广等,该阶段的推广关键在于进一步的提升流量的客观性并使其精准化。具体实施过程如下。

第一阶段见表8-4。

表 8-4　网站初步上线的时间

	时间宽度	网站上线的 1—3 个月	
第一阶段	执行详细	网站新闻、百度网盟推广、搜索引擎关键字竞价、社区论坛、微博、博客、问答及知识类文库	
	操作思路	活动初期,网民关注度不高时,通过线下募集选手托底,通过各网站新闻的高台效应品牌推广出去,在范围内制造影响力。通过网盟推广以不同规格的图片、文字广告形式,进行广泛展示。以百度竞价排名作为网站流量主要来源。前期建立官方微博、博客等,进行影响力营销,为后期互动做准备。问答类知识点作为口碑呼应,建立相关知识文库,利用百度等搜索引擎或门户站影响权重	
	进度安排	序号	主要工作
		1	百度、Google、SOSO 关键词及网盟账户开设,关键词及广告创意定制,设定投放时间、地域及关键词定价
		2	官方微博的开通,通过企业认证,同时开设约 100～200 个账号,进行前期互动环节开展
		3	根据企业文化制定相关知识类文库的整理与发布,设定主要方向
		4	精准回答
		5	网站流量代码的添加,实时关注网站客户访问情况,并通过相应第三方工具,进行渠道优化整理等工作
		6	门户网站及行业网站的新闻媒体支持
		7	社区论坛
		8	电子邮件的设计及发送,寻找地区性媒体客户信息进行广告邮件发送,增设链接,提出活动创意
		9	外链
		10	视频营销

第二阶段见表 8-5。

表 8-5　网站的发展阶段

	时间宽度	网站上线的 4—8 个月
第二阶段	执行详细	网站新闻、百度网盟推广、搜索引擎关键字竞价、社区论坛、微博、博客、问答及知识类文库、QQ 群、行业网站、事件营销
	操作思路	经过前三个月网站的推广之后,网络上关于企业的信息覆盖量已经大幅增加,经常可见企业的各种(品牌、口碑、效果等)广告。第二阶段的潜在消费者对企业的关注度开始升高,这一阶段要全面进行推广维护,随时监测情况,处理危机负面。推广进入维护期前,进行重复性工作,同时针对第一阶段获取的客户来源进行分解,优化梳理渠道

（续表）

		序号	主要工作
第二阶段	进度安排	1	关键词及网盟账户维护,点击较高的关键词更新广告创意,固定投放时间、地域及关键词定价
		2	官方微博的互动,发起微活动,提高互动影响力
		3	根据企业文化制定相关知识类文库的整理与发布,设定主要方向
		4	精准方向
		5	事件营销
		6	门户网站及行业网站的新闻媒体支持
		7	社区论坛
		8	电子邮件的设计及发送,寻找地区性媒体客户信息进行广告邮件发送,增设链接,提出活动创意
		9	外链
		10	QQ 群发,快速打开与积累信用客户
		11	视频营销
		12	线上活动

步骤一:搜索引擎优化

在网站建设和测试优化期,主要为网站内部做优化和 SEO 搜索引擎优化。

对于 C 实习项目而言,其内部做优化和 SEO 搜索引擎优化主要从两点出发,一是关键词分析,二是站内 SEO 相关元素的分析。

C 实习项目作为对接学校、企业的平台型在线教育网站,在进行关键词分析时,C 实习项目先抓住关键词的范围并明确核心关键词与普通关键词的定位,在长尾词关键词的选择方面,更是着重于 C 实习自身平台的性质,确定了标题、关键字、描述及其他四个部分的关键字内容,如表 8 - 6 所示。

表 8 - 6　网站 META 部署

标题	C实习-实践你的梦想-电商技能提升平台_校园威客_网络教育_网络实习平台_免费课程_IT 专业实训_电子商务实习_电商实习平台
关键字	电商实习平台,网络教育平台,高校实践平台,电商实训平台,网络教育,网络教育平台,网络实训平台,在线实习平台,大学生实习,高校电子教案,电子课件,教学大纲,课程方案,高校专业建设方案,校园威客,IT 专业实训,电子商务实习,电商实习平台,在线教育平台,免费课程,电商教程
描述	C 实习平台是全国最大的互联网电子商务技能提升平台,专注大学生实践,为大学生提供全新的实习模式,全面提高学生实践能力,革新现有大学实习模式
其他	页面所有大图需要补全 Alt 属性,在 Alt 中需要包含"实习""网络教育""在线实训"等,尽量包含 Keywords 中的词汇,如奖品的大图可以描述为:"参与线上/实训学习赢取金币兑换 IPAD"

而为了进一步使自身更符合搜索引擎的偏好,获取更多的自然流量,在优化选择方面,一级目录的关键词和描述基本可以与首页一致,只需在描述和关键词中做出一点差异就可以,优化的重点在数量巨大的知识点页面。同时,在更新知识点的时候更着重于有条理有时间差,比如第一批更新,把初级任务都上传,第二批更新再上中级任务,然后再是高级,这样做是为了避免凌乱无序的更新方式。同时,在网站上线后期,C实习项目还可以加入百度百科合作平台或其他合作平台,以此来吸引流量并且提高权威知名度。

　　搜索引擎优化涉及网站建设到运营整个环节,在网站建设初期就要考虑到 SEO 相关的因素,那么全面的搜索引擎优化需要包含哪些核心要素呢?

　　1. 网站框架结构、页面内容的优化

　　页面模块间的内容联系保持合理,布局要符合逻辑,特别是主页的外部链接必须有较强的关联性和互补性,内容页间的链接需要有必然的联系。C实习项目通过课程的连续性以及相关性,将网站链接层次化。尽可能少地去要求用户使用前进后退按钮,并对网页是否在新窗口打开进行合理的选择。少用图片作为栏目标题,尽可能让搜索引擎全方位的吸收页面的所有内容。

　　2. 网页的 META 标签的设计、页面标题(Title)的选择

　　贴近页面内容及主题,提取页面权值较重的关键词,但同一个关键词不可重复出现多次,同一个关键词尽量保持在出现 3~5 次以内。挑选页面关键词相关的 Title,可以是对页面的一些描述性的文字。

　　C实习平台在此设置了如 C 实习技能教育平台、C 实习、让实践更加简单的标题关键字,在核心关键字上设置了如 C 实习、经济管理、电子商务、市场营销、技能提升、在线教育及在线学习等词语。如图 8-1 所示。

图 8-1　C 实习 META 标签

　　3. 优化各页面关键词的密度

　　适当增强首页、内容页的关键词密度,但不可在页面中重复过多,合理地按照页面内容出现,密度保持在 5% 以内。合理的关键词密度对于增强搜索引擎对网页好感度,提升页面的权值起很大作用。

　　4. 页面链接的有效性

　　尽可能避免错误链接,检查所有链接的有效性和合理性,并保证链接页面内容的关联性,通过站长死链检测工具,C实习平台避免错误链接及死链的出现。同时,通过创建网站地图,使得未被搜索引擎及时收录的页面在搜索结果出现 404 页面情况下直接跳转至网站地图。

　　5. 网站有效内容的引入

　　C实习平台作为一个对接学生、老师、学校、企业、专家的以技能提升为核心,以人

才挖掘为目标的在线教育平台。其核心价值是帮助学生、教师、学校、企业提供平台化服务与发展契机。所以,对不同的角色而言,C实习平台的内容也具有不同的针对性。如对学生来说,C实习平台主要帮助学生在体系化课程下,学习知识。帮助学生通过实训任务,获得技能提升,完成企业任务。在提升技能的同时被企业所挖掘,并且以多面评价体系和多方指导体系,帮助学生对自己能力建立全面认知和疏通知识节点,扫清实战障碍。不但如此,学生还可以遵循C实习平台提供的视图化成长路径,利用心仪的行业制定的完整的就业规划,获得线下进入企业实习或就业机会。因此,让网站在为用户提供有价值的信息同时,也为网站自身的推广发挥作用。所以在网站正式运营之前,有效的引入信息量也很重要,同时必须长期坚持。

步骤二:交换链接

友情链接就好像是朋友和朋友之间互相存储联系方式一样,姓名就相当于网站名如C实习或者网站的核心关键词、LOGO图片,电话号码就像是网站地址如www.cshixi.com,和另外一个网站互相交换链接时一定要加上超级链接,也就是说点开网站名或关键词时能够进入到对方网站。一般友情链接都会放在整个网站的底部,友情链接是每一个网站必做的事情。

C实习平台的友情链接建立遵循两个原则,一个是友情链接是否行业相同,另一个是对方的网站PR值和C实习平台是否相同。在此基础上,通过与其他软件教育型网站的沟通后,设置了属于自己的友情链接。除此之外,为了避免搜索引擎认为网站作弊,友情链接的创建不应过快,应阶段性添加。

C实习平台在友情链接交换上选择了与其企业业务类型相似度高的网站进行交换,其原因主要考虑到网站平台的定位及用户群体,因此主要还是以教育及电子商务等方面有关的网站进行链接交换,主要有北京博导前程信息有限公司、教研室论坛、优米网等。

步骤三:论坛推广

在网站框架搭建完成之后,接下来,为了保障C实习平台在搜索引擎中的收录,那么C实习平台应该要进行的下一步规划。

论坛发布软文其主要特点是利于搜索引擎收录并且浏览速度快,可是在论坛中曝光率有限,需要与论坛管理人联系好。文章置顶效果才是最好的,而且有的论坛不能带链接。但C实习平台作为一个教育在线平台,平台用户间的互动是必要的,论坛具有互动性强的特性,所以在论坛发布软文是不可或缺的一个选择。

C实习平台通过自建论坛平台,并设置多个论坛模块,使得平台用户之间形成沟通互动,多个栏目的设置也使得平台的内容呈现多样化,通过学习交流板块,学生亦能完成学习经验的沟通与交流,如图8-2所示。

图 8‑2　C 实习平台论坛模块

　　除此之外，在论坛上还选择了用户群体较为突出的教研室论坛，C 实习平台将已经编写好的文案，按照软文写作的要求，进行关键字加链接的处理，这样为其网站创造流量。具体如图 8‑3 所示。

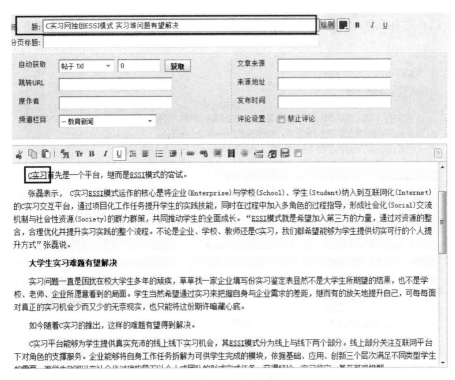

图 8‑3　C 实习软文发布设置

　　从图 8‑3 中大家可以看到这是一篇关于 C 实习平台模式的新闻报告，编辑针对新闻内容进行了二次加工和添加了链接，使得文章可以给其官网带来流量。

步骤四：社会化媒体推广

经过论坛推广，C实习平台成功步入稳定期。如何经营好稳定期将是C实习平台接下来的主要任务。通常稳定期的经营采取的策略为社会化媒体推广，即通过保持友情链接策略、微信、微博、博客、问答和百科等手段，来巩固用户的黏性以及提升关注度。

为此，在众多的社会化媒体推广渠道中，C实习平台从实际出发，选择了百度百科、微博和微信这三方面去实行社会化媒体推广。

1. 利用百度百科进行营销推广

在问答平台自我宣传的举动从来不会被排斥。事实上，合理利用问答平台做营销推广，反而是应该鼓励的行为。因为通过这样的行为能为交流和传播带来最大化的价值。C实习平台自身也非常明确这一点的价值，所以在确定了这一推广路线后，选择了"百度百科"这一最常被人们熟悉的问答平台作为问答平台推广的基点。

那问答平台推广应该怎样去做呢？C实习平台将推广方式分解为四部分进行。

（1）查找问题回答

想要利用好问答平台的功能对自身进行定期或持续的市场营销推广，可以通过各个问答平台的高级答案搜索来寻找特定关键词。特别是在处于营销目的回答问题的同时，更应该要相应地做出一些真正无私的贡献，由于C实习平台是主打电子商务教育的教育平台，所以在选择问题时，就可以着重选择与电子商务或网络营销方面的问题进行回答，如图8-4所示。

图8-4　问答推广

（2）与业务相关联

在进行问题解答的时候，C实习平台选择从自身擅长的领域入手。C实习平台对电子商务领域的知识认识非常充分,那么即可以通过另一种方式使用问答平台做营销推广,在个人资料页面"关于我"部分添加链接,这是个展示公司网站和博客的好地方。还可以在答案上面的个人介绍中,写上个人重要信息,特别是当自身觉得它能够支持你的答案和提高信誉时。此外,如果在答案中附上自己业务相关联的名字、所属公司或者是公司旗下的网页都能够很好地为企业的业务吸引更多的关注。

（3）自我宣传

在按照网站规则的前提下,C实习平台在适合的时候让自身成为一个学识渊博的专家或者企业所有者,在问答平台上提供相关的经验和有价值的知识,建立起自己的信誉和积极的品牌形象。不但如此,C实习平台还尽可能多地使用问答平台来实现企业的营销目标,使自身在问答平台上做到真正意义上的"脱颖而出"。

（4）一手资料,应答全面

既然是去回答问题,那就应该要随时掌握最新的问题。在如何掌握一手资料的问题上,C实习平台主要通过两个方面去做:第一,经常访问同类型网站,浏览某一类别或话题提问。第二,订阅在问答平台上的任意类别的RSS更新。通过RSS阅读器（如:http://www.soseo.cc/feed/）或者搜索找到与C实习方向相符合的问题,就可以开始回答,并且可以及时回答增加曝光率,从而树立自身的用户形象,在网站上建立自己的诚信。

2. 利用微博进行营销推广

以微博为代表的社会化媒体,是广大移动用户最先使用的手机App应用,社会化营销已经成为移动互联网营销中一个重要环节,由于微博具有强烈的传播和媒体属性。所以C实习平台的社会化营销服务从企业品牌定位及营销推广战略考虑,围绕微博为自身制定最佳的营销推广方案。

（1）实施原因与目标

C实习平台采用微博这种方式来进行自身的推广,主要有两个方面的原因。一方面,C实习平台的主要群体定位是学生与教师,而这一部分人群接受新兴事物的能力比较强,同时微博在这类人群中也具有一定影响力。另一方面,微博是一个"实时媒体",其门槛低,并且其信息传播是传统通信方式的一种颠覆,可以迅速影响到很多用户群体,能够更快地与用户之间产生交流和互动。

为此,C实习平台希望通过微博推广,能提升企业品牌的大范围传播,提高用户对C实习平台的认知,并加深与用户的互动,使用户群体对C实习平台建立深入的了解,同时提高C实习平台的知名度和价值。

（2）实施分析

① 注册流程

C实习平台要进行微博推广首先需要在选择好的平台上注册微博,而这个注册的过程与一般流程是相同的,但需要强调的是微博名称和个性域名的选择。对于企业微博在填写昵称和微博名称时,可将企业名称或需要推广的产品品牌注明,个性域名也可选择为品牌名称的全拼。如图8-5所示,这样的目的是为了达到两方面的效果:一方面从用户角度考虑,使来访者一目了然地看到品牌名称。另一方面,从搜索引擎角度考虑,对于搜索引擎友好,搜索品牌关键词排名靠前。

图 8-5　C 实习平台微博昵称

② 微博设置

微博设置是注册微博中不可忽视的一个环节,如 C 实习平台选择作为推广平台的新浪微博,其就需要设置个人资料、了个性设置等,如图 8-6 所示。

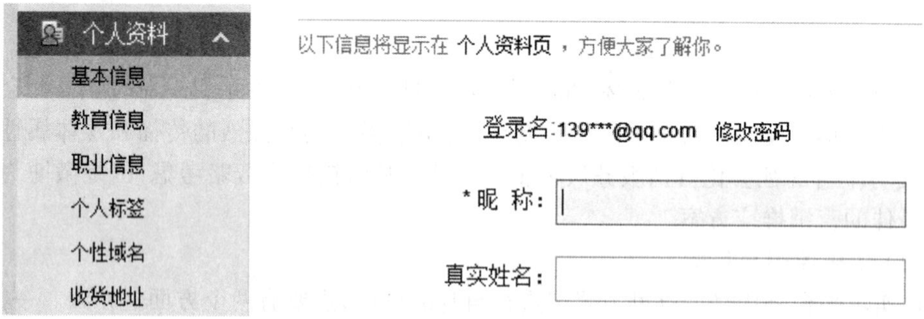

图 8-6　微博信息设置

其中个人标签的设置,可选择描述自己的职业、个人兴趣爱好方面的词语,如图 8-7 所示。如 C 实习平台的个人标签设置就从自身性质出发,选择了实习、大学生、生活及网络等标签,因为在贴上标签的同时,微博就会为你推荐贴同样标签的用户,以此增加个人的社交圈。

个人标签

添加描述自己职业、兴趣爱好等方面的词语,让更多人找到你,让你找到更多同类

图8-7 微博标签设置

另外,由于微博介绍会在首页显示,这是帮助用户了解这个微博的入口,所以微博介绍的文字在此处显得弥足珍贵。在这方面,C实习平台选择将产品推广视为营销点,将产品描述以精简话语放置介绍上,这样做既说明了微博与企业的关系,也说明了自身的业务范围。如图8-8所示。

图8-8 C实习新浪微博业务介绍

③ 微博认证

从营销的角度出发做微博,不论是个人还是企业,将微博进行实名认证是必要的。因为这样,不但可以提升微博的权威性和知名度,还可以带来意想不到的"粉丝收益",便于更好地跟名人产生互动。新浪微博认证提供针对个人、企业、媒体、网站等多种认证方式,可按照要求完成认证过程。如图8-9,8-10所示。

为此,C实习平台考虑到推广需求,决定将微博申请为企业机构认证,如图8-9、8-10所示。并按照新浪微博对企业认证的要求完成了以下步骤:

● 提交企业认证申请;

● 下载、上传检测文件,验证企业真实性。

完成微博认证的C实习,推广效果比认证之前有了较大的提升。

图8-9 新浪微博企业认证

图 8 - 10 微博认证的要求

④ 内容编辑与运营

微博内容的编辑要求简短精练,语言高度浓缩,字数限制在 140 字以内。这就要求微博内容编辑者在书写内容时需要简明扼要。为此,C 实习平台在进行微博内容编辑时,先考虑平台受众特点、竞争环境状况,其次结合品牌定位分析,然后制定营销推广目标和微博内容、互动、推广策略。最后根据制定的营销策略,运营官方账户,包括初期账户认证、标签、背景、模块设置,每日微博发布和转发等。根据不同营销阶段特点,结合企业营销需求,提供线上、线下活动方案,并跟踪活动效果,调整活动策略。再者,C 实习平台在微博平台上积极与潜在用户互动,同时吸引更多有影响力的用户注意,并及时对用户所提问题进行回应,建立可靠牢固的品牌名声,如图 8 - 11 所示为 C 实习官网微博,其微博标签主要设置了实习、大学生、生活及网络四个。这样设置的益处在于用户在微博搜索栏中可以通过核心的关键标签,直接搜索找到其官网微博,有利于推广品牌内容。

图 8 - 12 为 C 实习所发布的博文,在发布博文之后,网友就此提出自己的疑惑,希望 C 实习可以帮助自己。C 实习官网微博针对网友的疑惑进行指导和分析,只有长期稳固的与用户之间形成互动和交流,才能使得微博营销行之有效。

图 8‑11　C 实习官网企业微博

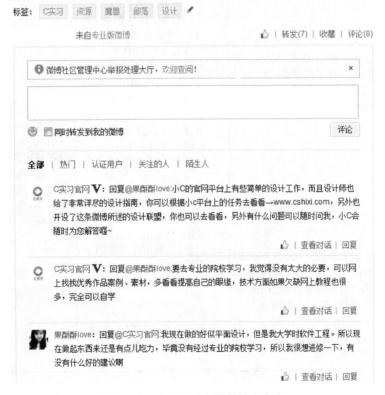

图 8‑12　C 实习官网微博发布内容

　　C 实习通过微博平台，发布各类原创微博，充分利用微博自身的"@"、话题、评论转发等功能，同时定期对微博运营情况进行分析并提供数字化报告，为营销效果调整提供数据依据，包括价值互动分析、粉丝质量分析、品牌曝光分析等。在这一系列操作下，其微博本身的粉丝量、转发量、评论量等数据支撑，都因为微博营销推广而取得了良好的效果。

3. 利用微信进行营销推广

在把握住微博的同时,作为社会化媒体的另一代表——微信,也是 C 实习平台不可忽略的一部分推广内容。至 2013 年底,微信用户已突破 6 亿,开展手机微信营销推广已经成为企业移动营销的标配。针对微信公众账户的开发,已经成为企业微信营销推广首要考虑要素。

(1) 微信账号类型选择

C 实习平台作为专注于电子商务类相关专业的在线教育平台,其用户群体主要以在校大学生、教师及社会企业等人群为主。为了更贴近用户生活更独具创新,C 实习平台在对比了微信公众平台的两种类型后,如表 8-7 所示,决定以订阅号推广的方式来传达自身的价值。

表 8-7

	含义	功能	设置方法
订阅公众号	公众平台订阅号,是公众平台的一种账号类型,为用户提供信息和资讯。如:骑行西藏、央视新闻。	1. 每天(24 小时内)可以发送 1 条群发消息。 2. 发给订阅用户(粉丝)的消息,将会显示在对方的订阅号文件夹中。 3. 在发送消息给订阅用户(粉丝)时,订阅用户不会收到即时消息提醒。 4. 在订阅用户(粉丝)的通讯录中,订阅号将被放入订阅号文件夹中。 5. 订阅号不支持申请自定义菜单	设置方法:进入公众平台→设置→账号信息→类型→升为服务号/订阅号→选择确定即可。 其中,公众号只有 1 次机会可以选择成为服务号/订阅号,类型选择之后不可修改,请慎重选择
服务公众号	公众平台服务号,是公众平台的一种账号类型,旨在为用户提供服务。如:招商银行、中国南方航空。	1. 1 个月(30 天)内仅可以发送 1 条群发消息。 2. 发给订阅用户(粉丝)的消息,会显示在对方的聊天列表中。 3. 在发送消息给用户时,用户将收到即时的消息提醒。 4. 服务号会在订阅用户(粉丝)的通讯录中。 5. 可申请自定义菜单	

因此根据 C 实习平台自身的特点,在微信营销的订阅号推广内容中,其所发表的内容主要是以电子商务知识科普、互联网动态新闻传播及企业相关信息的宣传等为主。通过这些信息的传播使得用户在移动客户端更加方便快捷地了解最新的行业动态及 C 实习平台所能带给大家的帮助。

(2) 实施内容编辑

在确定了推广方式后,C 实习平台接着将对微信营销内容进行编辑。而微信公众平

台包括实时交流和消息发送两个板块,实时交流趋于内容的编辑和制作,形式主要有以下几种:

① 纯文字内容:微信内容以纯文字形式呈现,语言简练高度精密,字数限制在 600 字以内,对于文字功底要求较高,一般较好的文字内容发布于此。

② 语音内容:亲切,真实,带给用户的存在感极强,而且容易被用户群体接受,拉近彼此之间的距离。

③ 图片内容:图片展示的效果,很直观,直接带给用户的是视觉的记忆,因此内容上也就要求具有独特的视角和创新。

④ 视频内容:生动,真切,用户群体不仅可以欣赏图片,还可以身临其境地去感受所表达的内容,导向性营销很好,对于宣传企业的品牌、产品和文化等内容有着极大的作用。

⑤ 图文内容:图文并茂,这种形式最常使用,也被更多用户群体吸引和接受,高质量的内容很有刺激的视觉效果。

因此在内容编辑过程中,C 实习平台可以针对不同营销目标对粉丝进行分组管理,这样可以精准化地达到营销效果。微信公众菜单实时交流的设计,更多地是为满足不同用户群体对于内容的多样化需求,而对于用户来说较好的内容展示形式极大地提升了阅读浏览和体验。

但需要注意的是,微信公众平台服务号在内容发布上也是有限定的,每天只能推送一次群发消息,因此在内容的推送上就要求用户抓住重点,突出营销内容。这样限定的目的在于杜绝企业利用平台发布信息过多,造成信息泛滥和用户体验度降低,而更多的是为提升企业服务的质量。

如图 8-13、8-14 所示,图为 C 实习小助手发布的关于职场面试经验分享的内容及电商大赛报名的地址等,之所以发布职场面试经验等内容是考虑到当下时节正是毕业季,因此对于学生而言,对于面试知识的了解显得更加重要,而电商大赛的报名内容则在这里是提倡和宣传的作用,提倡需要参加大赛的学生积极踊跃地参加,宣传则考虑的是通过已参加的用户查看,并形成有效的转发使得大赛得以宣传。因此,从这些内容中大家可以清晰地感触到 C 实习小助手对用户的洞察和帮助。

图 8-13　C 实习小助手

图 8-14 C 实习小助手发布内容

C 实习平台通过微信营销推广,在明确营销内容与营销的目标的基础上确定了目标群体并且对于后期步骤的实施起到了奠定的作用,从而有效地促成了前期准备与实施的衔接,并影响了整个效果的监控。

步骤五:活动营销

社会化媒体营销活动开展其核心的问题是,如何有效激发、触发用户参与营销,进一步扩大传播的范围。而真正想调动用户参与社交媒体活动的传播,需要的则是能够把握住用户的情感密码器以及与其沟通的方式,深层次地走入用户的内心,积极塑造品牌的影响力。

为此,C 实习平台的线下活动推广就需要创造有吸引力的内容并且带有共鸣的情感链条。针对用户群以及平台定位,C 实习平台在 2014 年毕业季,制定了"炫出 C 青春"的线下活动,其活动实施的目的在于进一步的拉拢大赛的人气及提升用户与C实习平台之间的互动。

大赛预期效果分为以下七个方面:

1. 往届电商大赛至少500人回归C实习平台;

2. 毕业季活动帖量至少1 000帖;

3. 微博及其他平台活动帖量超过10 000帖;

4. 参与人数5 000人;

5. 所有附件下载量至少500次;

6. C实习平台PV提高至5 000;

7. C实习平台UV增加至1 000。

在策划好活动预期效果及目的之后,对于活动而言需要去分析活动的用户群体,只有精准的定位才能使得活动的效果事半功倍。因此C实习平台在分析之后,知晓其活动的用户群体主要是针对本地电子商务专业学生为主,而活动的主题是炫出青春。在调查中C实习平台发现毕业生最想达成的愿望主要包含三大类:毕业微电影、创意毕业照及社会人脉拓展,针对三类愿望小编开始进行实际分析与调查,最终发现其在核心关键字的搜索情况十分可观,而且学生渴望度很高,最终C实习平台决定本次活动就围绕"微电影""毕业照""人脉"三个关键词展开。

活动主题细则

主题一　晒毕业照讲故事获微电影拍摄机会

活动平台:C实习平台专题页

活动时间:5月15日—7月15日

活动规则:

1. 写下你的故事

提示:

(1)标题【毕业季】+故事标题;

(2)书写内容必须包含毕业照以及读书期间你最有感触的照片及精彩的毕业前的故事。

2. 为自己的故事拉票

提示:微博、微信、学校教室、宿舍都是你拉票的好地方。

现已开通♯酷炫毕业照♯微博话题,快去参与吧!

3. 填写毕业季微电影报名表格(见附录1—微电影报名表格.doc)

提示:点击这里下载

获奖条件:

(1)获得500票以上并排名第一的即可获得C实习终极大奖:专属于你的微电影!

包含:为你而写的微电影脚本,数十人的拍摄团队,齐全的摄影、灯光、置景、道具、化妆、强大的后期制作。

(2)获得500票以上并排名第二的即可获得:免费拍摄艺术照一次的机会!

具体参见http://xa.meituan.com/deal/14311851.html

（3）获得 500 票以上并排名第三的即可获得：好网价值人民币 100 元的移动充电宝。

（4）获得最多回复的最高人气奖：形象气质佳者即可录用为 C 实习青春模特，可将其照片用在 C 实习平台的各大 Banner 上。

主题二　你未来工作道路上的人脉交流区

活动平台：C 实习专题页

活动时间：5 月 15 日——7 月 15 日

活动规则：和你想打交道的人 SAY HI！和你想了解的名人提问，打开职场第一步！

对你感兴趣的名人微博对话，在以下输入框输入你想说的话即可！我们来邀请名人回复你！

展示形式：名人瀑布流即名人照片＋简介＋寄语

预设名人名单：

全国电子商务教育教学指导委员会副秘书长：段建（微博名：段建）；

农享网 CEO：徐亚峰（微博名：农业博士）；

好网创始人：周亮（微博名：好网周亮）；

数客网络创始人：冯林；

其余名单见附录 2。

2013 电商大赛人脉拓展：

2013 电商大赛回顾展示区（详见去年专题页：http://2013.cshixi.com/dsdasai.php）

2013 电商大赛复盘展示：（http://www.cshixi.com/thread－229－1－1.html）

下载：2013 全国电子商务运营技能竞赛决赛纪念册下载.pdf

（2013 全国电子商务运营技能竞赛决赛联系方式册找 C 实习平台索要）

推广执行细则

就活动的推广，C 实习将其分为站内与站外两种方式，站内主要是以微博为主要平台，申请话题的主持权，之后利用微博话题，每天坚持更新最新收集的毕业照及照片集，使得活动热度不断地上升。除此之外针对活动的需求可以利用长期互动的微博大 V 进行相互转发互动，使得线上活动持续增温。而站外主要通过本地论坛的发帖及顶帖的方式，聚焦精准的用户群体，吸引其关注。其次根据活动的需求在大型论坛投放广告，使得活动传播达到预期效果。

在配合线上活动进行的同时，线下活动也在积极有序地进行。线下活动主要以联系院校社团、易拉宝展架进驻校园等形式来吸引学生。

通过线上线下的相互配合，传统媒体与新兴媒体的结合，使得活动效果得到预期效果。

其次在推广执行之外，对于活动营销，更应该把握的是活动风险与成本预算，只有好的预算意识，才能更好地使活动持续有效地进行。因此对于活动营销而言，在活动营销中需要具备良好的分析优劣势的能力。

步骤六：其他推广方式

除此之外，C 实习平台还在其他方面部署了推广方案，如搜索引擎目录提交方式、网址导航站提交方式及向分类开放目录提交等多种推广方式。其中最常见的方式有以下几种。

1. 向分类开放目录提交

分类目录站点主要是把人工搜集而来的优秀站点按照一定的分类标准进行归类,互联网用户通过分类列表获取优质的互联网信息资源。其与被搜索引擎收录不同,这些被收录的网站都是由专业人员人工审核过的才被收录的。所以被分类目录收录的网站其内容质量都比较高。由于 C 实习平台充分地认识到了这一点的重要性,其将通过 chinadmoz 网站(www. chinadmoz.com)来完成分类开放目录的提交,具体流程如图 8-15 所示。

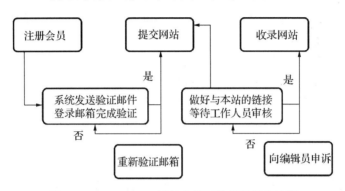

图 8-15　chinadmoz 网站分类开放目录提交流程

(1) 注册会员

首先,C 实习平台需要注册 chinadmoz 网站的账号,而注册的步骤一般为:进入注册会员页面,输入用户名,然后进行检测。如果正常的话,可以继续注册。如果用户名已被其他用户使用,可以更换一个用户名以便继续注册。注册用户必须同意网站的注册条款,否则无法通过注册。

(2) 提交网站

在注册成功后,C 实习平台的下一步就需要将网站提交至分类目录中,但在提交前,C 实习平台为了让自身能准确地被收录入目录中,先详细地了解分类目录的收录标准,见表 8-8。在熟悉并确定自身达到标准后,C 实习平台进入用户管理中心,点击左侧提交网站,添加提交网址的相关资料。添加完成以后,即进入等待审核阶段,chinadmoz 网站的审核周期一般为 7 个工作日左右。

表 8-8

1	网站必须同时被百度(Baidu),谷歌(Google),雅虎(Yahoo)收录 2 页以上
2	网站必须有独立域名(如:www. chinadmoz. com. cn);暂不收录诸如:search. chinadmoz. com. cn(或 www. chinadmoz. com. cn/search/)等形式域名的网站
3	网站可以正常浏览,内容完整
4	网站不含有反动、色情、赌博等不良内容或提供不良内容链接的网站
5	网站不含有病毒、木马、恶意插件以及有多个弹窗广告的网站
6	网站名称尽量简洁,不要带有任何无关的符号;关键字和网站描述要切合网站实际内容填写,不要过于简单

7	一个网站绑定多个域名的,只能挑选其中一个符合条件的域名提交
8	对于不符合条件的网站不予收录;已经收录的网站,如果出现不符合上述条件的,将暂停其在目录中显示

（3）收录网站

7天审核期过后,C实习平台成功被网站收录,其在站长账户中心通过"认领网站"并获取网站所有权的验证信息,并按照网站所有权验证步骤完成验证,获得了网站管理权。为此,C实习可登录站长账户中心进行发布站长推荐信息。但在发布的过程中,C实习平台也同时明确了发布内容所需具备的要求,如:

① 所发布的信息必须符合网站的真实内容;

② 不要发布与此网站无关的信息或链接;

③ 严禁发布带有欺骗性的、不健康的、违法的、侵害他人利益的信息;

④ 对于违反以上规定者,相关网站将从目录中删除并列入黑名单。

2. 向网址导航站提交

网址导航站提供着互联网中最基础的服务,只要会使用鼠标便可通过网址导航站轻松访问大量的知名站点。网址导航站一般有着数目巨大的访问用户,网址导航站上陈列出来的网址信息一般是互联网用户推荐的,又或是自身向网址导航站提交自身的站点。这种提交方式带来的"市场吸引力",让C实习平台将此列入了今后的推广计划之中。

另外,还要明确一点,网站推广是网络营销的内容之一,但不是网络营销的全部,同时网站推广也不是孤立的,需要与其他网络营销活动相结合来进行。

8.2.4 支撑知识

1. 网络推广的策划要素

（1）目标定位

网站建设初期,必须针对市场定位,尤其是合理把握人群的归类。网站建设中前段设计必须考虑到用户感官,必须从网站的受众群体出发,通过互联网数据以及充分的市场调查进行目标定位,人群归类非常重要,掌握用户心理特别重要,不容马虎。如果受众群体是青年,无论是前段设计还是营销思维模式必须合乎众多青年,倘若是老人年群体,可想而知,这种效果并不理想。因此,网站运营之初必须对网站进行目标定位,为后期拓展奠定基础。

（2）主题创新

活动策划过程中最为重要的是把握活动主题,主题是每个策划过程中贯穿的主线,其他的营销方式都是围绕主题展开,因此主题的重要性不言而喻。对于主题需要把握创新独到,能够让人耳目一新,单凭标题就能够吸引读者眼球,促使产生继续阅读的欲望。主题可以适当结合时下最为流行的话题展开,当然自创模式更加重要。主题的展开也要充分了解受众心理需求,这是不可缺少的部分。

（3）选择平台

活动策划中目标定位以及主题把握都要准备充分,还需要借助合理的平台进行有力宣传。平台的选择非常重要,其可直接关系到此次策划的活动成功与否,甚至关系到最终效益。选择平台时需要把握主题的相关性，以及平台用户群体是否符合目标定位。了解平台用户使用量以及关注不同时间阶段性的用户群体，这样才能够将网站推广策划得井井有条，做到平台的最大利用率。

（4）辅助配合

活动策划至关重要，但是往往单凭这种独立营销模式展现的效果明显不佳，还需要通过辅助配合来提高这次活动策划的效益。策划活动开始之前，通过其他方法将其有利宣传，对活动进行噱头宣传，做到未见其人，先闻其声。网站推广必须从多种营销模式入手，而推广策划是必不缺少的部分，好的网络推广策划不仅能够在短时间内提高效益，同时能够提升企业品牌价值，提高在行业领域中的综合素质。当然，网站推广策划的准备也是繁多复杂的，必须通过团队亲密无间的合作。

2. 如何执行网站推广计划

网站推广计划是网络营销计划的组成部分。制定网站推广计划本身也是一种网站推广策略，推广计划不仅是推广的行动指南，同时也是检验推广效果是否达到预期目标的衡量标准，所以，合理的网站推广计划也就成为网站推广策略中必不可少的内容。

一个网站如果想要保证比较好的推广效果以及效益，推广前的一些准备是必不可少的，制定推广计划之前，以下准备是不可或缺的。

（1）对企业产品要深入了解

对自己要推广的产品，先要深入了解，只有深入了解才能设计出最合适的推广方案，才能把推广工作做得最好，效果发辉最大。

（2）了解竞争对手

知己知彼，百战不殆。重点去了解竞争对手的推广方式，好的经验拿来学习借鉴，失败的地方要吸取教训。最主要的是要避免在推广的过程中互相冲突。

（3）善于总结分析，定时评估效果

每做完一个项目都要及时总结分析，否则就像一只无头的苍蝇，推广起来变得很盲目。如果是让网络公司做推广，每个月他们都会出具分析报表的，就像某个公司的效益型网络服务，会出具报告。

与完整的网络营销计划相比，网站推广计划比较简单，然而更为具体。一般来说，网站推广计划至少应包含下列主要内容：

① 确定网站推广方案的阶段目标；

② 在网站发布运营的不同阶段所采取的网站推广方法；

③ 网站推广策略的控制和效果评价。

网站推广计划中，可以得出几个基本结论：

第一，制定网站推广计划有助于在网站推广工作中有的放矢，并且有步骤有目的地开展工作，避免重要的遗漏。

第二，网站推广是在网站正式发布之前就已经开始进行的，尤其是针对搜索引擎的优化工作，在网站设计阶段就应考虑到推广的需要，并做必要的优化设计。

第三，网站推广的基本方法对于大部分网站都是适用的，也就是所谓的通用网站推广方法，一个网站在建设阶段和发布初期通常都需要进行这些常规的推广。

第四,在网站推广的不同阶段需要采用不同的方法,也就是说网站推广方法具有阶段性的特征。有些网站推广方法可能长期有效,有些则仅适用于某个阶段,或者临时性采用,各种网站推广方法往往是相结合使用的。

第五,网站推广是网络营销的内容之一,但不是网络营销的全部,同时网站推广也不是孤立的,需要与其他网络营销活动相结合来进行。

第六,网站进入稳定期之后,推广工作不应停止,但由于进一步提高访问量有较大难度,需要采用一些超越常规的推广策略,如上述案例中建设一个行业信息类网站的计划等。

第七,网站推广不能盲目进行,需要进行效果跟踪和控制。在网站推广评价方法中,最为重要的一项指标是网站的访问量。访问量的变化情况基本上反映了网站推广的成效,因此网站访问统计分析报告对网站推广的成功具有至关重要的作用。

8.2.5 同步训练

农享网是一家专门针对农村网民和农产品生意人的供求信息发布平台,对于初建成型的网站,他们需要根据用户群体的分析及营销推广方式的甄选,实施有效的网站推广。

针对公司目前的网站现状,农享网将其推广分为初期推广和发展期推广两个阶段,初期推广阶段的内容主要是建立搜索引擎的搜索路径及建立企业官方微博账号等,该阶段的目的在于能够让用户通过核心关键字等方式可以搜索到其网站。而第二阶段主要是发展阶段,该阶段主要是优化关键字的布局和代码,其次通过软文推广等方式的实施,使得网站整体流量稳固。

分析农享网,明确农享网采用的网络营销推广方式,了解其开展网络营销的详细策略,见表 8-9。

表 8-9　实施网络推广方案

实施网络推广方案		
实施阶段	实施方式	实施细则
网站建设初期	搜索引擎优化	关键词为哪些,排名如何
	交换链接	与哪些企业交换了链接,PR 如何
	提交分类目录	是否提交分类目录
	...	
网站稳定期	软文新闻推广	通过哪些平台发布
	社会化媒体推广	选择哪些社会化媒体平台?博客、微博、微信、论坛、社区
	邮件营销	是否使用右键营销
	活动营销	是否使用活动营销、哪些活动?促销或其他
	其他推广方式	有其他推广方式吗
总结实施网络推广方式		

8.2.6　综合评价

表 8 - 10　综合评价表

任务编号	0802		任务名称		实施网络推广方案
任务完成方式	□ 小组协作完成 □ 个人独立完成				
评价点					分值
搜索引擎优化中关键词分析是否明确					10
软文新闻发布平台是否合理					10
软文内容是否合理					10
社会化媒体推广是否合理					40
营销邮件设计是否合理					10
是否有其他推广方式,有哪些方式					20
本主题学习单元成绩:					
自我评价	(20%)	小组评价	(20%)	教师评价	(60%)
存在的主要问题					

8.2.7　拓展任务

以小组为单位,模拟一家企业,分析其企业背景,制定网络推广方案并实施。

任务 3　费用预算和效果预估

8.3.1　任务引导

任何一个战略规划的关键部分都是确定预期的投资回报,在网络推广策划中,需要确实做好营销预算工作。营销预算通常包含三个部分:销售收入预算、销售成本预算和营销费用预算。

8.3.2　任务分析

☑ 网络推广费用预算
☑ 网络营销效果预估

8.3.3 任务实施

步骤一:费用预算

有效的网络推广应该是利用尽可能少的成本获取最大的回报,所以在正式开始推广方案之前,必须对推广营销费用进行预估,要通过规划控制让广告费用发挥最大的网络推广效果,定期分析优化账户结构,减少资金浪费,让推广的效果达到最大化。

该部分主要就项目整体营销推广中的各项策划分别给予回应,制定一些支出较大的费用的具体预算标准,为营销推广费用的具体实行提供一定的参考。

对于 C 实习平台推广方案,其具体的推广费用主要围绕两个方面。第一是线上推广,第二为线下推广。通过线上与线下推广相互配合,以实现本案最大限度的推广宣传。

1. 线上推广费用

线上推广费用基本上包括三部分:广告费用(网络广告、视频广告)、线上活动费用如奖品类以及人力成本,这里我们除去了人工成本,那么结合 C 实习平台推广策划方案,对 C 实习平台两个阶段的推广费用进行预算,得到线上推广费用预估表,见表 8 - 10、8 - 11。

表 8 - 10 C 实习平台线上推广费用预估表 1

内容		说明(网站建立 1—3 月)	预算/月
百度 Google SOSO		关键词竞价,通过首期关键词竞价提升排名,利用产品优势强势打入市场。普通关键词在前三名,热门词在首页右上居中	15 000
		网盟,根据目标人群设定投放,可进行用户追踪投放	10 000
搜索引擎优化		根据数据统计优化网站结构、优化 META 信息	N
微博	新浪	开通官方微博,利用各种微博营销手段快速积累忠实的用户群	5 000
	腾讯	开通官方微博,利用各种微博营销手段快速积累忠实的用户群	3 000
品牌传播		百度知识文库、百度百科等,设定相关关键词,提高权重比	1 000
		MBA 智库,设定相关关键词,提高品牌宣传力度	1 000
		新浪文库等,设定相关关键词,提高权重比	1 000
口碑传播		百度问答,利用关键词覆盖,提升品牌形象及口碑传播力度	3 000
		新浪问答,利用关键词覆盖,提升品牌形象及口碑传播力度	3 000
		SOSO 问答,利用关键词覆盖,提升品牌形象及口碑传播力度	3 000
		雅虎问答,利用关键词覆盖,提升品牌形象及口碑传播力度	3 000
		天涯问答,利用关键词覆盖,提升品牌形象及口碑传播力度	3 000
		搜狐问答,利用关键词覆盖,提升品牌形象及口碑传播力度	3 000
百度百科		创建百度百科相关产品、项目词条	1 000

(续表)

内容	说明(网站建立 1—3 月)	预算/月
新闻传播	利用具有新闻价值的事件,或者有计划的策划、组织各种形式的活动,借此制造"新闻热点"来吸引媒体和社会公众的注意与兴趣,以达到提高社会知名度、塑造企业良好形象并最终促进产品或服务销售的目的	15 000
论坛社区	在相关行业论坛或知名度较高的论坛,通过文字、图片、视频等方式发布产品和服务的信息,让目标客户更加深刻地了解企业的产品和服务	10 000
	利用社区网站的分享和共享的功能,在六维理论基础上实现品牌及产品的推广,主要为开心网、人人网等,快速打开知名度	10 000
EDM	通过获取对口用户的数据信息,进行产品推广传播	10 000
外链	新网站建立之初,需要通过外链快速带来流量,提高网站权重	15 000
视频营销	C 实习平台视频服务器租赁	1 500
合计:		116 500

经过前三个月网站的推广之后,网络上关于企业的信息覆盖量已经大幅增加,四处可见企业的各种(品牌、口碑、效果等)广告,第二阶段,潜在消费者对企业的关注度开始升高,这一阶段要全面进行推广维护,随时监测舆情,处理危机负面。推广进入维护前,进行重复性工作,同时针对第一阶段获取的客户来源进行分解,优化梳理渠道。

表 8-11 C 实习平台线上推广费用预估表 2

内容		说明(网站上线 4—8 月)	预算/月
百度 Google SOSO		关键词竞价,通过首期关键词竞价提升排名,利用产品优势强势打入市场。普通关键词在前三名,热门词在首页右上居中	8 000
		网盟,根据目标人群设定投放,可进行用户追踪投放	3 000
搜索引擎优化		根据数据统计优化网站结构、优化 META 信息	N
微博	新浪	开通官方微博,利用各种微博营销手段快速积累忠实的用户群	3 000
	腾讯	开通官方微博,利用各种微博营销手段快速积累忠实的用户群	1 000
品牌传播		百度知识文库、百度百科等,设定相关关键词,提高权重比	1 000
		MBA 智库,设定相关关键词,提高品牌宣传力度	1 000
		新浪文库等,设定相关关键词,提高权重比	1 000
口碑传播		百度问答,利用关键词覆盖,提升品牌形象及口碑传播力度	1 000
		新浪问答,利用关键词覆盖,提升品牌形象及口碑传播力度	1 000
		SOSO 问答,利用关键词覆盖,提升品牌形象及口碑传播力度	1 000
		雅虎问答,利用关键词覆盖,提升品牌形象及口碑传播力度	1 000
		天涯问答,利用关键词覆盖,提升品牌形象及口碑传播力度	1 000
		搜狐问答,利用关键词覆盖,提升品牌形象及口碑传播力度	1 000

（续表）

内容	说明（网站上线 4—8 月）	预算/月
百度百科	创建百度百科相关产品、项目词条	500
新闻传播	利用具有新闻价值的事件，或者有计划的策划、组织各种形式的活动，借此制造"新闻热点"来吸引媒体和社会公众的注意与兴趣，以达到提高社会知名度、塑造企业良好形象并最终促进产品或服务销售的目的	5 000
论坛社区	在相关行业论坛或知名度较高的论坛，通过文字、图片、视频等方式发布产品和服务的信息，让目标客户更加深刻地了解企业的产品和服务	3 000
	利用社区网站的分享和共享的功能，在六维理论基础上实现品牌及产品的推广，主要为开心网、人人网等，快速打开知名度	3 000
EDM	通过获取对口用户的数据信息，进行产品推广传播	2 000
外链	新网站建立之初，需要通过外链快速带来流量，提高网站权重	2 000
视频营销	C 实习平台视频服务器租赁	1 500
线上活动	通过线上活动，奖励奖品等提升用户活跃度	2 000
IM 营销	建立 QQ 群，提升活跃度	1 500
合计：		45 500

2. 线下活动费用

线下活动主要指项目用于宣传产品形象，树立企业美誉度与知名度所需的活动费用，具体包括企业品牌宣传、产品推介、校园宣讲、电商大赛、师资培训以及各种节日的宣传活动等费用开支。

我们所指活动费用基本上包括三大块：场地租赁费用、礼品费用、活动道具费用（包含人员的聘请费用），见表 8 - 12。

表 8 - 12　线下活动费用表

序号	活动名称	次数	单次费用（万元）	计划投入
1	品牌宣传	2	50 000	100 000
2	有奖投稿/问答	6	5 000	30 000
3	全国电子商务运营技能竞赛	1	200 000	200 000
4	师资培训	2	100 000	200 000
5	校园宣讲	5	5 000	25 000
6	其他活动			100 000
合计：				655 000

步骤二:效果预估

在传统的互联网广告中,营销效果的评估相对比较直观。比如在新浪首页的一个广告,从展示首日起到广告结束,整个过程中为企业带来多少流量、多少销售额、多少曝光次数,都可以通过数字技术进行相对精确的监测和统计。而且广告平台在之前也会针对某个板块,某个区域的展示效果给予一定的预估,从而为商家的广告投放提供可参考的报价。

而对于社会化媒体营销来说,对其推广的效果预估只能从流量、点击率以及转化率这几方面进行评估。

流量、点击率等不同的称呼都是对于某个广告发出之后,成功引导顾客来访的一种数据统计。在早期的自然搜索结果的 SEO 或者说付费 PPC 中,流量是一个相当关键的考量参数。但是随着互联网营销成本的不断提升,以及所谓精准化营销的追求,流量的重要地位已经不复存在,对点击以外的效果评价问题显得重要起来,与点击率相关的另一个指标——转化率。因为在早期的网络营销市场,流量的成本相对比较低,那么花费不太多的成本将大批量的流量引过来,对于其中的转化率可能没有那么看重。就如同早期的邮件营销一样,由于电子邮件的成本很低,那么 1 万封 1‰转化率的邮件的营销效果,通过 10 万封 0.1‰转化率的邮件群发同样可以达到,而且成本增加有限。

此外,随着搜索引擎营销大众化,通过 SEM 这种依靠海量的流量配合比较低的转化率而保证销售额目标的方式成本会越来越高。

考虑以上因素,通过一段时期的推广,C 实习平台数据统计部门根据每天的网站访问及点击率情况,分析出每日的访问数据变化,再结合网络推广的转化比例,得出企业推广效果预估表,见表 8-13。

表 8-13　推广效果预估

数据指标	外部链接访问(IP)	搜索引擎入口(IP)	付费流量入口(IP)	新用户注册
日平均	300	200	30	50
月平均	90 000	60 000	8 000	1 500
年总计	1 000 000	720 000	24 000	18 000

通过上文中的预估及转化率算法,C 实习平台为期一年的推广效果预估数据为:

学生注册用户:80 000

活跃学生用户:6 000

教师注册用户:1 500

活跃教师用户:800

活跃企业用户:300

活跃院校用户:500

付费院校增值服务费:10 万～20 万

付费学生增值服务费:3 万～5 万。

一份优秀的网络推广方案应该对自身产品和目标人群都有详尽的分析,需要包含时间控制与成本控制,包含执行计划、效果预期等内容。最后,还需要将方案书进行认真的检查和分析,修改纰漏和添加补充说明,要站在执行者的角度来考虑所有问题,对有可能出现问题进行准备并补充解决方案等。因此,网络营销风险规避也是企业在进行策划时必须考虑的问题。

企业在网络营销的建立及运营过程中软、硬件的不足往往会导致网络营销风险。由于网络营销起步不久,其相应的网络技术不成熟,因此在硬件上,C实习平台选择了目前服务稳定强大的阿里云服务器,其网络带宽、稳定性及其强大的安全性无疑避免了网络速度慢、易堵塞、信息传递出错、遭遇黑客袭击和感染病毒等这些因素。同时,阶段性数据备份等一系列措施也使得C实习平台在网络营销实施基础上直接避免网站危机风险。

其次,多维度的网络营销推广手段使得信息传递更为多样化、更广泛的同时,也存在更多风险。C实习平台强大的人力资源储备在网站运营及网络推广方面具有较强的优势,保证网络推广有效执行,同时借助第三方平台以客服公关的角色解决网络推广中出现的企业信任、危机等相关问题。

8.3.4 支撑知识

1. 网络营销风险的定义

网络营销风险是指在网络营销活动过程中,由于各种事先无法预料的不确定因素带来的影响,使网络营销的实际收益与预期收益发生一定的偏差,从而有蒙受损失和丧失获得额外收益的机会或可能性。

2. 企业网络营销风险规避的主要策略

企业网络营销风险的规避,建立在企业准确认识网络营销风险基础之上,而科学的营销战略和战术可以减少网络营销企业的经营风险和机会成本。通过对企业网络营销风险的具体分析,可以考虑以下几种防范规避策略。

(1) 进行企业网络营销可行性分析和评估

制定科学的营销战略,实施有效地营销管理是网络营销的总体思路。企业网络营销发展的整体战略、市场潜力、发展方向预测以及风险和可能收益,必须进行事前分析和控制,特别要确信决策能给企业带来最小利益和可能的最大损失。通常一个对自己竞争能力充满信心的公司未必能很好地应用新技术,决策时重点考虑的就是网络营销的风险问题,企业可能束手束脚。同理,另一个想通过使用网络营销手段来提高自己竞争实力的公司,实施网上营销步子大,可能过于冒险,因为考虑预期利润较多,风险估计不足。只有根据企业生产经营的环境因素和内部的经营状况,进行综合评价和预测,才可能有科学、恰当地分析和评估结果,才有可能将企业引向成功并避免风险。

(2) 政府加强网络基础设施建设

要防范网络营销中可能存在的风险,必须加强网络技术研究,改善网络基础设施,加快宽带光缆的建设,全面提高网络的运行速度,保证信息传递的准确、及时与安全。同时,要尽量降低网络的使用费用,普及电脑及网络知识,吸引更多的企业和个人加入网络营销,以扩大网络营销的覆盖范围。

（3）加强对网络营销的立法监督及信用认证

在网络商场的市场准入制度，网络交易的合同认证、执行和赔偿，反欺骗，知识产权保护，税收征管，广告管制，交易监督，以及网络有害信息过滤等方面制定规则，为网络营销健康、有序、快速发展提供一个公平规范的法律环境，最大限度地降低网络营销风险。

另外，国家应设立专门的信用认证机构，对网上企业的信用进行评估，合格者可以颁发证书并通过媒体或其他方式公布。工商、银行、税务等部门应加强交流与合作，为企业或个人提供信誉保障，也可以由保险公司设立专门的信用保险，尽可能地把信用风险降到最低，促进网络营销的健康快速发展。

（4）网络营销技巧的灵活运用

通过网络营销技巧的灵活运用，可以帮助企业打开网络销售市场，促使消费者转变观念，减少经营过程中可能存在的风险，保证网络营销的顺利开展。

8.3.5　同步训练

从项目网站制定推广方案、实施网络推广方案等环节入手，精确地核算其费用预算和推广效果预估，见表 8－14。

表 8－14　企业网站开发与运营

费用预算和效果预估	
线上推广预算	广告费用（网络广告、视频广告）、线上活动费用，如奖品类以及人力成本
线下推广预算	项目用于宣传产品形象，树立企业美誉度与知名度所需的活动费用
总结分析推广效果	

8.3.6　综合评价

表 8－15　综合评价表

任务编号	0803	任务名称	费用预算和效果评估
任务完成方式	□ 小组协作完成 □ 个人独立完成		
评价点			分值
线上推广预算是否合理			40
线下推广预算是否合适			40
对推广效果进行分析和总结			20

（续表）

本主题学习单元成绩：					
自我评价	（20%）	小组评价	（20%）	教师评价	（60%）
存在的主要问题					

8.3.7 拓展任务

以小组为单位，针对身边的一些企业实施网络推广方案，进行项目推广预算和效果预估，进而为推广效果提出一些有效的建议。

图书在版编目(CIP)数据

网络推广 / 程玲云,段建主编. — 2 版. — 南京:
南京大学出版社,2018.8(2020.12 重印)

ISBN 978 - 7 - 305 - 20621 - 4

Ⅰ. ①网… Ⅱ. ①程… ②段… Ⅲ. ①网络营销
Ⅳ. ①F713.365.2

中国版本图书馆 CIP 数据核字(2018)第 172568 号

出版发行　南京大学出版社
社　　址　南京市汉口路 22 号　　　　邮编　210093
出 版 人　金鑫荣

书　　名　网络推广(第二版)
主　　编　程玲云　段　建
责任编辑　尤　佳　　　　　　　编辑热线　025 - 83592315

照　　排　南京开卷文化传媒有限公司
印　　刷　南京鸿图印务有限公司
开　　本　787×1092　1/16　　印张 15.5　字数 358 千
版　　次　2018 年 8 月第 2 版　　2020 年 12 月第 2 次印刷
ISBN　978 - 7 - 305 - 20621 - 4
定　　价　39.00 元

网　　址:http://www.njupco.com
官方微博:http://weibo.com/njupco
官方微信号:njupress
销售咨询热线:(025)83594756